龙湾区史志文化丛书

龙湾简志

温州市龙湾区地方志研究室 编

中国民族文化出版社

凡　例

一、本志以马克思列宁主义、毛泽东思想、邓小平理论、"三个代表"重要思想、科学发展观、习近平新时代中国特色社会主义思想为指导，坚持辩证唯物主义和历史唯物主义的立场、观点和方法，遵照《地方志工作条例》及《地方志质量规定》要求，简明记述龙湾区域历史沿革、人文自然和经济社会发展状况，力求资料性、科学性和实用性的统一。

二、本志系《龙湾区志》正式出版以来首部以现行行政区划名称命名的地方简志。

三、本志坚持通贯古今，力求详今明古。记述时限上起事物发端，下限原则上迄于 2016 年。

四、本志遵循生不立传原则，人物传记仅收录龙湾区籍于旧志立传以及对社会发展有突出贡献和重大影响的已故人物。

五、本志体裁以志、表为主，相互为用。全志共二十七章，首冠综述、大事记。地图与照片除部分集中于志首外，其余随文设置。大事记编排以编年体为主。

六、本志章节目设置坚持事以类从原则，横排门类、纵述史实。

七、本志采用现代语体文、记述体，文字力求朴实、简练、流畅；除综述外，一般述而不论。

八、本志采用第三人称，所记地域、机构、团体、组织、会议、文件等以当时称谓为准。志内各类名称，第一次出现时使用全称，之后用简称。

九、本志采用纪年方式为：中华民国以前为历史纪年，汉字书写，括注公元纪年；中华民国纪年用汉字书写，括注公元纪年；1949 年 10 月 1 日中华人民共和国成立后，为公元纪年。"民国"，特指"中华民国"；"中华人民共和国"，指 1949 年 10 月 1 日建立的"中华人民共和国"；"解放"，指 1949 年 5 月 7 日中国人民解放军解放温州市区之日；文中年代所涉世纪除特指外，均指 20 世纪。

十、本志所用地名均为规范的地名，历史地名书写当时名称，括注今名。本志数字、标点符号、计量单位使用，遵循国家有关新闻出版规范。

十一、本志历史数据采自历史文献资料。中华人民共和国成立后，以政府统计部门数据为准，统计部门缺失的，辅以相关部门数据。本志资料主要来自各部门材料、史籍、谱牒、方志、档案、报刊、调查访问。照片除署名外，由各部门及区摄影协会提供或区志编辑部自行拍摄、搜集和翻拍。

综　述

　　龙湾物华天宝，人杰地灵，是温州扼居瓯江入海口南岸的膏腴之地，也是温州的一块历史宝地。从龙岗山新石器晚期遗址始，迄今已2500余年。《新唐书》记载，唐肃宗乾元元年（758）设永嘉监，成为全国十监之一，距今1258年。勤劳勇敢的龙湾人民，在这块宝地上创造底蕴丰厚的璀璨文化，留下辛勤劳动的成果和英勇斗争的业绩。中华人民共和国成立后，龙湾进入新的发展时期。尤其是中国共产党十一届三中全会后，广大群众同心协力，在以独特的"温州模式"建设中国特色社会主义的历程中，书写波澜壮阔的历史画卷。

　　1984年12月，龙湾区成立，至2016年，已32年。2013年12月，龙湾出版350万字的首部区志《龙湾区志》。本志即在《龙湾区志》的基础上，重点记述龙湾建区32年的发展历程。

　　32年以来，龙湾区陆域面积从61.43平方千米调整发展到现在的288.78平方千米。生产总值从1984年的2351万元，提升到2016年的384.4亿元。财政总收入由1984年的191万元，增加到2016年的39.5亿元。综合经济实力持续攀升至全省前列。至2016年，龙湾既是温州"对外开放、大有前途"的经济技术、高新产业开发区，又是温州由"滨江时代"走向"滨海时代"的新城区。

32 年以来，龙湾作为温州股份制经济的发祥地，民营企业一直凭借着敏锐的市场嗅觉，在不断地求新、求变。以阀门、不锈钢、合成革、制笔、鞋业、食品制药机械、建筑电器、五金洁具化工、标准件、民用电器为代表的十大支柱产业的产销量位居全国前列。中国阀门城、中国合成革之都、制笔之都、五金洁具之都、中国不锈钢无缝管材生产基地、鞋都女鞋生产基地、食品制药机械生产基地、建筑电器生产基地、中国杨梅之乡、文蛤之乡等国字号金名片相继落户龙湾，又拥有温州市唯一的国家级高新区，为集聚高端产业提供强大平台支撑。

32 年以来，龙湾创新引领、科技驱动，铺设出一条双业并举、转型提升的现代化发展大道。2016 年，龙湾区科技进步综合变化水平居全省首位。全区高新技术产业产值 141.74 亿元，同比增长 10.1%；高新技术产业增加值 31.46 亿元，同比增长 12.4%。全区高新技术企业 80 家，省级科技型中小企业 348 家，省级企业研究院 5 家，省级研发中心 29 家，市级研发中心 61 家，市级以上科技企业孵化器 6 家。获批市级科学技术奖 5 项，组织验收国家火炬计划项目 1 项，国家创新资金项目 29 项。全区已有电商企业 100 多家，建档涉足电子商务的企业 2900 多家，电子商务总部 3 个。全区 11600 多家企业依托着十大支柱产业，借助新兴的电子商务模式，加快产业转型升级。

32 年以来，龙湾群众幸福指数逐步攀升。城镇居民人均可支配收入、农村居民人均现金收入居省、市前列，并先后获得全国义务教育基本均衡区、中国书法之乡、省级文明示范区、省级文化先进区和省级体育强区等荣誉称号；养老、医疗、失业、工伤和生育等社会保险制度改革扎实推进。

32 年以来，龙湾正逐步发展成为温州城市的东部组团中心。海、陆、空相结合的现代化立体交通枢纽初具规模，"三横六纵"快速路网格局已经形成，万达城市综合体、温州奥体中心等综合配套设施逐步完善，"五水共治""三改一拆""六城联创"成效明显，城市宜居环境在和谐共建中精彩蝶变。

32 年以来，龙湾推进基层"文化强区"建设各项工作。文化惠民的主题历久弥新，"智行龙湾""馨闻龙湾""德暖龙湾""文惠龙湾""墨韵龙湾"五大品牌谱出龙湾的和谐曲。温州高新区创业园、中国留学生创意园、省级孵化器源大创业园、红连文创园、温州雅林现代农业园、慢绿文化创意街区、现代渔业产业园、莲情文化园、龙湾智慧城市展示中心、淘宝特色中国·温州馆等创业创新平台陆续建成，使文化创意产业走向集聚发展的"新天地"。

"文贵以新"。《龙湾简志》既记述龙湾自然与社会、政治与经济的地方科学文献，又是包涵风土与人情、历史与现状，颇具龙湾乡土气息的百科全书和区情的简要总汇。经济上，重点记述龙湾改革开放后，乡镇工业异军突起，逐步形成"一乡一品""一村一品"经济格局，进而成为"温州模式"重要发祥地和全国股份制合作经济发源地的过程。通过对这一历史进程的记述，揭示了龙湾经济发展的特点，这对于龙湾党政机关在目前当好"两个先行"的开路先锋，扛起做强做大"全省第三极"的龙湾担当，促进龙湾经济实现新一轮精彩腾飞，必将注入强大动力。

"志贵以实"。《龙湾简志》全面记述龙湾独具特色的山海耕读文化和光荣悠久的历史，这一丰富多彩的优秀地域传统文化，是地域自豪感的精神源泉，是地域自信心的支柱。这必将增强人们对龙湾的热爱之情，激发起每一个龙湾人将先辈的优秀文化瑰宝世代传承的热情。在记述龙湾飞跃发展的同时，也列举前进中的隐患，这无疑对深化龙湾的改革创新，促进龙湾实现新一轮经济腾飞，具有十分重要的现实意义。

《龙湾简志》的出版，将给读者以历史启迪、文化熏陶和亲情慰藉，更是为龙湾人民全力推进温州湾新区建设，加快打造"一区五城"，建设活力、美丽、幸福新龙湾提供精神动力与文化支撑。

目　录

大事记 …………………………………………… 1

第一章　政　区 ………………………………… 21
　　第一节　建置区划 ………………………… 21
　　第二节　街道概况 ………………………… 25

第二章　自然环境 ……………………………… 40
　　第一节　地质　地貌 ……………………… 40
　　第二节　气　候 …………………………… 43
　　第三节　资　源 …………………………… 47

第三章　环境保护 ……………………………… 51
　　第一节　环境污染 ………………………… 51
　　第二节　环境监测与管理 ………………… 53
　　第三节　生态环境建设 …………………… 58

第四章　土地　水利　电力 …………………… 63
　　第一节　土　地 …………………………… 63
　　第二节　水　利 …………………………… 68

第三节 电 力……………………………77

第五章 人口 居民生活………………81

  第一节 人口状况…………………………81

  第二节 外来人口…………………………85

  第三节 计划生育…………………………87

  第四节 居民生活…………………………91

第六章 城乡建设……………………95

  第一节 城乡规划…………………………95

  第二节 中心区建设………………………97

  第三节 村庄改造…………………………102

  第四节 园林 老街………………………104

  第五节 公用设施…………………………108

第七章 交通 邮电…………………113

  第一节 公 路……………………………113

  第二节 公共交通…………………………118

  第三节 港口 铁路………………………121

  第四节 航 空……………………………124

  第五节 邮政 通信………………………129

第八章 经济总情……………………134

  第一节 经济发展…………………………134

  第二节 区域经济…………………………140

第九章　农林牧渔·················148

　　第一节　农　业·················148

　　第二节　林　业·················155

　　第三节　畜牧业·················158

　　第四节　渔　业·················162

第十章　工　业·················172

　　第一节　工业结构·················173

　　第二节　工业门类·················176

第十一章　商贸服务业·················183

　　第一节　商贸业·················183

　　第二节　服务业·················185

　　第三节　对外贸易·················187

　　第四节　旅游业·················189

　　第五节　盐业　副业·················197

第十二章　财政　金融·················201

　　第一节　财政税收·················201

　　第二节　金融保险·················206

第十三章　经济综合管理·················211

　　第一节　计划管理·················211

　　第二节　统计管理·················214

　　第三节　物价管理·················218

第四节　审计管理……………………220

第五节　工商行政管理………………222

第六节　质量技术监督………………224

第七节　安全生产管理………………226

第十四章　中国共产党地方组织…………228

第一节　历届区委……………………228

第二节　重要决策……………………232

第三节　纪律检查……………………234

第四节　组织工作……………………236

第五节　宣传工作……………………238

第六节　统一战线工作………………240

第十五章　龙湾区人民代表大会…………243

第一节　区人代会　区人大常委会……243

第二节　主要工作……………………244

第十六章　龙湾区人民政府………………248

第一节　重要施政纪略………………248

第二节　法制工作……………………250

第三节　行政审批……………………252

第十七章　龙湾区人民政治协商会议………254

第一节　区政协委员会　区政协常委会254

第二节　主要工作……………………255

第十八章 民主党派 群团组织……………259

　第一节 民主党派………………259

　第二节 群团组织………………265

第十九章 法制 军事………………274

　第一节 司法行政………………274

　第二节 军 事………………282

第二十章 人事 民政 劳动保障………286

　第一节 人 事………………286

　第二节 民 政………………288

　第三节 劳动与社会保障……………292

第二十一章 教育 科技………………296

　第一节 教 育………………296

　第二节 科 技………………301

第二十二章 卫生 体育………………305

　第一节 医疗卫生………………305

　第二节 体 育………………310

第二十三章 精神文明建设………………314

　第一节 社会公德培育……………314

　第二节 群众性精神文明创建………317

第二十四章 文化艺术………………319

　第一节 文物古迹………………319

第二节 非物质文化遗产……………327

第三节 民俗文化……………328

第四节 民间文艺……………332

第五节 群众性文化活动……………333

第二十五章 新闻传媒 史志档案…………337

第一节 新闻传媒……………337

第二节 史志工作……………340

第三节 档案工作……………345

第二十六章 风俗 宗教……………347

第一节 风 俗……………347

第二节 宗 教……………350

第二十七章 人 物……………353

第一节 古 代……………353

第二节 近现代……………363

附 录……………373

大事记

汉

西汉惠帝三年（前192）五月，惠帝立闽越君驺摇为东海王，建都东瓯（今浙江省温州市鹿城区），世号东瓯王。境域为东瓯王治地。

顺帝永和三年（138）　析回浦县之东瓯乡置永宁县，为温州建县之始。

晋

太宁二年（324）　华盖山麓置永嘉郡学，为境域学子最早求学处，亦为浙南立学之始。

隋

文帝开皇九年（589）　置处州，改永宁县为永嘉县，永嘉县名始于此。

唐

高宗上元二年（675）　析括州之永嘉、安固两县置温州，治永嘉。以地处温峤岭南，"虽隆冬而恒燠"，故名温州。

玄宗天宝元年（742）　温州复改永嘉郡，治永嘉。朝廷辟永嘉盐场，为永嘉场之始。

僖宗乾符四年（877）　在永嘉县华盖乡凰岙（今瑶溪街道皇岙村）建国安院。

宋

太祖开宝三年（970）　在永嘉县华盖乡金岙（今瑶溪街道金岙村）建福圣院。

元祐八年（1093）　在国安院旁建石塔一座，浮雕佛像1026尊，俗称千佛塔。

孝宗乾道二年（1166）八月十七日　海溢。飓风大暴雨，山洪暴发，是夜潮水涌入城区，四望如海，漂盐场，覆海舟，拔树倒屋。潮退浮尸蔽江，溺死两万多人，稻禾无收。

元

成宗大德三年（1299）　温州路设永嘉场、双穗场、天富南监、天富北监、长林场等五盐场。

明

武宗正德十三年（1518） 张璁（今永中街道人）在瑶溪建罗峰书院。入阁后奉敕改建，赐名贞义书院。

嘉靖三十七年（1558）十月 乡绅王叔果、王叔杲兄弟（今永中街道人）集资在永嘉场英桥里兴建永昌堡，防御倭寇。

嘉靖四十五年（1566） 王叔杲纂《永嘉县志》，为现存最早《永嘉县志》。

清

光绪十一年（1885） 永嘉知县张静芗在瓯江口龙湾黄石山增筑龙湾炮台，与相距10千米的乐清磐石山镇瓯炮台隔江相望，扼守瓯江。

十二月 县以下分城区、镇、乡等自治区域。永嘉县分城区和永强、膺符等7镇，永安、七都等十乡。

宣统三年（1911）十一月八日 温处道郭则沄、知府李前潘潜逃，防营统领梅占魁被推为临时军政分府都督兼温处警备司令，宣告推翻清王朝在温州的统治。

民国

民国三年（1914） 温州府改瓯海道，下辖温州六县（永嘉、乐清、瑞安、平阳、泰顺、玉环）。

民国十年（1921）六月 温州城区南门至状元桥支线路基全线建成，公路全长 17.28 千米，为境域首条公路。

民国十六年（1927）五月 中国共产党梅头乡东峤村党小组成立，年底成立党支部。中共东峤支部为境域第一个中共支部。

中华人民共和国成立后

1950 年

5 月 20 日 浙江省人民政府决定，永强、梧田、三溪、藤桥 4 区划归永嘉县管辖。状元、蒲州、元庄时属梧田区。

1956 年

3 月 29 日 梧田区级建制撤销。瞿江乡并入蒲州乡，元庄乡并入状元乡。蒲州、状元两乡直属永嘉县。10 月 6 日，蒲州、状元两乡划归温州市。

10 月 6 日 蒲州、状元两乡从永嘉县划归温州市管辖。

1962 年

1 月 31 日　建立永中、梧田镇公社、状元（蒲州属之）、龙湾等 36 个农村人民公社。

1965 年

12 月 29 日　温州市委决定撤销梧田区建制，所属梧田、状元的 6 个公社归属"市郊区"。

1966 年

10 月　状元、蒲州合并。状元人民公社改名"瓯江人民公社"，1968 年后恢复原名。

1967 年

3 月 31 日　温州市军事管制委员会成立。

1968 年

5 月　永强人民公社撤销，并入永中镇人民公社。

1970 年

3 月　永强区、梧田区党的核心小组建立。11 月，永强区、梧田区革命领导小组改称革命委员会。

1981 年

9 月 22 日　温州地、市合并，实行市管县体制。境域由温州市管辖改为温州市近郊区办事处管辖。12 月 12 日，设立瓯海县，辖原温州市郊区永强、梧田等 5 个区、3 个镇、24 个公社。

1982 年

12 月 16—19 日　温州市委、市政府召开全市农村专业户、重点户代表会议。会后，境域个体户办企业盛起。瓯登鞋厂为境域首个打入国际市场的民营企业。

1984 年

12 月 26 日　省政府浙政发〔1984〕269 号文件批复，划状元镇、龙湾乡及永中镇黄山、黄石两村设立龙湾区。

1985 年

交通部、浙江省政府批准新建温州港龙湾港区。1987 年 3 月 17 日，两个万吨级泊位兴建。1989 年 1 月 2 日，总投资 4586 万元的龙湾万吨级码头泊位建成，结束了温州无深水泊位历史。

1986 年

11 月 28 日　温州市委、市政府决定在龙湾建立温州出口商品工业区。

1987 年

3 月 26—28 日　中共温州市龙湾区第一次代表大会在驻温海军礼堂召开。

5 月 26—30 日　温州市龙湾区第一届人民代表大会第一次会议在驻温海军礼堂召开。

9 月 16 日　国务院批准温州市为全国 13 个农村改革试验区之一。

1988 年

2 月 22 日　法籍华人投资的米莉莎皮件有限公司成立。该公司系龙湾出口工业区首家外商独资企业。

1989 年

12 月 12 日　省政府公布永昌堡为省级重点文物保护单位。

1990 年

7 月 4 日　温州（永强）机场正式通航。

1991 年

8 月 26 日　浙江省政府〔1991〕80 号文件批准龙湾区瑶溪风景区为省级风景区。

1992 年

3 月 16 日　国务院批准在龙湾辖区设国家级经济技术开发区，面积 5.11 平方千米，首期开发 1.80 平方千米。同年 9 月 2 日和 9 月 22 日，浙江省政府先后批准在龙湾区设立农业新技术开发示范区（面积 13.50 平方千米）和温州扶贫经济开发区（面积 6.50 平方千米）。

1993 年

12 月 31 日　金温铁路温州段底岭下隧道开工，全长 780 米。

1994 年

8 月 21 日　17 号强台风登陆梅头镇，风力 12 级以上，肆虐四个多小时，雨量 250 毫米。适逢农历七月十五百年未遇天文大潮，境域受淹 13 个乡镇、154 个村，倒塌房屋近万间，水电中断，通信设施毁坏。60 多千米堤塘崩溃，淹没良田，晚稻绝收近万亩。死亡 200 多人（其中外来务工者 50 多人），失踪 15 人；经济损失 20 亿多元。

11 月　全区干部、群众、企业为筑海堤捐资 7400 多万元建设永强堤塘。翌年 8 月 19 日，全线落成。堤长 19.1 千米、顶宽 6 米、底宽 40 米、高度 9 米，为 20 年一遇标准。誉为"东海长城"。

12 月 8 日　温州教育综合改革试验区在龙湾设立。

12 月 17 日　疏港公路（温州大道）建成通车，长 13.23 千米，投资 6228 万元。

1996 年

1 月 8 日　温州"市门第一路"机场大道竣工通车。路长 14.8 千米、宽 50 米，总投资 2.86 亿元。

1997 年

1 月 18 日　浙江省重点海涂围垦工程丁山一期围垦修复工程竣工。

4 月　龙湾区被教育部评为"全国基础教育先进县（区）"。

12 月　"天龙"牌网球被国家体委评为国际名优产品，指定为国际比赛用球。

1998 年

1 月 9 日　金温铁路首趟客运列车及龙湾段货运列车开通。

3 月 15—19 日　政协温州市龙湾区第一届委员会第一次会议在区文化娱乐中心召开。

3 月 16—20 日　温州市龙湾区第四届人民代表大会第一次会议在区文化娱乐中心召开。

5 月 26 日　温州大桥建成。大桥为甬台温高速的主体工程之一，北起乐清市北白象镇琯头西，经永嘉县乌牛镇、七都镇、龙湾区状元镇、瓯海区三垟乡、茶山镇至南白象镇，长 19.70 千米，总投资 11.79 亿元。

7 月 1 日　龙湾交通中心投入使用。

7 月 20 日　灵昆环岛标准海堤全线建成。堤长 21.40 千米，按 20 年一遇标准设计，投资 4500 万元。

1999 年

1 月 14 日　龙湾区评选改革开放以来的十件大事揭晓：龙湾区建立、开放开发格局初步形成、教育综合改革成功、温州机场大道通车、工业增长速度全市六连冠、支柱行业发展迅速、龙湾区获评省级首批小康县、龙湾成为全国 45 个立体交通枢纽之一、结束饮用塘河水历史和瑶溪成为省级风景名胜区。

4 月 11 日　温州市首个高新技术产业园区永强高新技术产业园区奠基、挂牌。

12 月 22 日　温州市经济技术开发区滨海园区举行奠基仪式。规划面积 130 平方千米，起步区 5 平方千米。

2000 年

1 月 26 日　组建新永中镇，下设镇中、海滨、永兴、永昌 4 个办事处。

2 月 21 日　龙湾区被浙江省人民政府命名为"浙江省教育强县（市）"。

2001 年

6 月 15 日　国务院国发〔2001〕25 号文件公布永昌堡为第五批全国重点文物保护单位。

8月21日　国务院国函〔2001〕84号文件批准，调整温州市区行政区划，由原61.43平方千米增至282.78平方千米，人口由原9.44万人增至29.77万人，所辖镇由原来的五个增加到九个。

10月25日　中共浙江省委、浙江省人民政府授予龙湾区"浙江省千里海塘建设先进集体"荣誉称号。

11月　浙江天龙集团和温州人造革集团跻身2000年度全国民营企业500强行列。

2002 年

2月　龙湾区调整为永中、蒲州、海滨、永兴、海城5个街道与状元、瑶溪、沙城、天河、灵昆5个镇，下辖15个居委会、147个建制村，1个渔业大队。区人民政府驻永中街道。

5月19—23日　政协温州市龙湾区第二届委员会第一次会议在永兴文化中心召开。

5月20—24日　温州市龙湾区第五届人民代表大会第一次会议在永兴文化中心召开。

9月19日　中国轻工业联合会、中国制笔协会命名温州市（龙湾区）为"中国制笔之都"。

10月　中国轻工业联合会、中国塑料加工工业协会命名温州市（龙湾区）为"中国合成革之都"。

12月6日　欧盟"亚洲城市项目"修复永昌堡都堂第（王诤故居）签约。

12月30日　灵昆大桥通车。大桥工程于2000年6月28日开工建设，总投资 1.15 亿元，桥长 3548 米、宽 12 米。

2003 年

5 月　中国优质农产品开发服务协会命名龙湾区为"中国杨梅之乡"。

2004 年

3 月 1 日　中国特钢企业协会不锈钢分会命名温州市（龙湾区）为"中国不锈钢无缝管材生产基地"。

6 月 1—13 日　龙湾区举办首届旅游文化节。

2005 年

1 月 31 日　龙湾古炮台被浙江省人民政府命名为浙江省国防教育基地。

4 月 2 日　永强垃圾发电厂投产。电厂总投资 2.22 亿元，年处理垃圾 33 万吨，装机容量 15000 千瓦。

9 月 15 日　中国地区开发促进会命名龙湾区为"中国文蛤之乡"。

9 月　浙江省体育局命名龙湾区为"浙江南拳之乡"。

2006 年

4月29日　温州半岛大堤通车。堤长11.22千米（灵昆至洞头霓屿），投资7亿元，坝顶宽10.5米，路面宽10米。

7月6日　温州扶贫开发区更名浙江温州工业园区。

7月28日　中国通用机械工业协会命名龙湾区为"中国阀门城"。

12月8日　中国皮革协会命名龙湾区为"中国鞋都女鞋基地"。

12月25日　龙湾区首个综合性公园——河泥荡公园一期、二期工程竣工。

12月26—29日　中共温州市龙湾区第六次代表大会在永兴文化中心召开。

2007 年

2月4—8日　政协温州市龙湾区第三届委员会第一次会议在永兴文化中心召开。

2月5—9日　温州市龙湾区第六届人民代表大会第一次会议在永兴文化中心召开。

2月14日　龙湾区新行政管理中心投用，中心大楼建筑面积54292平方米，地下室7800平方米，楼高17层，总投资约2亿元。

6月22日　《今日龙湾》报创刊发行。报纸每周一期，对开四版。

6月30日　温州龙湾网（www.longwan.gov.cn）开通。

8 月　江南控股集团、华迪钢业集团、青山控股集团分别列全国民营企业 500 强第 402、426、486 位。

11 月 21 日　中国科协命名龙湾区为第三批"全国科普示范县（市）"。

12 月 11 日　瓯海大道（龙湾段）通车。路长 18.18 千米，宽 112 米，主车道为双向 8 车道，辅车道双向 6 车道，总投资 29.90 亿元。

2008 年

1 月 14 日　浙农函〔2008〕11 号文件，温州农业新技术开发示范区更名为温州农业对外综合开发区。

1 月 28 日　滨海新区龙湾工业园开工。工业园总规划面积 28800 平方米，计划 5 年内建成。4 月 18 日，滨海新区龙湾工业园更名为温州龙湾滨海工业园。

2 月　中国机械工业企业管理协会命名温州市（龙湾区）为"中国食品制药机械产业基地"。

3 月 28 日　温州市东片污水处理厂竣工投产。

6 月 14 日　龙湾区民俗项目汤和信俗入选国务院公布的第二批国家级非物质文化遗产名录，为龙湾区第一个入选"国家非物质文化遗产"项目。

12 月 19 日　龙湾改革开放 30 周年纪念大会召开。会议表彰龙湾区十大风云人物和十大杰出人物，公布龙湾区最具影响力十件大事。（十大风云人物：王迪、王建华、王忠芳、王茂法、陈金明、陈建胜、陈奎洪、项兆敏、胡玲玲、黄作兴；十大杰出人物：王璋、王大荒、许绍钦、沈永贤、张汉平、张崇权、罗云远、项光达、蔡志飞、管鸿升。最具影响力十件大事：龙湾区建区、区划调整和中心区建设启动；机场大道和瓯海大道（龙湾段）通车、万吨级码头建成、"东海第一堤"竣工、温州工业园区、温州农业对外综合开发区建立、温州民营经济科技产业基地（龙湾）奠基、新状元水厂实现全线供水、灵昆大桥建成通车、龙湾支柱产业获九张国字号"金名片"、永昌堡入选全国文保单位、省重点示范高中龙湾中学落成。）

12 月 28 日　龙湾区首家小额贷款公司——龙湾华商小额贷款股份有限公司开业。注册资本 2 亿元人民币。

2009 年

9 月 8 日　全国首所公有民办非营利公益性新公民学校——龙湾区第一新公民学校在沙城镇揭牌成立。

12 月 25 日　龙湾区成立 25 周年纪念大会在区文化中心举行。省、市、区领导及全区各行各业代表共 700 多人参加会议。

2010 年

2 月 4 日　77 省道延伸线龙湾至洞头疏港公路海堤试验段工程开工。

2 月 21 日　龙湾区召开全区经济工作会议暨内外龙湾人互动发展会议。会议通报表彰 2009 年度功勋企业 13 家、优秀企业 69 家、功勋企业家 13 名、优秀企业家 67 名和区纳税 50 强企业。

2月24日　永昌堡举行建堡450周年纪念活动。

3月5日　龙湾区举行"三八"国际妇女节100周年庆典大会暨激情广场大展演活动。

3月18日　龙湾区召开科技奖励大会。会议表彰全区科学技术奖、十佳科技人才突出贡献奖、五佳科技型示范企业等。

4月25日　在"2010年中国金融形势分析、预测与展望专家年会暨第六届中国金融（专家）年会"会上，龙湾区被中国金融网、中国金融研究院授予"中国金融生态区"荣誉称号。

6月29日　温州浅滩二期围涂促淤堤工程开工建设。工程总投资4.23亿元，全长9397米，促淤面积5713.33公顷。

8月29日　"2010中国民营企业500家"结果揭晓，龙湾区的青山控股集团有限公司和华迪钢业集团有限公司入围，分别位居第75名和第370名。

11月　温州市瓯江口新区获批省级产业集聚区。

12月15日　龙湾区被浙江省人民政府授予"浙江省金融创新示范区"称号。

12月27日　龙湾区被授予"中国合成革之都"称号。这是龙湾区自2002年、2005年以来第三次持有该国字号"金名片"。

2011 年

3月28日　根据浙政函〔2011〕127号文件，浙江温州工业园区更名为温州高新技术产业园区。

4月6日　龙湾区行政区划调整为蒲州、永中、海滨、海城、状元、瑶溪、沙城、天河、灵昆、永兴、星海等11个街道办事处。

6月8日　龙湾阀门特色产业基地获科技部火炬高新技术产业开发中心批准，由省级基地晋升为"国家火炬计划龙湾阀门特色产业基地"。

6月24日　温州高新技术产业园区管委会正式挂牌成立。高新区以原温州工业园区为主体，整合温州经济技术开发区状蒲园区、温州科技城、温州农业综合开发示范区及龙湾港区等区域，规划面积25平方千米。

11月8日　2011年中国民营企业500强结果揭晓，龙湾区的青山控股集团有限公司和华迪钢业集团有限公司入选，分别位居第72名和第496名。

11月9日　温州文化商品市场获"中国商品市场百强"称号。

12月27—29日　中共温州市龙湾区第七次代表大会在区文化中心召开。

2012 年

1月4日　龙湾区被列为全国依托电子政务平台加强政府政务公开和政务服务试点县（市、区）。

1月5—8日　政协第四届温州市龙湾区委员会第一次会议在区文化中心举行。

1月6—9日　龙湾区第七届人民代表大会第一次会议在区文化中心举行。

1月10日　龙湾区获"浙江省文明城区"称号。

2月3日　世界温商大会龙湾分会在区文化中心举行。

6月　永中街道罗东社区被财政部、中国科协授予"全国科普示范社区"称号。

8月19日　温州高新技术园区获国务院批准升格为国家级高新区。

12月　蒲州街道和原温州高新技术产业园区实行"园街合一"，成立温州高新技术产业开发区科技园（蒲州街道）。

2013 年

3月21日　龙湾区被中国书法家协会命名为"中国书法之乡"。

3月28日　龙湾设立全国首家中小企业票据服务公司——温州国信中小企业票据服务公司。

5月3日　国安寺入选第七批全国重点文物保护单位。

6月28日　龙湾区通过"全国义务教育发展基本均衡县（市、区）"国家级评估，成为温州市首批通过的县（市、区）。

11月7日　龙湾区通过省级文化先进区验收组验收，成功创成省级文化先进区。

2014 年

7月31日　龙湾区被授予"浙江省双拥模范区"称号。

2015 年

1月9日　温州高新区被列为国家知识产权试点园区，试点时间自 2015 年 1 月 1 日起，为期 3 年，成为浙江省 3 家试点园区之一。

1月9日　龙湾区荣获"第五批浙江省示范文明城市（县城、城区）"称号。

5月1日　温州市首个建成的小微企业创业园——龙湾永兴南园（A–02 地块）正式启动招商。

6月14日　浙江省首届生态运动会暨温州泥巴节龙湾区第六届滩涂趣味运动会邀请赛在东海大堤永兴五溪段举行。

11月4日　龙湾区与台湾南投乡情文化系列交流活动开幕，为期 3 天。台湾南投农会茶协会、台湾体育总会武术协会及市、区各界人士 100 余人参加活动。

2016 年

2月29日　龙湾区荣获全省"五水共治"工作优秀县（市、区）大禹鼎。

9月16日　"龙行天下，情系故里"世界温州人大会龙湾区（高新区）分会在区文化中心召开。

12月4—6日　龙湾区运动员王璐瑶在伊朗首都德黑兰举行的 2016 亚洲气步枪锦标赛上，获 2 枚金牌。

12月28—30日　中共温州市龙湾区第八次代表大会在区文化中心举行。

第一章　政　区

　　龙湾区境原为海域，经四千多年先民劳作生息，始成今日版图。1984年12月，龙湾设区成县级建制，土地面积61.43平方千米，为温州两个直辖城区之一。区政府驻状元镇。1985年至2016年，全区行政区划有过八次调整。2016年12月，龙湾区辖10个街道，土地面积323.09平方千米。区政府驻永中街道永宁西路506号。

第一节　建置区划

建置沿革

　　龙湾区境所在地，夏、商、周三代为瓯（沤、欧）地。春秋战国时期，龙湾为越国辖地。秦兼并六国后，龙湾为秦闽中郡属地。西汉汉惠帝三年（前192），在瓯江中下游地区建立"东瓯国"。东瓯国消亡后，龙湾属会稽郡的回浦县。后又属章安县、永宁县，归临海郡。东晋明帝太宁元年（323），永宁县等4地从临海郡分出，建立永嘉郡，区境随永宁县为其属地。隋文帝开皇九年（589），废永嘉郡，改永宁县为永嘉县，隶属括州。炀帝大业三年（607），恢复永嘉郡，辖永嘉等4县。唐高祖武德五年（622），以永嘉县地置东嘉州，辖永宁等4县，区境属永宁县。武德七年（624），改永宁县为永嘉县。其后，区境随同永嘉县先后隶属括州、温州、永嘉郡、温州静海军节度州、温州军事州、温州军额应道军节度、瑞安府、温州路、温州府、温州军政分府。

民国元年（1912），废府、州、厅制，实行省、道、县三级地方政制，永嘉县隶属瓯海道，区境属永嘉县。民国十六年（1927），废道制，实行省县两级制，永嘉县隶属浙江省。民国二十一年（1932），在省县之间建立行政督察区制。其后，区境（除梅头乡）随同永嘉县先后隶属浙江省第十县政督察区、浙江省第四特区、浙江省第三特区、浙江省永嘉行政督察区、浙江省第八行政督察区、浙江省第五行政督察区。

1949年5月7日，温州解放，区境随同解放。8月25日，成立浙江省人民政府第五区专员公署，并将永嘉城区及城郊、永强、梧田、三溪、藤桥、西岸7个区划出，设立温州市，隶属浙江省。1950年5月，温州市永强、梧田、三溪、藤桥4个区划归永嘉县，区境随县隶属温州专区。1958年7月，温州市改属温州专区管辖。1958年9月，永强、梧田、三溪、藤桥4区划归温州市管辖。此后，区境随同温州市隶属温州区军事管制委员会、温州地区革命委员会、温州地区行政公署、浙江省。1981年12月，设立瓯海县，梧田区、永强区等5个区划归瓯海县管辖，隶属温州市。1984年12月，设立龙湾区，隶属温州市。

行政区划

1984年12月，龙湾建区，市郊区的状元镇、龙湾乡及瓯海县永中镇的黄山、黄石2个村划归龙湾区管辖。

1985年4月，撤销龙湾乡，调整状元镇，设立蒲州、龙湾2个镇和水心、瑶溪 2 个乡。状元镇的蒲州、上江、汤家桥、屿田、上庄 5 个村划归蒲州镇管辖，原龙湾乡的滨江、底岭下、金岙、龙东、龙湾 5 个村和黄山、黄石 2 个村划归龙湾镇管辖，原龙湾乡的王宅、朱宅、双何、东林、横淀、青山、上湾、新联、下湾、西周 10 个村划归水心乡管辖，原龙湾乡的苏

1984 年 12 月 27 日，温州市龙湾区成立大会现场

川、永联、皇岙、南山、雄心、永胜、瑶溪、环一、河滨 9 个村划归瑶溪乡管辖。调整后的龙湾区设状元镇、蒲州镇、龙湾镇、水心乡、瑶溪乡，共有 44 个行政村。1987 年 2 月，瑶溪乡改为建制镇。1988 年 8 月，水心乡改为建制镇，更名为龙水镇。

2001 年 7 月，经国务院批准，温州市行政区划调整。析瓯海区的永中、天河、沙城、灵昆 4 个镇和瑞安市塘下镇梅头办事处的上涂、西一、中星、东门、埭头、石坦、屿门、邱宅、东溪 9 个村辖地归属龙湾区；析龙湾区蒲州镇的蒲州村、上蒲州村 2 村归属鹿城区。区域扩大后，设 9 个镇、

2001 年 8 月 21 日，龙湾区行政区划调整工作会议召开

1 个区直属办事处，共有 147 个村、15 个居委会。

2002 年 2 月，撤销永中、龙水镇建制，划出原龙水镇朱宅村，组建永中、

海滨、永兴 3 个街道；撤销蒲州镇建制，组建蒲州街道；撤销区直属梅头办事处，组建海城街道；撤销龙湾镇、瑶溪镇，合并原龙水镇朱宅村，组建新的瑶溪镇。行政区划调整后，设 5 个镇、5 个街道，共有 147 个村、16 个居委会。

2011 年 4 月，撤销状元、瑶溪、沙城、天河、灵昆镇建制，设立状元街道、瑶溪街道、沙城街道、天河街道、灵昆街道；以原沙城镇滨海大道以东 10 平方千米的行政区域和原天河镇滨海大道以东 4.9 平方千米的行政区域，设立星海街道。行政区划调整后，设 11 个街道，共有 147 个村、20 个居委会。

2012 年 4 月，沙城街道、天河街道、海城街道、星海街道委托温州经济技术开发区管理，灵昆街道委托瓯江口新区管理。2015 年 7 月，灵昆街道划归洞头区管辖。

2016 年 12 月，全区辖永中、蒲州、海滨、永兴、海城、状元、瑶溪、沙城、天河、星海 10 个街道，共有 138 个村、17 个居委会。

附　永强区建置区划

永强之地，宋置盐场，称永嘉场。"永强"之名，即由"永场"演变而来（温州方言"强""场"同音）。辖地明、清时除灵昆镇属玉环厅南乡五都、二十都外，其余均属永嘉县华盖乡一、二、三、四都。民国十二年（1923），称永强自治区，隶属永嘉县。民国二十年（1931），改称永嘉县第二区。民国三十四年（1945），改为永强区。1949 年 5 月解放后，仍为永强区，辖永中镇、水心乡、永昌乡、双村乡、永兴乡、联甲乡、天河乡、灵昆乡，隶属永嘉县。1949年8月，永强区改属温州市。1950年5月，永强区划归永嘉县管辖。1958年公社化时，永强区建制撤销，改称永强人民公社，划归温州市管辖。1961年9月，永强人民公社撤销，恢复区建制，称永强区。1981年12月，瓯海县建立，永强区划归瓯海县管辖，同时划出龙湾人民公社归温州市近郊区。1984年12月，永中镇的黄石、黄山2个村划归龙湾区。1992年1月，撤销永强区建制，当时辖永中镇、灵昆镇、永昌镇、永兴镇、海滨镇、沙城镇、天河镇、庄泉乡、四甲乡、宁城乡。

第二节　街道概况

永中街道

永中街道位于温州市区东部瓯江口南岸永强平原的中心位置。东临海滨街道、永兴街道及沙城街道，南接天河街道，西南与瓯海区接壤，西、北连接瑶溪街道，是龙湾区政治、经济、文化、商业中心，区政府所在地。明清时为永嘉县华盖乡三、四都。民国中期分属建中、石浦、普联3

永中街道区划图

个乡，民国三十四年（1945）合并为寺前乡。民国三十七年（1948）改制为永中镇。1958年10月公社化时，永中镇改称永中生产大队。1959年3月，永中生产大队改称永中管理区。1961年9月公社体制下放，称永中人民公社。1964 年 12 月，分设永中人民公社和永强人民公社。1969 年 5 月，永强人民公社撤制，并入永中人民公社。1981 年 3 月，永中人民公社改为建制镇，称永中镇。2000 年 1 月，永中镇、永兴镇、海滨镇、永昌镇合并为永中镇，下设镇中、海滨、永兴、永昌 4 个办事处。2002 年 2 月，行政区划调整，撤销永中镇、龙水镇，由原永中镇镇中办事处、原永中镇永昌办事处、原龙水镇（析出朱宅村）组建永中街道。2016 年，街道总面积 44.30 平方千米，下辖 34 个村、6 个居委会，户籍人口 74245 人。

永中是温州城市东部的商贸重镇。改革开放后，永中的经济社会发展跃上新的台阶，是温州市经济综合实力 30 强乡镇之一。工业形成不锈钢、合成革、铜材、医疗器械、阀门五大支柱行业，是中国不锈钢无缝管材生产基地和中国阀门城。

永中区位优势明显，紧靠温州龙湾机场与龙湾万吨级码头，机场大道、瓯海大道、77 省道、永强大道、建设中市域轨道交通 S1 线贯穿全境。区域内建成一批以万达广场、区图书馆、温州奥体中心、龙翔湖公园、黄石山雕塑公园、银行大厦等为代表，具有城市标志性的建筑。

永中历史悠久，人文荟萃，古迹众多。至今保存有晋代古刹天柱寺、明代古堡永昌堡、明代内阁首辅张璁祖祠等名胜古迹。永昌堡被国务院列为第五批国家级重点文物保护单位。

张璁祖祠

蒲州街道

蒲州街道地处温州高新技术产业开发区的核心区域，东接状元街道，南与瓯海区相连，西接鹿城区，北濒瓯江。境域约成陆于东晋太宁年间（323—326），当时地势低洼，遍生蒲草（俗称咸草）而得名，系瓯江南岸三大洲之一（另为西洲和吟洲）。宋皇祐元年（1049）形成村落，属永嘉县膺符乡。民国二十五年（1936），

蒲州街道区划图

永嘉县第三区置蒲州乡、元庄乡。1956年6月，瞿江乡并入蒲州乡。1958年10月，蒲州乡改称蒲州生产大队。1959年3月，蒲州生产大队改称蒲州管理区。1961年10月，蒲州管理区与状元管理区合并，称状元人民公社。1980年11月，状元人民公社改为建制镇。1985年4月，状元镇析出蒲州、上江、汤家桥、屿田、上庄5个村，置蒲州镇。2002年2月，撤销蒲州镇，划出上蒲州、中蒲州归鹿城区管辖，设立蒲州街道。2016年，街道总面积10.19平方千米，下辖6个村、2个居委会，户籍人口23153人。

改革开放后，蒲州形成制笔和紧固件两大支柱产业，带动其他产业发展，是温州市综合实力30强镇和浙江省百强乡镇之一。龙湾区首个"国"字号轻工生产基地"中国制笔之都"落户蒲州。辖区内有爱好笔业、天丰制笔等一批中国制笔王企业，以及龙湾区首枚中国驰名商标"飞雕牌"飞雕电器等一批重点知名企业。区域内市场要素活跃，有"全国百强商品市场"的温州文化用品市场，"全国五十大五金材料交易市场"的温州紧固

件市场，浙江规模最大的广纳五金装饰市场。

蒲州交通发达，瓯海大道、机场大道、温州大道等城市主干线和建设中市域轨道交通 S1 线贯穿全境。城市化发展十分迅速，成为温州城市东移的主阵地，家景花园、鸿基花园、名人花园、汇金锦园等一批大型住宅区和新世纪商务大厦办公楼先后建成并投入使用，现代物流、总部经济、餐饮服务业发展迅速，近年来城中村改造步伐加快。

海滨街道

海滨街道位于瓯江入海口南岸，东临东海，南连永兴街道，西接永中街道和瑶溪街道，北濒瓯江。隋开皇九年（589）至清朝末年，隶属永嘉县华盖乡三都。民国二十五年（1936），置沙前、宁城、蓝田 3 个乡。民国二十六年（1937），为沙前、宁田 2 个乡。民国三十四年（1945），为沙蟾、宁田 2 个乡。民国三十六年（1947），沙蟾、宁田合并为双村乡。1950 年 5 月，双村乡分为沙蟾、宁村 2 个乡。1956 年 2 月，沙蟾、

海滨街道区划图

宁村 2 个乡合并为永江乡。1958 年 10 月公社化时，永江乡改称永江生产大队。1959 年 3 月，永江生产大队改称永江管理区。1961 年 10 月，永江管理区与永兴管理区合并，称海滨人民公社。1983 年 9 月，改称海滨乡。1984 年 3 月，海滨乡分为宁城、沙蟾、永兴 3 个乡。1988 年 7 月，沙蟾乡改为建制镇，更名为海滨镇。1992 年 4 月，宁城乡并入海滨镇。2000

年1月，永中镇、永兴镇、海滨镇、永昌镇合并为永中镇，撤销海滨镇，设立永中镇海滨办事处。2002年2月，行政区划调整，海滨从原永中镇析出，建立海滨街道。2016年，街道总面积50平方千米，下辖13个村，户籍人口31827人。

改革开放后，海滨经济蓬勃发展，基本形成人造革、鞋业、化工、不锈钢、阀门等支柱产业，企业呈现规模型、科技型、外向型发展趋势。海滨是温州市首批小康乡镇和全国股份制经济的发祥地。三产经济特色发展，着力发展海滨餐饮、文化娱乐、货物运输等服务业，打造"三横一纵"商业精品街。

海滨街道是温州龙湾国际机场所在地，道路交通四通八达，有滨海大道、瓯海大道、机场大道、永强大道、海宁路、蓝浦路、富海路等主要道路。有宁村的汤和信俗文化、沙村的龙文化和蟾钟的"孝文化"等民俗文化。宁村"汤和信俗"入选国家级"非物质文化遗产"名录，"拼字龙灯"入选省级"非物质文化遗产"名录。

永兴街道

永兴街道位于温州市东部沿海平原，东临东海，南连沙城街道，西与永中街道接壤，北邻海滨街道。宋、元、明初称为"九甲"，后以明代抗倭"永兴堡"而得名。民国二十六年（1937），称永兴乡。民国三十一年（1942），改称下垟乡。1949年10月，称永兴乡。1950年5月，永兴乡分为永康、永乐2个乡。1956

永兴街道区划图

年2月，永康乡、永乐乡与七甲乡合并为永兴乡。10月，永兴乡析出七甲乡。1958年10月公社化时，永兴乡改为永兴生产大队。1959年3月，永兴生产大队改称永兴管理区。1984年3月，永兴乡从海滨乡析出。1986年6月，永兴乡改为建制镇，称永兴镇。2000年1月，永中镇、永兴镇、海滨镇、永昌镇合并为永中镇，撤销永兴镇，设立永中镇永兴办事处。2002年2月，行政区划调整，永兴从原永中镇析出，建立永兴街道。2016年，街道总面积56.01平方千米，下辖14个村，户籍人口38903人。

改革开放后，永兴街道的各项事业得到长足发展，是温州市经济综合实力30强乡镇之一。工业经济稳步增长，形成阀门、鞋革、管件、铸造、五金、电器等主要行业。永兴是空港新区主要区域，建有多个小微创业园，永兴南园小微企业创业园获评浙江省小微企业创业创新示范园。效益农业发展步伐加快，建有粮食生产示范园区、蔬菜生产示范园区、畜牧示范基地。

道路交通设施完善，永强大道、海滨大道穿境而过，横向纪兴路、永裕路、康宁路全线贯通，已形成初步立体交通网络。

永兴历来重视教育，人才辈出。原永兴一小（罗山书院），已有120多年历史，培养出专家、学者、教授200多人，著名的有清朝学官张振夔、中国科学院院士张肇骞、张淑仪等。

海城街道

海城街道位于龙湾区最南部，东临金海园区，西南与瑞安市接壤，北与天河街道相连。自宋至清，隶

海城街道五金洁具市场

属瑞安县崇泰乡五都。民国六年（1917），梅头属瑞安县东区。民国二十一年（1932），境域分为前岗、后岗、埭川3个乡。民国三十二年（1943），属海岗乡。1943年，海岗乡析置埭岗乡。1949年，析置梅头乡、埭头乡。1956年2月，梅头乡、埭头乡并入场桥乡。10月，梅头乡从场桥乡析出。1958年10月公社化时，梅头乡改称梅头生产大队。1959年3月，梅头生产大队改称梅头管理区。1961年9月，梅头管理区改称梅头人民公社。1984年4月，改称梅头乡。1985年12月，梅头乡改为建制镇，称梅头镇。2000年8月，并入塘下镇，改称塘下镇梅头办事处。2001年8月，温州市区区划调整，从塘下镇析出，划归龙湾区。2002年2月，行政区划调整，改称海城街道。2012年4月，海城街道委托温州经济技术开发区管理。2016年，街道总面积44.29平方千米，下辖10个村、2个居委会，户籍人口33701人。

改革开放后，海城经济迅猛发展，是温州市经济综合实力30强乡镇之一，形成水暖洁具、民用电器、汽车标准件、石化仪表、塑料化工等五大支柱产业，是全国三大水暖洁具生产基地之一，获得中国五金卫浴出口（温州）基地和中国五金洁具基地称号。农业结构不断优化，建有农业示范园区、水产养殖、蛋鸭养殖和杜仲药材种植四大农业生产基地，形成数家农业龙头企业和一大批农业拳头产品。

海城街道交通运输便利，西、北有塘梅公路和罗梅公路与104国道线连接，东有龙瑞大道和滨道大道与南面飞云江三桥连接，构成四通八达的交通网。自然景观有眠牛、长蛇、老鼠、象鼻等梅岗八大景，历史上有数位文人骚客赋诗赞颂。丁山围垦标准堤塘是休闲观潮的好去处。

状元街道

状元街道位于龙湾区西部，东连瑶
溪街道，南与瓯海区接壤，西邻蒲州街
道，北濒瓯江。状元街道因境内有南宋状
元赵建大所建状元桥而得名。民国十二年
（1923），分设状元、元庄2个乡。1956
年3月，元庄乡并入状元乡。1958年10
月公社化时，状元乡改称状元生产大队。

状元街道区划图（2008年2月）

1959年3月，状元生产大队改称状元管理区。1961年10月，蒲州管理区
与状元管理区合并，称状元人民公社。1980年11月，改称状元镇。1985
年4月，状元镇析出5个村，置蒲州镇。2011年4月，撤销状元镇建制，
设立状元街道。2016年，街道总面积18平方千米，下辖18个村、3个居
委会，户籍人口28850人。

改革开放后，状元工业经济得到快速发展，形成以皮鞋、拉链和紧
固件为主的三大支柱产业，文体用品和机械行业也逐渐兴起，女鞋生产基
地产值占龙湾鞋业的40%。状元街道
是全国经济千强镇、温州市经济综合
实力30强乡镇之一。推进农业特色
基地建设，发展杨梅、瓯柑、茶叶和
蔬菜种植等特色农业产业，是中国杨
梅之乡，大岙溪杨梅多次获省、市杨
梅品评会金奖，响动岩的"黄叶早"

状元街道地标——龙腾雕塑

茶叶因色、香、味俱佳而享誉浙南。

状元街道区位优势明显，交通便利，位列全国沿海45个交通枢纽之一。机场大道、瓯海大道、甬台温高速公路、金温铁路穿境而过，温州大桥南桥头、金温铁路龙湾客货运站场坐落境内，江滨路龙湾段城市沿江通道贯通，是温州城市东移的桥头堡。实施善行状元行动，状元亭成为温州东部慈善的新地标。状元街道历史悠久，文化底蕴深厚，是浙江东海文化明珠、浙江省教育强镇、省级文明城镇、浙江省体育强镇。

瑶溪街道

瑶溪街道位于瓯江下游南岸，东与永中街道、海滨街道相连，南靠大罗山，西南与瓯海区接壤，西接状元街道，北濒瓯江。瑶溪古称姚溪，因明首辅张璁以"溪石皆玉色"而易名。自宋至清分属于永嘉县

瑶溪街道区划图

华盖乡四都、膺符乡五都下半都。民国十九年（1930），改村里制为乡（镇）、闾、邻三级，为瑶溪乡。民国二十三年（1934），为环溪、金岙2个乡。1949年，建立水心乡。1950年5月，水心乡分为环山、滨江、共和3个乡。1956年1月，环山乡、滨江乡、共和乡合并为永新乡；其后，永新乡又分为永新乡、水心乡。1958年10月公社化时，永新、水心改称生产大队。1959年3月，生产大队改称管理区。1961年10月，永新管理区与水心管理区合并，称龙湾人民公社。1984年5月，改称龙湾乡。1985年4月，

龙湾乡分为龙湾镇、瑶溪乡和水心乡。1987年2月，瑶溪乡改为建制镇，称瑶溪镇。2002年2月，撤销龙湾镇、瑶溪镇，并入原龙水镇朱宅村，组建瑶溪镇。2011年4月，撤销瑶溪镇，设立瑶溪街道。2016年，街道总面积33.46平方千米，下辖19个村，户籍人口33348人。

改革开放后，温州工业园区、浙南科技城先后坐落境域，第二产业迅猛发展，跨入全国千强乡镇、浙江省百强乡镇、温州市综合经济实力30强乡镇行列。北靠瓯江，海岸线曲折绵长，建有万吨级集装箱码头和化工、煤炭、石油、渔业等多个专用码头。

瑶溪街道与温州龙湾国际机场近在咫尺，机场大道、瓯海大道、南洋大道贯穿全街道，连接灵昆岛的灵昆大桥是温州半岛工程的主要通道。瑶溪街道结合自身区域优势和发展现状，加快瓯海大道和南洋大道沿线高档住宅和商业用地开发进程，温州八中、市委党校、温州电大和瑶溪社区卫生院先后建成。瑶溪历史悠久，底蕴深厚，是温州历史文化名镇。境内的龙岗山新石器时期文化遗址，距今有四千余年历史。明嘉靖内阁首辅张璁、弘治礼部侍郎

龙湾炮台

王瓒等人，耕读、归隐于此。北宋千佛塔是国家第八批文保单位，龙湾古炮台为省级国防教育基地。瑶溪自然景观十分丰富，有省级风景名胜区——瑶溪风景区，以其别具一格的溪谷风光闻名浙南。

沙城街道

沙城街道位于龙湾区东南部，背靠大罗山，东临东海，南接天河街道，西接永中街道，北与永兴街道接壤，地处永强平原中部。明清属永嘉县华盖乡一都四甲、五甲，二都七甲、八甲。民国十七年（1928），属七甲乡、四甲乡。民国二十五年（1936）置镇海乡（四甲片、五甲片）、七甲乡。民国

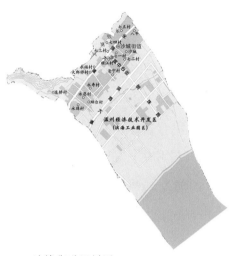

沙城街道区划图

三十四年（1945）镇海乡复改四甲乡。民国三十七年（1948）四甲乡、七甲乡合并为联甲乡。1950年5月，联甲乡分为七甲乡、联甲乡。1956年2月，联甲乡、天河乡、天乐乡合并为永和乡，永康乡、永乐乡、七甲乡合并为永兴乡。10月，撤销永和乡，析出原联甲乡境和永兴乡原七甲乡境，建立联甲乡。1958年10月公社化时，联甲乡改称联甲生产大队。1959年3月，联甲生产大队改称联甲管理区。1961年10月，联甲管理区、天河管理区合并，称天河人民公社。1983年9月，改称为天河乡。1984年3月，天河乡分为七甲乡、四甲乡、三甲乡、庄泉乡。1988年8月，七甲乡改为建制镇，更名为沙城镇。1992年4月，四甲乡并入沙城镇。2002年，增设顺江村（珊溪水库移民村）。2011年4月，撤销沙城镇，设立沙城街道。2012年4月，沙城街道委托温州经济技术开发区管理。2016年，街道总面积24.61平方千米，下辖15个村、1个居委会，户籍人口39224人。

改革开放后，沙城坚持新型工业化战略，形成以食品机械为龙头，五金、阀门、民用电器为辅的产业集群，拥有中国食品机械制造业基地国字号金名片。建有食品机械工业基地2个，产品拥有量和生产能力分别占全国的40%和30%，远销东南亚和欧盟等地。

沙城图书馆　　（沙城街道供稿）

沙城坚持城市化战略，大力推进以沙城文化中心区为核心、以天柱大道和沙城中心街为两翼的新城区建设。探索股份合作制产权改革实现形式，采取政府投资和民间集资办法，共同推进社会各项事业发展。创办民办沙城高级中学、沙城中心幼儿园、沙城图书馆；沙城中心卫生院从1988年开始在全国率先改革乡镇卫生院产权体制，实行股份合作制，先后被卫生部及省、市、区评为先进单位和先进集体，成为全国卫生院产权改制的成功范例。

天河街道

天河街道位于龙湾区南部，东濒东海，南邻海城街道，西靠罗山，北与沙城街道接壤。天河镇因境域地势偏高，靠设水闸蓄水成河，河流水位高于他乡而得名。明清属永嘉县华盖乡一都。民国初年属永嘉县第二区环川乡。民国二十五年（1936）实行保甲制，分属天乐乡、城河乡。民国三十四年（1945）天乐乡、城河乡合并为天河乡，为境域称名之始。1950年5月，天河乡分为天河乡、天乐乡。1956年2月，天河乡、天乐乡、四甲乡合并为永和乡。10月，撤销永和乡，原天河乡、天乐乡合并为天河乡。1958 年 10 月公社化时，天河乡改称天河生产大队。1959 年 3 月，天河生产大队改称天河管理区。1961 年 10 月，天河管理区、联甲管理区合并，称天河人民公社。1983 年 9 月，改称天河乡。1984 年 3 月，天河乡分为七甲乡、四甲乡、三甲乡、庄泉乡。1988 年 8 月，三甲乡改建制镇，更名为天河镇。1992 年 4 月，庄泉乡并入天河镇。2000 年 5 月，增设泰河村（珊溪水库移民村）。2011 年 4 月，撤销天河镇，设立天河街道。2012 年 4 月，天河街道委托温州经济技术开发区管理。2016 年，街道总面积 27.33 平方千米，下辖 17 个村、1 个居委会，户籍人口 27542 人。

改革开放后，天河以民用电器为主的工业经济迅速发展，形成完整的产业链，建有占地 1000 亩的天河民用电器生产基地，成为华东地区最大的民用电器生产基地。利用枕山靠海的地理条件，大力发展特色型、效益型农业，建有畜牧、蔬菜、水产养殖三大农业基地，经济效益和社会效益十分明显。

天河街道旅游资源丰富，境内有天河水库、百家尖、天柱寺、道人洞、大禅寺等景点。"东海第一堤"——永强大堤是观潮看日出的好去处。天河还有"圣师后裔"之美誉，从这里走出了中科院院士孙大业和众多的教授、研究员等。尊师重教，兴学助教在天河蔚然成风。

天河水库　　　　　　　　　　　（张洪林／摄）

星海街道

星海街道位于龙湾区东部，濒临东海，西接沙城街道和天河街道，以温州经济技术开发区现有滨海工业园边界为范围。2011 年 4 月，行政区划调整，以原沙城镇滨海大道以东 10 平方千米的行政区域和原天河镇滨海大道以东 4.90 平方千米的行政区域，设立星海街道办事处。2012 年 4 月，星海街道委托温州经济技术开发区管理。2016 年，街道总面积 14.90 平方千米，下辖 2 个社区居委会，户籍人口 352 人。

滨海大道 　　　（江国荣／摄）

街道产业以电子信息、汽车零部件、机械装备制造、鞋业、服装、新能源新材料等为主，有工业企业千余家。辖区有滨海医院（民营医院）1 所，公办九年制义务教育学校 1 所，社区卫生院、农贸市场等文教卫生基础设施配套齐全。

灵昆街道

灵昆街道位于温州湾口中部瓯江口内，东临东海，经灵霓大堤与霓屿街道相接，西与鹿城区七都街道一水相依，北与乐清市磐石街道、黄华街道隔江相望，南经灵昆大桥与温州扶贫经济开发区相连，系瓯江径流和海流动力共同塑造的产物，形成岛域约有一千余年历史，自古以来为温州海口之门户、交通之咽喉、军事之要塞。1949 年为灵昆乡，1958 年改公社。

1984年复置乡，1987年建镇，属瓯海县。1992年3月撤瓯海县设瓯海区，灵昆镇随属。2001年，灵昆镇划归龙湾区管辖。2011年4月撤镇改设街道，2012年4月委托瓯江口新区管理，2015年7月划归洞头区管辖。2016年，街道总面积51.3平方千米，岛岸线总长24.69千米，下辖4个社区、9个行政村、1个居委会、39个自然村，户籍人口2.28万人，5623户，外来流动人口1.29万人。

街道经济以农业为主，并形成服装、电器、家具、眼镜、建材等五大行业，辖区内有多家幼儿园和灵昆卫生院等13家单位，各项文教卫生基础设施配套齐全。先后被国家有关部门评为绿色先进乡、文蛤之乡、蟥蜅之乡。

中国文蛤之乡

第二章 自然环境

　　龙湾区地处瓯江入海口南岸，地理坐标为北纬27°54′~28°01′，东经120°40′~120°51′，东朝东海，南接瑞安市，西邻鹿城、瓯海两区，北濒瓯江，与永嘉县、乐清市隔江相望。境域东部地势低平，河网密布，系滨海平原，面积约150平方千米；西部为山势连绵、冈峦起伏的大罗山，沿海海岸曲折，海岸线约40.42千米，滩涂资源丰富。全区属中亚热带海洋季风气候区，气候温暖湿润，四季分明，日光充足，雨量充沛。夏秋间多台风，是主要灾害性天气。

第一节 地质 地貌

地质

　　龙湾区境出露地层为中生界侏罗纪、白垩纪火山沉积岩和第四纪沉积层。大罗山丘陵区属侏罗系西山头组，主要由酸性火山碎屑岩组成，间夹沉积岩，局部地段夹少量中性熔岩。燕山晚期钾长花岗岩侵入体分布广泛。状蒲平原和永强滨海平原，属第四系海积——冲积沉积层，由灰色、青色淤泥质亚黏土、黏土夹粉细砂等组成，局部产贝壳、泥炭，厚度50米以上。

地貌

龙湾区境西高东低。西南部为以岩体裸露为特征的大罗山丘陵地带，东部为地势低平、河网密布的滨海平原，茅竹岭、大罗山以西为温瑞平原。

丘陵低山区　丘陵区系雁荡山脉大罗山支脉，属中生界侏罗纪、白垩纪火山沉积岩。山势连绵，冈峦起伏，溪谷错综。山势以南北横亘，东西支脉分延。海拔 20~700 米，龙湾区界内约占 70 平方千米。

平原滩涂区　受河流和海潮的共同影响，境域东北部瓯江下游和南部沿海地区，形成洪积、冲积、海积平原。瓯江下游自鹿城区以下，阻于南北山脉、灵昆岛拦截，西自蒲州、状元，东至瑶溪、黄石山、海滨三地北部形成沿江冲积、淤积平原，由海相灰色淤泥质亚黏土组成，称古海湾平原。第四纪时瓯江以南的梧田、三溪、塘下等均属古海滨，大罗山系其中岛屿。

状蒲平原　蒲州——状元平原成陆时间约在东晋初年永嘉建郡时，比永强平原（滨海平原）早三四百年。东到茅竹岭，南至大罗山，西起汤家桥，北靠瓯江，面积约 15 平方千米，系河流和海潮共同形成的洪积、冲积、海积平原。平原南北窄，东西长。平原土地肥沃，气候温和，雨水充沛，适宜水稻种植；河渠交织，每隔 300~500 米就有一条灌溉小河，宽 6~46 米，深 5 米，可行船。

滨海平原（永强平原）　东到海岸，南至瑞安市的莘塍平原，西起大罗山，北靠瓯江，面积约 150 平方千米。成陆时间约在隋末唐初，系河流和海潮共同形成的洪积、冲积、海积平原。平原南北长、东西窄，永强塘河于平原西部纵贯南北。平原内有三列由北向南延伸沙堤：寺前街—永昌新城沙堤、宁村—沙村沙堤、五溪沙沙堤。沙堤由青灰色细沙和粉沙组成，夹有大量贝壳碎片。

海岸滩涂 包括沿海滩涂（海涂）、沿江滩涂（江涂）和溪流滩涂（溪涂）。溪涂开发利用价值小。境内北起瑶溪街道黄石村，南至海城街道与瑞安市交界处，22.70千米平直海岸线，发育成1.38万公顷温州最优良的沿海滩涂。

沿海岛屿区 北策岛，旧称北插山，北面与洞头半屏岛相望，南面与南策岛、东策岛相邻，地理位置为北纬27°46′27″、东经121°07′55″。北策岛（0.74平方千米）与东侧虎洞岛（0.18平方千米，别名月土尔山）相连，通称"北策山"。两岛之间有一滩坝，大潮时坝身被淹没，平潮时坝身凸显，为两岛互通之要道。整个北策岛面积约0.92平方千米，最高处海拔158.20米，因处福州与上海航道干线，又称"北策门航道"。1963年，在山上建造"北策岛灯桩"，1983年3月，移交温州航标处管理。北策岛为区境永兴街道水潭村王氏先祖祖遗山地，该村渔民世世代代在北策山捕鱼、种山。近年，由于渔业萎缩，渔民投身商业，在岛上养羊、张网作业人已很少。为进一步开发北策山资源，2003年、2008年，龙湾区人民政府和区农林局先后拨款修建码头、架设电柱，为北策山开发奠定了基础。

北策岛

第二节　气　候

四季特征

龙湾区境属中亚热带海洋季风气候区。气候温暖，夏季较长，冬季略短，春秋均匀。春季，自3月上旬至5月下旬（指公历，下同），一般有80~90天，平均气温15.90℃。春季是冷暖气团交替频繁季节，气温变化无常。晚霜和倒春寒给农作物带来危害。夏季，从5月下旬开始，到9月下旬或10月上旬结束，长达4个半月，占全年日数三分之一以上，平均气温26.30℃。7~8月气温多在28℃以上，常出现持续干旱天气。秋季，始于10月上旬，止于12月上旬，平均气温17.80℃。秋天常万里无云，天高气爽。冬季，始于12月上旬，止于3月上、中旬，约75~90天。平均气温8.60℃，大罗山局部山区比平原气温偏低1℃~2℃。

气温

年平均气温18.04℃。最冷的1月份，平均气温8℃；最热的7月份，平均气温28℃。历年极端最高气温39.60℃，出现在1998年7月15日；极端最低气温零下3.90℃，出现在1993年1月29日。

降水

年平均降水量1746毫米。降水以11月至翌年2月最少，3月起逐渐增加，6月和8月、9月达最高值，10月起又显著减少，7月最不稳定。1年内有2个降水高峰：一在梅雨期的5~6月，雨量400至600毫米，占全年总降水量的三分之一；二在台风雷雨盛行的8~9月，平均每年有2~3次台风，雨量占年降水量比例较大。

日照

年均日照时数 1793 小时。其中，8 月日照时间最多，月均日照时数为 234 小时；5 月日照时间最少，月平均日照时数 114 小时。

风向

冬季受北方冷高压控制和地转偏向力影响，盛行北到东风；夏季受副热带高压控制，盛行偏南至西南风。因地势影响，风向多与山河海陆走向一致。沿海平原常出现海陆风，尤以春秋两季为著。白天由海面吹向陆地（东风），夜间由陆地吹向海面（西风）。海风 16 时最强，陆风 6 时最强。

暴雨

境域多暴雨，以春雨、梅雨、台风、秋雨为四大雨期：其中以梅雨期和台风期（5~10 月）为最多；雨日以 5 月、6 月梅雨期为最多；雨量以 8 月、9 月台风期为最多，梅雨期次之；强度在 200 毫米以上的特大暴雨大多出现在台风期。在梅雨期间，多暴雨天气，暴雨日数为 2~3 天。

台风

龙湾地处东南沿海，夏秋季受太平洋热带风暴影响，常遭台风风暴和暴雨袭击。台风季节主要集中在 7 月、8 月、9 月，在此期间发生台风占全年台风总数的 90%。其中 8 月最多，占 40%，9 月占 30%，7 月占 20%。无论出现时间早晚，对境内均有不同程度影响。

附：建区后重大自然灾害

1986 年 6 月 19 日至 9 月 15 日，伏旱连秋旱 88 天。受旱农田：瓯海县 8.70 万亩，龙湾区 0.60 万亩，粮食减产 187.50 万千克。渔业、工矿企业等有损。

1987年7月27日，7号台风在瓯海县永强登陆，永强房塌1200余间，农田受淹7万多亩，稻谷损失1246万千克，毁船419艘，冲没盐田2163亩，毁坏原盐46.75万千克，死亡5人，重伤11人，失踪1人，轻伤30人。

1987年9月10日，12号台风在福建晋江登陆，9日至11日，永强雨量超500毫米，淹田5.35万亩，水稻减产508万千克；受淹番薯地17万亩，减产918万千克，蔗糖损失48万千克，蔬菜损失200万千克，柑橘减产115.50万千克；毁盐田1076亩，原盐损失37.59万千克；毁海堤15.25千米、桥梁10座，死1人，重伤2人。

1989年6月26日至8月2日，连旱39天。旱期雨量51.90毫米，是常年同期249毫米雨量的20.8%；旱期蒸发量194.30毫米，是降雨量的3.74倍。最高气温38.60℃。境域受旱农田近万亩，粮食减产50万千克。10月2日至12月29日，秋冬连旱，期间降雨62.20毫米，是常年同期三成，冬种作物不出苗，出苗长势差。

1990年6月23日，3号台风在瓯海县永强登陆，毁民居，坏堤防，围垦工程冲平，死25人，伤99人。

1992年8月31日，16号台风在福建长乐登陆，逢农历八月初天文大潮，温州市域普降特大暴雨，龙湾三天降雨量252毫米。永强机场导航台被潮水冲毁，机场关闭3天。境域堤坝决口79处，毁堤18.30千米，损渠36千米，

1994年8月21日，被台风毁损的永强海堤

闸坝受损 47 处，受损桥梁 5 座，沉船 5 只，受淹农作物 18 万亩，毁盐场 3 个计 440 亩，冲毁海水养殖 60 个计 5000 亩，内河淡水养殖场被冲走水产品 50 万千克，冲走猪牛羊 1000 多头，塌房 43 间，死 2 人，重伤 12 人。

1994 年 8 月 21 日 22 时 30 分，17 号台风在梅头登陆，最大风速 55 米／秒，雨量集中，平均降雨量 228.50 毫米，值农历七月十五、七月十六天文大潮，瓯江潮位 7.35 米，是 190 年来最高潮位，百年不遇。区域 22 千米海堤全线崩溃，海水倒灌，13.50 千米江堤冲毁，沿海沿江村庄全被淹，积水 1.50 米至 3 米，天河、永兴部分村庄被潮水围困一周。永强机场航站楼进水 2 米以上，跑道淤泥 1 米，机场关闭半个月。永强损失最惨重，6 个镇 90 个自然村受淹，死亡 176 人，失踪 15 人，伤 345 人，直接经济损失 17.02 亿元，其中工商企业损失 6.40 亿元，农业损失 4.92 亿元，基础设施损失 1.10 亿元，居民财产损失 4.60 亿元。原龙湾区受淹人口 5 万人，946 户、1087 间房屋倒塌，1000 多头猪被冲走，教室倒塌 21 处，淹田 23650 亩，绝收 3270 亩，严重减产 46007 亩，死亡 50 人，失踪 5 人，直接经济损失 9 亿元。

1999 年 9 月 4 日，9 号台风在广东惠来登陆，受强低压倒槽影响，3~4 日，温州区域特大暴雨，降雨量 394 毫米，2.20 万亩农田被淹，613 间房屋倒塌，青山水库洪水越坝，冲毁道路、堰坝及配套水管，库区山体滑坡。瑶溪镇防洪堤毁 350 米，状元镇大岙溪村浸水 1.50 米，状元中心小学被淹，直接经济损失 8961.20 万元，死亡 3 人。

2002 年 9 月 7 日，16 号台风"森拉克"在苍南登陆，全区受灾人口 26.42 万人，塌房 15 间，停产工矿企业 651 家，损坏公路 19.65 千米，4 座水库、8.90 千米海堤、27 座水闸受损，直接经济损失 1.70 亿元。

2004 年 8 月 12 日，14 号台风"云娜"在温岭石塘登陆，区域降雨量 148.40 毫米，农作物受灾 3675 公顷，损房 2726 间，塌 110 间，死亡 1 人，失踪 1 人，直接经济损失 2.55 亿元。

2005 年 7 月 19 日，5 号台风"海棠"在福建连江县黄歧镇登陆。风大、雨暴、潮高三碰头，龙湾区域连刮暴风、连降暴雨近 100 小时，过程雨量 254.10 毫米。全区 2 万多亩早稻受淹，倒伏；3 万多亩蔬菜瓜果被毁。

第三节 资 源

植物资源

龙湾区处于中亚热带常绿阔叶林北部亚地带和南部亚地带的过渡带，亚热带南北植物汇集区，植物种类繁多，区系复杂。据调查全区有乔灌木树种 1061 种，隶属 112 科，378 属。山地丘陵区主分布的森林植被类型有中亚热带常绿阔叶林、常绿落叶阔叶混交林、柳杉混交林、马尾松混交林、杉木林、竹林及山地灌草丛等；在东部平原广大的水稻栽培区，沿海木麻黄防护林带，如永强区林带、河口地带林带及河谷滩地丛生竹林等由人工植被类型地带组成。

滨海滩地有海蓬子、盐地鼠尾粟、扁秆藨草、狭叶束尾草、灰绿咸蓬、芦苇盐生草丛，还有护堤灌木苦槛蓝。滨海平原有人工营造的桉树林和木麻黄林。

经济作物传统果树有瓯柑、瓯橘、温州密柑、杨梅、梨、桃等。

油料作物有油茶、乌桕、油桐等，主要分布在山区与半山区；平原多种油菜。野生中草药种类繁多，常见有卷柏、细辛、何首乌、牛膝、汉防己、金樱子、常山、地锦、乌蔹莓、天胡荽、山茱萸、紫金牛、女贞、龙胆草、马鞭草、藿香、益母草、紫苏、夏枯草、车前草、忍冬藤、栝楼、半边莲、橘梗、艾蒿、茵陈、白术、旋覆花、谷精草、七叶一枝花、土茯苓、白芨、石斛等。

动物资源

区境野生动物资源尚未作过全面调查。据 2003 年版《瑞安市志》记载，大罗山丘陵区曾经有森林野生动物 1401 种 52 目 225 科。其中，兽类 58 种 8 目 20 科，鸟类 271 种 19 目 51 科，两栖类 138 种 1 目 4 科，爬行类 23 种 3 目 8 科，节肢类 1036 种 21 目 142 科。

哺乳类：野猪、獾、豪猪（枪猪）、云豹、金钱豹、毛冠鹿、黑鹿、獐、野山羊、青羊、金猫、原猫、灵猫、猕猴、短尾猴、竹鼠、鼢鼠、赤腹松鼠、穿山甲、鬣狗（狼狗）、竹豚、貉（田狗）、豺、狐、野兔、果子狸。大罗山脚附近村落有黄鼬（老鼠黄）、蝙蝠等。至 2016 年，除鼠类、野猪、刺猬、野兔外，其他哺乳类动物已不见踪迹。

鸟类：麻雀、鹰、隼、枭、喜鹊、画眉、乌鸦、乌鸫（屎坑雀）、红嘴兰、虎皮鹦鹉、竺宝鸟（绿鹦哥）、白头翁、相思鸟、云雀、山斑鸠、文鸟（算命鸟）、带寿鸟、戴胜（山和尚）、青翠、绣眼（竹叶青）、鹁鸪鸟等留鸟。家燕、沙燕、豆雁、秋沙鸭、伯劳、杜鹃、啄木鸟、雉、鹧鸪、秧鸡、鸥、燕鸥、白鹭、山椒鸟、八哥、鹌等候鸟。

爬行类：龟、鳖、蛇等：蛇中以靳蛇（五步虎）、眼镜蛇（饭掌蛇）、银环蛇（寸寸白）、蝮蛇（斗斛）、竹叶青、烙铁头、大蟒蛇（笋壳蛇）、赤链蛇、红点锦蛇（水蛇）、黄鸽蛇、乌梢蛇（大秤杆）、翠青蛇、王锦蛇（菜籽花蛇）为常见，还有蜥蜴、壁虎（守宫）等。

两栖类：金钱蛙、蟾蜍（癞蛤蟆）、蝾螈等。

矿物资源

龙湾区境内大罗山、黄石山，因长期侵蚀风化，岩体多裸露。矿业界誉称温州"三大瑰宝"之一的花岗岩，大罗山脉蕴藏量约60亿立方米。境内马鞍岭特色矿藏高岭土矿有数十年开采史。

稀有金属矿　中华人民共和国成立初期，黄石山勘测有稀有金属矿源。

钛铁砂矿　1960年，北策岛勘探钛铁砂储量31269吨，金属钛2158吨。铁砂矿960千克/立方米，三氧化二铁占65%左右，二氧化钛占6%~8%，硫占0.03%。

高岭土矿　1922年，底岭下高岭土矿有人小规模开采。中华人民共和国成立后，矿山由底岭下生产队开采，年产耐火土和陶土约500吨。1960年，最高月产1000吨。已殆尽。梅头高岭土矿矿体段长1000多米，宽度0.8米~1.75米，厚度6米~10米。矿石储量：C级53.12万吨，D级68.98万吨，C+D级122.10万吨。

矿山开采

花岗岩矿　青山、弹子山、坦头山、大度山、瑶溪山花岗岩品种20多种，主要是黑白芝麻花色和粉红褐色。

水资源

据 2011 版《龙湾区农业志》记载，龙湾区境内共有 536 条河道，11 座水库，6 座山塘，河道总长 589.79 千米，水域总面积 51.81 平方千米，水域总容积 42367.89 万立方米。其中，山区河道 52 条（含瓯江），河道长度 92.28 千米，水域面积 41.18 平方千米，水域容积 39990.46 万立方米；内河网河道 484 条，河道长度 497.52 千米，水域面积 9.48 平方千米，水域容积 1503.66 万立方米；山塘水库 17 座，水域面积 1.15 平方千米，水域容积 873.77 万立方米。

三郎桥塘河全景图　　　　　　　　　　　　　　　　　　　（江国荣／摄）

第三章　环境保护

建区前境内均属农村，企业数量少、规模小，污染源不多。改革开放以来，随着工业迅速发展，城市化建设步伐加快，环境污染和生态破坏日趋严重。龙湾区政府重点整治合成革、不锈钢拉管、电镀、拉丝等行业污染问题，全区环境质量明显提升。

1984 年 12 月，龙湾区基本建设委员会建立。1986 年 7 月，龙湾区基本建设委员会更名为龙湾区城乡建设环境保护局。1994 年 4 月，析为区环境保护局与区城乡建设局。

第一节　环境污染

1984 年建区后，龙湾区经济发展以出口加工的粗放型经济为主，产业结构不合理，高耗能、高污染行业的发展较快，环境污染日益加剧。

水污染

区域水污染源主要来自工业、农业、生活时产生的废水，以工业废水为主。20 世纪 90 年代起，由于人造革、电镀、紧固件、不锈钢、化工等行业的发展，工业废水排放量逐年递增。2001 年，龙湾区工业废水排放量 341.34 万吨，到 2016 年，全区工业废水排放量 655 万吨。2003 年，全区沿河工业企业废水日排放量约 4.60 万吨，其中制革、电镀、化工、不锈钢、陶瓷、铸造等 6 个行业日排放废水 3.71 万吨，占沿河工业废水排放总量 80.7%。

2008—2009 年，温州市环境监测中心站对龙湾河道跟踪监测，龙湾河道污染等级为重污染。2010 年 9

2008 年 3 月 28 日，温州市东片污水处理厂通水仪式举行

月 29 日，区环保局在《今日龙湾》环境专版上曝光 166 家涉河重污染企业。

大气污染

区域大气污染源主要为工业、交通、饮食业和居民生活废气，以工业废气为主。2001 年，全区年工业废气排放总量 442579 万标立方米，其中含二氧化硫排放量 13994.50 吨，烟尘排放量 256.25 吨，粉尘排放量 0.91 吨。至 2016 年，全区工业废气排放总量 1671169.39 万标立方米，比 2001 年增长 277.6%，其中含二氧化硫排放量 3207.65 吨，烟（粉）尘排放量 892.42 吨；PM2.5 浓度为 37 微克/立方米，同比下降 14%。

固体废物污染

固体废物主要来源于工业固体废弃物和生活垃圾。2006 年，全区工业固体废弃物产生量 29.37 万吨。2016 年，全区工业固体废物产生量 12.67 万吨，比 2006 年下降 56.9%。

重大污染事故

青山化工厂"敌枯霜"事故 1980 年 10 月，永强区青山化工厂排放农药敌枯霜废水，造成河水严重污染，波及厂区周围 1 平方千米，中毒群众达 309 人。

制药厂对氨基酚溶液泄漏事故　1990 年 3 月 24 日凌晨，温州制药厂龙湾分厂制造车间发生大量对氨基酚溶液泄漏，造成蒲州街道屿田村约 400 米的河段严重污染，河水变成黄褐色，放养的鱼苗大批死亡，附近住户的饮用水质量受到严重影响。

永兴围垦海水养殖园的特大环境污染事故　2003 年下半年开始，永兴街道南片的 5500 多亩养殖场出现水产品大量死亡情况，养殖户损失惨重。经浙江省海洋水产研究所检测，水质污染物严重超标，专家论证认为围垦区已经不再适宜养殖。永兴街道海水养殖协会估计养殖户损失总数达到 1.70 亿元。养殖户认为养殖示范区周边 2000 多家企业排放的工业废水直排入塘河，造成水体污染。

第二节　环境监测与管理

龙湾区依据源头治理、生态治污、清洁生产要求，重点突破、整体推进，全面开展污染源整治。重点整治合成革、不锈钢拉管、电镀、拉丝等行业，努力从源头上实现工业污水、工业废气达标排放。

环境监测

2002 年，龙湾区有环境监测站 1 个，环境监测人员 7 人。2006 年初，龙湾区环保局与温州市环境监测站合作，成立监测分站。全年监测分站为污染整治、环境执法、排污申报提供监测服务 800 多次，出具监测报告

学生代表参观龙湾区环境监测站
（郑懿／摄）

878 份。2007 年 10 月，区环保局开通全市首个环境监测中心，实现对监控测点位进行全天 24 小时不间断的数据和视频的"双监控"，有 10 家重点污染企业的 TOC 在线监测和视频监控系统建成投入运行。2008 年，启动永强片空气质量自动监测点建设，总投资 150 万元。2014 年，新建成区环境监测站，永中片空气自动监测站投入试运行。全区设立 22 个平原河网水质监测站位（其中永中、瑶溪、十字河、屿田为市级站位），对辖区 6 个街道平原河网 4 项水质指标进行一月一测。至 2016 年末，区环境监测站开设项目 54 个，其中涉水项目 33 个，涉气项目 17 个，涉声项目 4 个。

环境综合整治

1996 年以来，全区累计投入 5400 多万元，对 117 家工业污染重点企业进行分期分批限期治理。至 2000 年 10 月 31 日，实现达标排放的企业 100 家，自行停产的 15 家，依法关停的 2 家，达标率为 100%。11 月，龙湾区"一控双达标"工作通过温州市考查组考核验收。

电镀行业环境污染治理

1991 年，龙湾区将 14 家电镀户集中到远离村庄处，相继建成状元电镀中心和龙东电镀中心。1998 年，区政府投入 1500 万元建成占地 1.93 万平方米的（29 亩）龙湾区（状元）电镀生产基地，并建成日处理 600 吨废水处理设施，状元、蒲州 97 家企业入园生产。2002 年，取缔非法小电镀企业 40 家。2004 年，温州市电镀行业被列为浙江省 11 个环保重点监管区之一，龙湾区则被列为全市电镀行业污染整治 8 个重点县（市、区）之一。年末，全区电镀生产容量 250 万升，合法电镀企业 72 家。2005 年，推广逆流漂洗设备，各电镀企业改滚镀手动式为半自动式，改酸洗除油为

2007 年 3 月 24 日，区标准厂房电镀基地开工典礼举行

碱性除油。2006 年 3 月，取缔关停 99 家非法电镀企业，规范 66 家合法电镀企业的污染治理和达标排放；11 月，龙湾区电镀行业整治通过省"811"环境污染专项整治验收组验收。2011 年，总投资 4 亿元的蓝田电镀基地建成，并建有日处理污水达 1 万吨的污水处理厂。2012 年，完成 172 家"低、小、散"电镀户整合优化，72 家重组后的电镀企业按时入驻蓝田电镀基地，实现集中生产、规范管理，蓝田电镀基地创成全省重污染高耗能行业整治提升示范区。

不锈钢拉管行业环境污染治理

2004 年，全区有不锈钢拉管企业 423 家（合法企业 234 家、非法企业 189 家），日废水排放 6000~8000 吨，主要污染物为酸、氟化物、六价铬。同年，龙湾区不锈钢拉管行业被温州市列为"16+2"环境重点监管区之一。2005 年，区政府出台《龙湾区不锈钢拉管行业环境整治工作实施方案》，区环保局对首批 23 家不锈钢拉管企业下达限期治理决定。2006 年，推广 3 家不锈钢拉管企业酸洗废水治理样板工程先进治理工艺，全年

完成 70 家不锈钢拉管企业限期治理任务。2007 年取缔非法不锈钢拉管企业 189 家，合法企业治理后每吨钢筋成品的耗水量由 5 吨多下降到 3 吨左右，年氟化物排放量由 60 吨减少到 20 吨；全区建成 153 套废水处理设施，日处理废水能力近 6000 吨。12 月 26 日，龙湾区不锈钢拉管行业环境污染整治通过温州市整治办现场核查验收。2014 年，制定《龙湾区不锈钢拉管行业酸洗废气治理实施方案》，完成 184 家不锈钢拉管企业酸洗废气治理，酸洗废气达到国家大气污染物综合排放相关标准。

拉丝行业环境污染整治

2002 年，龙湾区有拉丝生产企业（户）102 家（主要集中在蒲州街道），拥有拉丝机 257 台，企业以粗放型、作坊式经营为主，生产设备档次低，生产场地简陋，生产污水横流，与居民区混杂共存，环境污染严重。同年，蒲州街道成立蒲州拉丝行业整治工作领导小组，并筹划建设拉丝生产基地。

龙湾拉管污水处理厂

2004 年，龙湾区拉丝行业被温州市列为"16+2"环境重点严管区；区政府编制《龙湾区拉丝行业整治方案》，启动拉丝生产基地建设。2006 年，蒲州上江拉丝基地主体工程基本完成。2007 年 10 月 26 日，蒲州上江紧固件生产基地拉丝园区通过温州市政府验收；12 月 26 日，蒲州拉丝业环境污染整治通过温州市整治办现场核查验收。2008 年，建成日处理 500 吨的废水处理站，所有合法拉丝企业搬入生产基地，并委托温州市环科院制定《龙湾区拉丝行业环境污染整治规划（2005—2015 年）》。2010 年，蒲州上江拉丝基地污水治理设施完成改建。

合成革行业环境污染治理

合成革行业起步于 20 世纪 90 年代初，因生产过程产生大量"三废"，给局部区域环境带来严重破坏。2002 年，区政府在温州人造革有限公司进行 DMF（二甲基甲酰胺）废气净化回收装置试点，2003 年 3 月试点成功。至 12 月，54 家合成革企业完成 PU 干法生产线 DMF 废气回收治理。2004 年，龙湾区合成革行业被温州市列为"16+2"环境重点监管区。2005 年，22 家合成革企业开展废水治理工作，温州合成革固废（残液）无害化处理中心动工建设。2007 年，强制拆停 20 家企业 23 条非法生产线。2009 年，有 40 家合成革企业通过阶段性清洁生产审核，废水治理后出水各项指标基本达到国家标准，实现 DMF 废气回收率达 96% 以上，并建立健全长效管理机制。至 2015 年，全区 84 家合成革企业 311 生产线中已有 48 家企业 166 条生产线实现停产，合成革生产线削减达 53%。2016 年，继续推进成革行业整治提升工作，合成革生产线削减达 70.7%。

陶瓷业环境污染治理

1992 年初，瓯海区政府 3 次派驻工作队对永强片陶瓷业采取"拆、搬、罚"措施，断断续续整治了 3 年，仅拆除 14 家 16 座，搬迁 6 家 6 座。而永强片陶瓷业年烧煤 30 万吨，产生烟尘 0.87 万吨，林格曼黑度在 4 级以上，威胁温州永强机场航空安全。1995 年 3 月，民航华东管理局飞行区检查组来温检查时提出警告。同年 4 月 4 日、4 月 6 日做出批示。4 月 12 日，浙江省有关领导到温州，就"温州机场周围陶瓷窑浓烟污染影响民航飞行安全"问题作出指示。5 月 11 日后，区政府相继发出《关于机场近围陶瓷窑限期停产》《关于永强片永梅公路以西的陶瓷炉窑实施限期治理》《关于永强片重点控制区域陶瓷炉窑限期停产》等通告。至 7 月底，依法拆除机场近围和居民密集区炉窑 299 座，停产 94 座，131 座办理 1996 年底自行停产手续，提前实现"还洁净天空于航空"的目标，受到民航部门高度赞赏，得到全国人大环资委和国家环保局肯定。新华社、中央电视台、《人民日报》等 20 多家新闻单位竞相报

1995 年 5 月，对未申报的砖瓦窑进行拆除

道。1999 年初，龙湾区政府成立砖瓦窑整治领导小组，对龙水、龙湾、瑶溪 3 个乡镇砖瓦窑较集中区域开展环境污染整治。至 9 月，强制拆除龙水、龙湾、瑶溪 3 个乡镇全部砖瓦窑，共 117 座。

第三节　生态环境建设

进入 21 世纪后，生态环境建设日益重视。2004 年 12 月，区人大常委会通过《龙湾生态区建设规划》，生态创建工作全面铺开。

生态区建设

2011 年，龙湾区全面开展环保模范城市创建，并通过省级环保模范城市创建的技术评估工作。2014 年，永中街道、蒲州街道和状元街道创成省级生态街道，海滨街道和永兴街道通过生态街道的评估验收。2016 年 4 月，通过生态区创建，龙湾区公众生态环境质量满意度大幅提升，总得分由 2015 年的 58.05 提高至 73.98，位次由 2015 年全省 90 名提升至第 63 名。

生态村建设

2004 年起，全区开展以"乡村清洁行动"为主题的农村环境综合整治，建成一批生态公厕，并在永中、灵昆、瑶溪等地相继开展农村生活污水无害化处理试点。2005 年 10 月，永强垃圾发电厂二期工程全部竣工投产，生活垃圾日处理能力达到 1000 吨。12 月，灵昆镇上岩头村、灵昆镇九村村、永中街道坦头村、瑶溪镇环一村被评为市级生态村。2004—2006 年，

永中罗东景苑 （江国荣／摄）

全区村庄整治投入资金 1.42 亿元，启动建设 80 个整治村和 15 个示范村，60 个村通过市级合格村考核验收，其中被评为市级"全面小康建设示范村" 12 个、省级 10 个，提前一年完成第一轮的五年整治工作任务。2007 年 7 月，灵昆镇创成龙湾区首个省级生态镇，永中街道罗东锦苑社区创成龙湾区首个国家级绿色社区。12 月，龙湾区创建初级阶段生态区工作通过省生态办验收。2009 年，启动 4 个村生活污水无害化处理工程，完成村庄整治村建设 15 个。2014 年，全区关停搬迁养殖场 55 家，累计完成生态消纳耕地 2.1 万亩，率全市之先完成行政村农村生活污水设施的全覆盖。24 个村获市级生态村称号。2016 年，全区 96 个村（片区）基本实现污水管网全覆盖，累计创成 19 个市级精品村，人均绿地面积由 12.30 平方米提高到 21.5 平方米。

温瑞塘河综合整治

2000 年 9 月，成立龙湾区温瑞塘河治理工程建设指挥部。2002 年 2 月，指挥部列入区政府直属常设机构。2010 年 5 月 31 日，龙湾区温瑞塘河治理工程建设指挥部更名为龙湾区温瑞塘河保护管理委员会。

2000 年 3 月，《龙湾区温瑞塘河整治规划》获市政府批准并付诸实施。至 2001 年 3 月，完成龙湾区范围内的 18 条主河道和 113 条农村河道清淤任务，累计清淤量 127 万立方米，共完成投资 3255 万元。2003 年，采取社会公开招投标选择优秀保洁队伍，以一年 200 多万元承包全区 232 条长 274 千米的河道保洁权。编制《龙湾区永强海城片温瑞塘河综合整治规划》《龙湾区永强片污水工程规划》《龙湾区温瑞塘河综合整治实施方案》。2005 年，全区清理河道 1440 米，清淤 7000 立方米，建成截污支管 4.20

2000 年 10 月 13 日，龙湾区温瑞塘河工程建设誓师大会召开　（区温瑞塘河供稿）

千米，基本完成状蒲片截污纳管工程，整治过的河道长期恶化的趋势得到逐步控制，部分河道恢复了供水、灌溉、景观及生态保护等水质功能。2000 年至 2007 年，全区完成河道清淤 105 千米，清淤量达 134 万立方米。2009 年，状蒲片被列为浙江省新一轮"811"温瑞塘河环境污染整治的重点区域，上庄、屿田、石坦、三郎桥等 4 条河列入温州市塘河整治首批消除黑臭的 17 条河道范围。全区实行温瑞塘河"河前三包"和专项整治挂钩联系责任制。2010 年，完成截污管 95.10 千米，累计完成 445 千米。采用生态治河，综合治理，逐步达到消除河道黑臭目标。12 月 9 日，温瑞塘河环境污染整治通过省"811"考核验收，顺利完成"摘帽"任务。2014 年，永中街道坦头沙河（右岸）综合整治工程入选 2013 年度浙江省河道生态建设示范工程。2016 年，全区 96 个村（片区）基本实现污水管网全覆盖。污水收集量从年初每日 8 万吨提升至每日 12 万吨以上，黑臭河逐渐消除，河水逐渐变清，十字河、瑶溪河站位水质实现稳定消除劣 V 类。

"五水共治"

2014 年初，4 月，龙湾区人大常委会通过《关于推进"五水共治"建设美丽浙南水乡的决定》。全年 25 个"五水共治"重点建设项目，完成投资 8.51 亿元。完成整治黑臭河 100 条和垃圾河 7 条，共 136.57 千米。完成"无违建河道"创建 185 条，河道清障 6.77 万平方米；完成河道疏浚 44.30 千米，清淤 36.30 万立方米。投资 1.42 亿元，建成 8 个滨水公园 8 个。关停拆除合成革企业 65 家，全区合成革行业生产线削减 30% 以上。2015 年，全区完成"五水共治"投资 12.77 亿元，整治验收 39 条黑臭河。龙湾区获评 2015 年度浙江省"五水共治"工作优秀县（市、区）"大禹鼎"。

2016 年，全区完成"五水共治"投资 10.61 亿元。率全市之先完成对所有河道入河排污（水）口标识工作，排查登记排污（水）口 3590 个。实施七大重污染行业整治"三年行动计划"，拆除养殖场 103 家，完成截污纳管 58.86 千米。龙湾区获评 2016 年度浙江省"清三河"达标县、2016 年度浙江省"五水共治"工作优秀县（市、区）"大禹鼎"，龙湾区"五水共治"工作年度考核全市第一。

第四章　土地　水利　电力

　　龙湾临江濒海，千百年来随着海岸线下移，及先民开辟垦殖，土地面积不断变迁。中华人民共和国成立后，土地资源调查、规划、开发、利用不断完善。1989年3月成立温州市土地管理局龙湾分局，先后开展土地资源、土地利用更新调查及国有土地登记发证、土地权属争议调处，土地管理逐步进入依法有序状态；水利建设取得卓著成就，修复水利设施，改革水利灌溉机具，兴建水库和农村水电站。1985年12月成立龙湾区农林渔水利局，区境水利建设与管理步入专业化、规模化、信息化轨道；电力设施从无到有，从有到优。1958年建成480千瓦白水水电站，结束永强片无电历史。此后建成上璜、衙前、烟台、青山变电所。1995年1月成立温州电业局龙湾分局，电力设施不断完备。

第一节　土　地

　　1984年龙湾建区后，龙湾区基本建设委员会内设土地科。1989年3月，温州市土地管理局龙湾分局成立，下设状蒲土地管理所和龙瑶土地管理所。2002年，更名为温州市国土资源局龙湾分局。

土地资源

1984 年，龙湾区建立，土地总面积 61.43 平方千米，其中耕地面积 43359 亩，人均耕地面积 0.57 亩。2001 年，温州区划调整，龙湾区域扩大，全区土地总面积 282.78 平方千米，其中耕地面积 86302 亩，人均耕地面积 0.28 亩。2002 年后，城市化进程加快，耕地面积逐年减少。2015 年，根据第二次全国土地调查数据，全区土地总面积 323.09 平方千米，其中耕地面积 34275.45 亩，人均耕地面积 0.1 亩。

土地规划

在全面开展划定基本农田保护区工作和土地详查的基础上，1997 年开展土地利用总体规划工作，制定《龙湾区土地利用总体规划（1997—2010 年）》。为适应区域扩大后的龙湾区新局面，2002 年 9 月制定《龙湾区土地利用总体规划（2001—2010 年）》。2009 年下半年开始，启动《龙湾区土地利用总体规划（2006—2020 年）》编制工作，2011 年经省政府批准实施。2015 年，启动土地利用总体规划调整完善工作，编制了《龙湾区土地利用总体规划（2006—2020 年）》（2015 年调整完善版），2017 年经省政府批准实施。《龙湾区土地利用总体规划（2006—2020 年）》主要控制指标包括：

耕地保护目标　永久基本农田保护面积 27900 亩，标准农田保护面积 24000 亩。

规划期间耕地新增建设用地占用耕地控制在 46016.1 亩，规划调整完善期内新增建设占用耕地控制在 18900 亩内。规划期间新增耕地不少于 38415 亩，规划调整完善期内新增耕地不少于 30660 亩。

建设用规模控制目标　到 2020 年建设用地总规模控制在 195975 亩以内，城乡建设用地规模控制在 157800 亩以内。

围垦造地

民国时期与解放后一段时间，天河、海滨等地围垦海涂均由群众自愿进行。从 20 世纪 60 年代开始，进行天河二期围垦工程与海滨的三期围垦工程。1966 年，天河一期海涂围垦工程建成，围垦面积 2000 亩。1973 年，天河二期海涂围垦工程建成，围垦面积 1350 亩。1975 年，海滨二期海涂围垦工程建成，围垦面积 1000 亩。1977 年，海滨三期海涂围垦工程建成，围垦面积 1040 亩。永强海涂围垦共计扩大土地 8090 亩，海岸线向外迁移二次。从 20 世纪 90 年代开始，以政府投入为主的形式开始大规模海涂围垦开发建设。进入 21 世纪，特别是 2004 年龙湾区海涂围垦工程建设指挥部成立，海涂围垦开发建设进一步加快了节奏，围垦大片土地资源。至 2016 年，龙湾区围垦区内造地面积达 6.61 万亩，总投资 22 亿余元，为省、市各级重大交通民生设施转换围垦用地达 3453 亩。

丁山一期围垦工程

位于丁山促淤工程的北丁坝与 3 号丁坝之间的两个坝田区。1985 年 5 月动工围垦，造地规模 1 万亩，净增耕地面积 9140 亩。1988 年 12 月至 1989 年 9 月，南、北二坝先后堵口合龙。1990 年 6 月，5 号台风梅头登陆，海水溢堤，部分堤塘被毁，次年修复。1993 年开发利用 4000 余亩。1994 年 8 月，又遭 17 号台风袭击，四分之三海塘被毁，当年冬，按 20 年一遇标准，修改断面结构，加宽、加高海塘，于 1996 年竣工。

永兴海涂围垦工程

位于龙湾区东部，永强标准堤塘外侧涂滩。该工程于1991年3月立项，工程总投资18904.11万元，围涂面积12400亩，分南北两片施工，主要建设内容由主堤、北直堤、中直堤、南直堤和5座水闸组成。南片工程于1997年4月10日开工，2000年8月5日完工；北片工程于2002年12月11日开工，2007年1月30日完工。永兴海涂围垦工程于2016年11月通过竣工验收。

天城围垦工程

位于天河街道与沙城街道以东滩涂上，工程南侧为丁山围垦，北侧为永兴南片围垦。该工程于1995年5月经省围垦局正式审定批准建设，总投资14000万元，为股份制工程，政府占40%投资比例，工程沿线天河镇、沙城镇两镇21个村占60%投资比例。该工程围垦面积达9400亩，堤线总长3715.69米。2004年11月进场施工，2008年1月3日实施堵口合龙，2010年5月完工，2016年11月通过竣工验收。

海滨围垦工程

位于瓯江口南侧的海滨街道外围滩涂。该工程总投资19911万元，围涂面积9860亩，建成海堤5297米，水闸3座。2008年10月开工建设，2013年8月完工，2016年1月通过竣工验收。该工程的建成提升了龙湾区海滨沿海一带的防洪抗潮能力，为

2016年1月28日，海滨围垦竣工

龙湾腾飞提供宝贵的土地资源和发展空间。

地籍管理

1988 年 3 月，进行城镇户地测量和农村土地详查及土地利用现状调查。1989 年，龙湾区进行土壤普查、土地概查，土地、森林及海涂资源调查，发放土地使用权证。至 1996 年，全区发放农村土地使用证完成 95%。2006 年，在永中街道新联村和灵昆镇上岩头村率先开展农村集体农用地所有权登记发证试点工作，状元管理所获全国地籍管理工作先进集体称号。全年完成土地登记 5709 件。2009 年，完成农村集体农用地所有权登记；在状元镇横街村徐家桥开展宅基地登记全覆盖调查试点。2016 年 8 月，龙湾区行政审批服务中心不动产登记分中心揭牌，标志着龙湾区正式开启土地证、房产证"两证合一"时代。全年完成各类土地登记 3725 宗，国有土地使用权、集体建设用地使用权登记发证率均达 99.9%。

土地监察

1990 年，清理永强乱建砖窑，强制拆除 237 座。1996 年，查处违法用地案件 127 件（包括历史遗留的案件），违法用地面积 4.95 万平方米，建筑面积 5.43 万平方米，结案 121 件。

2006 年，全区共立案查处土地违法案件 71 件，涉及土地面积 13.45 万平方米，其中耕田面积 5.15 万平方

2016 年 10 月 19 日，龙湾区对违法建筑进行拆除

米。组织拆除违章建筑行动 154 次，拆除违章面积 23 多万平方米。开展

优化环境的"三沿整治",拆除违章建筑物3万平方米。

2016年,全区落实巡查责任机制,集中拆违或配合其他部门拆违8次,建筑面积拆除1.50万平方米。卫片执法中,确属违法用地图斑26个,面积30.30亩,拆除复耕5.70亩,对其中20宗违法用地收缴罚没款22万元,处理率100%。全区耕地"违占比"1.1%,实现"零约谈、零问责"。

第二节　水　利

1985年12月,龙湾区农林渔水利局成立。1996年11月,更名为龙湾区农林水利局,与区委农村工作办公室、区农村工作办公室合署办公。2006年11月,龙湾区农林水利局分设为龙湾区农林局、龙湾区水利局。

堤塘

徐家桥堤塘　是屿田堤塘和徐家桥堤塘合称。西接百果堤塘,东至状元渔业队。1958年,返修。系土石结构,长2000米、顶宽4米。沿瓯江南岸,堤经状元镇徐家桥北,故名。1997年,改建为水泥结构标准堤塘。

状元堤塘　西接徐家桥堤塘,东至茅竹岭,长3000米、顶宽4米。因堤经状元桥北面而得名,沿瓯江南岸护江而建,1997年,改建为水泥结构标准堤塘。

东平堤塘　西起白楼下,东至龙东桥。1979年,改建为标准堤,土石结构,堤外用块石浆砌筑成防浪墙,长1344米,堤顶宽4米、底宽4米,高2.50米。

黄石山堤塘　西接东平堤塘,东至蓝田码头。1986年11月开工建设,

1987 年 6 月竣工。堤塘为土石结构，全长 3872 米，坝顶宽 3 米，堤底宽 11.10 米，堤高 7.80 米，内侧坡度 1 ：20。位于黄石山北麓，以山得名。清光绪《永嘉县志》载，旧称龙湾埭，康熙年间（1662—1722），乡民自筑。中华人民共和国成立后，改称为龙湾海塘，又称黄山堤塘或黄石堤塘。

海滨围垦区堤塘　2005 年，海滨围垦工程设计通过，计划围垦面积 657.33 公顷（1 万多亩），工程由一条 5297 米围堤和 2 座进水闸、1 座排水闸组成。主体工程于 2006 年 6 月动工，总投资 2 亿元，为 50 年一遇防洪（潮）标准钢筋混凝土高标准堤塘。

永兴堤塘　位于永兴街道东部，全长 5200 米，黄海高程 7 米，顶宽 5 米，底宽 22 米。1994 年 11 月动工兴建，1995 年竣工。1998 年，加筑石块砌挡浪墙，坝身为混凝土结构。

永兴南围垦堤塘　位于 1995 年建成的永强标准堤塘东面海涂。黄海高程 7 米、顶宽 5 米、底宽 22 米，包括南堤（东西走向）1650 米，北堤（东西走向）1350 米，东堤（南北走向）3641 米。新围垦区面积 448 公顷（6720 亩），2000 年完工。

永兴北围垦堤塘　位于 1995 年建成的永强标准堤塘东面涂滩。黄海高程 7 米、顶宽 5 米、底宽 22 米。包括南堤（即南围垦的北堤）1350 米，北堤（东西走向）1465 米和东堤（南北走向）3170 米。新围垦区面积 381 公顷（5715 亩），2006 年竣工。

龙湾西片堤塘　西自桃花岛东至茅竹岭（温州市江滨路龙湾段）长 5300 米，按 100 年一遇防洪、防潮标准设计建造。1998 年 3 月开工建设，2001 年 8 月竣工。工程总投资近 1 亿元。

龙湾东片堤塘　自茅竹岭东至瑶溪镇黄石村，全长 7580 米。其中包括二期工程和闭合工程。二期工程指 1995 年建成的 20 年一遇标准（一期）上加高加固到 50 年一遇。防浪墙顶黄海高程 7.22 米，堤坝高程 6.22 米，堤顶宽度 4.5 至 6.1 米。二期工程 1999 年 1 月 11 日开工建设，于 2000 年 10 月 8 日竣工，决算投资 1963.38 万元。东片堤塘闭合工程，设计长度 1850 米（实际完成 1837 米），系Ⅲ级海堤，按 50 年一遇防洪防潮标准设计建造，防浪墙顶黄海高程 7.22 米。2000 年 2 月 12 日开工建设，2000 年 10 月 20 日竣工，决算投资 683.9 万元。

永强堤塘　又称东海第一堤。北自瑶溪镇黄石村，南至海城街道丁山围垦北直堤，全长 19.1 千米。是在 1995 年建 20 年一遇标准（一期工程）的基础上加高加固到 50 年一遇的标准（二期工程）。防浪墙顶高程 7.62—8.12 米（黄海高程），堤顶高程 6.22—7.12 米，堤顶宽度 5.50 米。1999 年 12 月 3 日开工建设；2000 年 8 月 20 日竣工。决算投资 4142.20 万元。

丁山堤塘　位于海城街道沿海，北接永强堤塘，南接瑞安市沿海标准海塘。全长 5700 米，是在原丁山围垦区堤塘（20 年一遇标准）基础上加高加固达到 50 年一遇标准。主堤防

东海第一堤——永强大堤
（摄于 1995 年 10 月）

浪墙黄海高程 8 米，堤顶黄海高程 7 米。南直堤长 1450 米，堤顶宽度 5 米，堤顶黄海高程 6.1 米。全堤为 Ⅲ 级海堤。2002 年 11 月 7 日开工建设，2004 年 12 月 5 日竣工，决算投资 4006.8 万元。

水库

天河东水库　1955 年 1 月开工兴建，1958 年 4 月竣工。水库坝址在天河镇大罗山顶上。集雨面积 2.48 平方千米，引水入库 0.98 平方千米。坝高 16 米，坝顶长 72 米，坝顶宽 4 米。1993 年，对大坝施行加固工程。2000 年，采用混凝土在迎水坡作防渗处理。2001 年，进行白蚁防治。水库设计灌溉面积 60000 亩，因受灌区配套工程不完善影响，实灌 2800 亩。水库是天河水电站水源之一。

天河西水库　1956 年 1 月开工建设，1957 年 3 月竣工。水库坝址位于天河镇郑岙村大罗山顶，与天河东库组成姐妹库，集雨面积 1.51 平方千米，引水入库 0.88 平方千米。坝高 13.3 米，坝顶长 109 米，坝顶宽 3 米。有效灌溉面积 7500 亩，最大灌溉面积 1500 亩，年供水能力 100 万立方米，是下游天河水电站水源之一。1984 年 1 月至 1984 年 3 月，实施第一期除险加固工程。1987 年 12 月至 1988 年 9 月，实施第二期除险加固工程。2006 年，天河西水库被列入省千库除险加固计划。

丰台水库　1958 年 2 月开工建设，1959 年竣工。位于永中街道郑宅村峰台山上，集雨面积 1.39 平方千米。改善灌溉 4000 亩，是下游白水水电站的水源之一。1964 年，灌浆处理漏水现象。1989 年，培土加厚加固涵洞顶沉陷。2003 年，实施坝体、坝肩防渗处理。2005 年 3 月 8 日至 2006 年 5 月 23 日，实施大坝迎水坡、土工膜防渗、干砌块石护坡，坝顶、

防浪墙、块石护顶、观测
设施工程和引水隧洞、启
闭机房、启闭机放水结构
工程。

丰台水库

双呑水库 1977年12
月开工，1979年6月竣工。
位于永中街道双呑村，集
雨面积4.43平方千米，最

大坝高33.32米，坝顶高程38.82米，坝顶长度85米，坝顶宽度4米。有
效灌溉面积6200亩，年供水能力200万立方米。1992年4月，完成第一期，
为溢洪道改建工程。1994年7月，完成第二期，为大坝防渗工程。1998
年3月，完成第三期背水坡加固工程。三期工程均通过省、市、区组织的
竣工验收，被评为优良工程。2004年10月至2007年4月，实施水库保
安工程。2007年12月14日，通过竣工验收，工程决算总投资289.89万元。

后坑水库 位于永中街道峰台村，1957年9月开工兴建，1958年12
月竣工，与峰台水库、白水水库组成水库群，向白水水电站供水发电。集
雨面积0.79平方千米，主坝堤高12.50米，属小（2）型水库。1998年，
开展除险加固工程。2007年，完成安全技术认定，并建为大罗山东麓旅
游线上景点，列入2008年除险加固计划。

天柱寺水库 1957年7月开工，1958年12月竣工。位于天河镇钟桥
村。集雨面积3.60平方千米。最大坝高17米，坝顶高程66.14米，坝顶
长度75.18米，坝顶宽度3.28米至5.08米。属小（2）型水库。1981年，

进行保坝加固施工。1993 年，对白蚁危害进行毒土灌浆防治。1994 年冬，对坝体实施培厚除险加固保坝工程。2003 年，经防汛防洪检查发现涵洞渗漏严重，且背水坡未砌护坡，属为病险坝，被列为"省千库保安"项目，分期进行干砌块石背水坡、溢洪道导水墙砌筑块石、虹吸管施工安装、内涵管封堵、坝顶加宽、新建 C20 砼防浪墙、增设雨量计大坝观测设施工程。2004 年，实施加固工程，2005 年完工。

百家尖水库 1996 年开工，1999 年竣工蓄水。位于沙城镇四甲。集雨面积 0.23 平方千米，最大坝高 18.4 米，坝顶高程 100 米，坝顶长度 102.62 米，坝顶宽度 4 米，属小（2）型水库，主用途为生活、企业生产供水。2004 年，施行除险加固工程。水库年供水能力 80 万立方米以上，提供生产生活用水及农田灌溉。

东阁庵水库 位于永中街道青山村，1956 年开工建设，1957 年完工蓄水。集雨面积 0.61 平方千米。最大坝高 18 米，坝顶高程 206.03 米，坝顶长度 58.32 米，坝顶宽度 2.5 米。属小（2）型水库，可灌溉农田 500 亩，兼供生活用水。2003 年，按照千库保安标准对大坝进行除险加固。

山门坑水库 位于永中街道刘宅村大罗山东麓，1957 年 9 月开工兴建，1958 年 12 月竣工。集雨面积 2.17 平方千米，最大坝高 14.5 米，坝顶高程 14.5 米，坝顶长度 103 米，坝顶宽度 3 米，属小（2）型水库。20 世纪 80 年代，加宽加厚坝体内外坡。1995 年，对大坝背水坡施行干砌块石护坡。1996 年，对大坝溢洪道进行处理，增设浆砌块石挡墙、踏步。2001 年，对白蚁危害现象施行氯丹毒土在坝坡散播处理。灌水面积 4010 亩农田，提高农田抗旱能力 20 天，兼有发电和供给生活用水效益。

白水水库　位于永中街道峰台村，1959 年 10 月开工，1960 年 8 月竣工。集雨面积 2.43 平方千米，最大坝高 12.25 米，坝顶长度 103.5 米。20 世纪 80 年代，加高加固坝体，按 300 年一遇校核标准拓宽加深溢洪道。1999 年，增设引水洞及进水出水明沟。2001 年，氯丹毒土灌浆防白蚁危害。建白水水电站，装机容量 480 千瓦，年发电量 250 万千瓦。

瑶湖水库　位于瑶溪街道瑶溪村，1959 年建成。集雨面积 0.7 平方千米，最大坝高 11.1 米，坝顶长度 73.5 米，属小（2）型水库，灌溉农田 1000 亩。2007 年，完成除险加固。

瑶泷水库　位于瑶溪街道瑶溪村，1997 年 5 月建成。集雨面积 3.18 平方千米。最大坝高 20 米，坝顶长度 96 米，属山塘系列，为瑶溪山庄供水，兼灌溉。

银河水库　位于瓯海区仙岩镇仙南村，系龙湾区沙城镇四甲自来水厂租用仙南村山地而建，是四甲水厂水源之一。1987 年 11 月开工建设，1989 年竣工。集雨面积 0.82 平方千米，最大坝高 12 米，坝顶长度 46.5 米，属山塘系列。1999 年，对水库进行除险加固。

范家岙水库　位于永中街道朱垟村，1957 年 12 月建成。集雨面积 0.15 平方千米，最大坝高 8 米，坝顶长度 45 米，1999 年 10 月，对大坝进行大修，增设混凝土防渗面板。2003 年 10 月，清除大坝白蚁。

青山水库　位于永中街道青山村、东阁庵水库下游，1990 年 7 月开工建设，1991 年 1 月竣工。集雨面积 0.31 平方千米，最大坝高 23.8 米，坝顶长度 90 米，为 11 个建制村生活供水，兼灌溉。1996 年 3 月，发现大坝两边 7 米处有细微裂缝，1997 年 12 月，进行修理施工。

大坑井水库　位于永中街道黄石山麓，1959 年 12 月建成。集雨面积 0.10 平方千米，最大坝高 7 米，坝顶长度 45.30 米，属山塘系列，为 100 亩农田灌溉及几千居民供给生活用水。1995 年 10 月，加高坝顶，开挖溢洪道。2003 年 10 月，对大坝背水坡进行白蚁防治。2004 年，实施除险加固工程。

龙岗寺水库　位于瑶溪街道永胜村，1988 年建成。最大坝高 6.5 米，坝顶长度 33.5 米，属山塘系列，为 4 个自然村 1 万多人供水。建成后，先后实施两次除险加固工程。

重点防洪工程

2010 年 8 月，龙湾区城市东片防洪工程建设指挥部成立，负责城市东片防洪工程建设和管理工作。

温州市东片防洪一期工程　该工程是省、市重点建设项目和防洪减灾工程，是解决永强片内涝和排洪的民生工程。主要建设内容为拓宽整治黄石山后河、堤塘河、三甲河、金山河、沙河等骨干行洪河道 8 条，河道总长度 47 千米，新扩（建）桥梁 41 座，一期工程新征建设用地 1326 亩，拆迁建筑面积约 1.5 万平方米，投资概算 5.9 亿元，计划工期 5 年，范围涉及永中、瑶溪、海滨、永兴、沙城、天河、海城 7 个街道和滨海园区。该工程 2008 年启动后，于 2014 年完工。2014 年 5 月 26 日，全市两河整治现场会于黄石山河工地现场召开，黄石山后河作为“两河整治”示范样板河道向全市推广。

温州市温瑞平原东片排涝工程　该工程是省重点水利扩排项目，涉及龙湾区与温州经济技术开发区两片，工程任务以排涝为主，兼顾改善水生态环境，共整治河道 75 条，工程总投资为 41.46 亿元。2015 年，龙湾区东片防洪指挥部完成温州市温瑞平原东片排涝工程迁安置方案工作，水土保持方案、环境影响评价通过市级审查，可行性研究报告通过省水利厅审查批复。2016 年，做好温瑞平原东片排涝工程前期审批工作，完成报批所需的水保、环评、房屋拆迁安置等 10 余项专题项目，进入招投标环节。

河道治理

1988 年至 1992 年，永强塘河水系，共疏浚河道 15 条，合计长约 30 千米，投工 100 多万工日，完成土方 100 万立方米，增加蓄水量 100 万立方米。1994 年，特大暴雨灾害发生后，清理疏浚大岙溪河道，完成石坦至山西岙 2500 米河岸的砌石建坝工程。1997 年，实施金山河拓宽工程，完成 2000 米长，由 10 米拓宽至 30 米。1999 年，投资 68.20 万元，完成土石方 7 万立方米，建成三郎桥村 1750 米三面光渠道、御史桥村至干（甘）岙村地下渠道 780 米、抽水机房 3 座，加固防洪堤塘 800 米，打捞状元镇 1000 多亩河道水荷花。2000 年 3 月，《龙湾区温瑞塘河整治规划》获市政府批准并付诸实施，启动温瑞塘河治理工程。2014 年，启动"五水共治"工程，全面推行"河长制"，并结合"一河一策"实施方案，推动"两河整治"（垃圾河、黑臭河）进程。2016 年，对全区 125 条已整治的黑臭河进行"补短板"评估，龙湾区创成省"清三河"达标县。

防汛防台

台风是区境主要自然灾害之一。每年汛期，龙湾区人民政府防汛防台抗旱指挥部（简称区防指）组织开展防汛、防台工作，汛前、汛中作全面检查，对病险水库的除险加固，采取安全度汛措施，与水利、农林等部门做好防控的协调工作。区级防汛预案每 5 年编制 1 次，各镇街道也制定防台预案，明确各自重点和防御对象，本着"以人为本"宗旨，把预防人员伤亡放在首位。1987 年，龙湾区政府获评全国抗洪先进集体。2008 年，完成区主要河道和瓯江以及重要水库等 9 处水文

2016 年 4 月 29 日，龙湾区开展排水演习防汛减灾活动　　　（杨豪／摄）

遥测站点设备的 GPRS 改造，建成防汛大屏幕显示系统和防汛 PDA 远程登录系统。2011 年，完成区级山洪灾害防御预案编制。2013 年，建成区级标准化仓库 9 处；建成连接各街道的远程防汛视频系统，实现与市防指系统对接。2015 年，基层防汛防台体系规范化通过省级考核，山洪二期项目通过专家验收，完成 3 个气象防灾减灾标准化建设。2016 年，建立以人武部为主的区级防汛抢险队 1 支共 65 人，其他各类抢险队伍 15 支 1360 人。

第三节　电　力

1995 年 1 月，温州电业局龙湾供电分局成立。2001 年 8 月，温州市行政区划调整，温州电业局龙湾供电分局管辖开发区供电所、蒲州供电所、瑶溪供电所、海城供电所和灵昆供电所；永强供电公司管辖永中供电所、海滨供电所、永兴供电所、沙城供电所、天河供电所。

永强水电站

民国十八年（1929），永中吴佐卿首办小型火力发电厂。1956 年 1

月国营永嘉县永中电厂投产发电，功率16千瓦。

永强水电站由白水、青山和天河三座电站组成。装机4台，总容量2120千瓦。白水电站于1959年10月1日建成发电，安装480千瓦、400千瓦水轮发电机组各1台。青山电站于1964年11月建成发电，安装1台320千瓦水轮机组。天河电站于1973

2014年12月9日，永强水电站获评国家一级安全生产水电站

年7月建成，安装1台800千瓦水轮机组。2015年8月，永强水电站白水水电站、天河水电站通过水利部农村水电站安全生产标准化一级达标评审。

龙湾供电分局

电网建设　1984年龙湾建区后，电力基础设施比较薄弱。1995年，建成黄山11万伏，瑶溪、上庄、蒲州各3.50万伏变电所。2001年至2005年，先后建成110千伏海城变、110千伏扶贫变、35千伏状元二回路并投入运行，抢建完成110千伏瑶溪移动变和35千伏永蒲联络线。2005年，新增10千伏线路10回、52.79千米；公变布点42台，新增容量18910千伏安；新增公变配电室12座、10900千伏安。2008年，500千伏温东变电所投入运行，提高全市供电能力近三分之一。220千伏瑶溪输变电工程完成土建和电气化安装。2016年，推进220千伏龙东输变电工程、220千伏蒲州变整体改造工程、110千伏永十七输变电工程、110千伏瑶溪输变电工程建设，做好220千伏科技输变电工程、220千伏昆东输变电工程、110千伏龙府输变电工程、110千伏状元升压工程、110千伏民科1（山海）输变电工程、110 千伏新川扩建工程等 6 个工程前期项目手续办理。

农网改造　2000 年，完成供区的农村电网改造。2008 年，推进"新农村、新电力、新服务"的农电发展战略，全年投入 700 余万元对 9 个村实行新农村电气化改造。2009 年，推广应用单相配电变压器，全市首台单相变压器于 10 月在龙湾村投入运行。2011 年，投入 1600 万元，完成瑶溪街道的 2 个新农村电气化村和瑶溪街道新农村电气化镇（街道）建设。2016 年，完成状元石坦村等 8 个行政村 104 个配变台区低压线路及进户线改造工作。

供电量　2006 年，龙湾供电分局供电量 190500 万千瓦时，同比增长 14.5%。2016 年，供电量 356500 万千瓦时，同比增长 9.2%。

永强供电公司

电网建设　1985 年 2 月，永强 35 千伏变电所投运，是永强供区有史以来第一座变电所。1991 年，自筹资金，建设 110 千伏衙城变电所，主变容量 31.50 兆伏安 ×2 台，于 1993 年 1 月投用，开创了多方筹资建设变电所先例。1997 年，建成 110 千伏烟台变电所、220 千伏青山变电所。2002 年至 2005 年，建成 110 千伏安八甲变一期 40 兆伏安 ×1 台，改造线路 28.50 千米，预埋电缆 5.73 千米。投入 330 多万元改造机场路东段线路，10 千伏供电线路 80 条，368 千米。2006 年，220 千伏五甲变和 110 千伏八甲变二期工程完工并投入运行，改造线路 40 多千米。2007 年，整改和建设 10 千伏线路 12.73 千米，大规模改造永中罗东大街架空线路，全面实现绝缘化和地埋化。2016 年，完成空港新区铜材市场、天河工业园十四路、蓝田标准厂房北新线等 10 千伏线路工程建设，完成温州市域轻轨永强站 10 千伏线路迁改工程、八甲变至衙城变 21 基铁塔线路安全改造工程、永中西路 10 千伏线路电缆化改造等重点工程项目。2016 年，空港新区、天城围垦区增量配电网被列入全国第一批改革试点，永强供电公司被浙江省发改委核准为该试点项目业主。

农网改造　1991 年开始进行用电标准村建设，1999 年根据国务院两网改造文件精神，掀起农网改造高潮，到 2001 年完成供区内 82 个村的农网改造任务，全面实行一户一表照明。农网改造后，线损普遍下降，从原来的 25% 降到 8% 以下，并在 2001 年全面执行全省统一销售电价，减轻了用户负担。2007 年，根据"新农村、新电力、新服务"的农电发展战略，开始新一轮农村电气化建设。至 2011 年 12 月，完成 83 个村的新一轮农网改造任务。2015—2016 年，推进农村低压电网整改工作，完成 57 个村的低压电网改造任务，并通过验收。

供电量　1992 年，永强供电公司年供电量突破 1 亿千瓦时，计 1.08 亿千瓦时。2000 年，供电量突破 5 亿千瓦时，计 6.1671 亿千瓦时。2004 年，供电量突破 10 亿千瓦时，计 10.0093 亿千瓦时。2016 年，供电量 16.3600 亿千瓦时，同比增长 12.4%。

第五章 人口 居民生活

　　1984—2016 年，龙湾区居民生活质量提升，人均寿命大幅提高，社会老龄化现象明显；同时，人口的文化素质提高，家庭规模趋向小型化。

　　1992 年后，龙湾经济快速发展，外来务工人员大量增加。2016 年，登记在册的外来务工人员及其子女 38.86 万人，比户籍人口多 5.75 万人，全区常住人口达到 71.97 万人。其中一些人在龙湾区安家落户，成为新龙湾人。

第一节 人口状况

人口总情

　　1984 年 12 月龙湾建区时，户籍人口 16063 户 75482 人。2001 年 8 月扩域，年末户籍人口 84440 户 303452 人。2016 年末，户籍人口 80519 户 331145 人。

　　1990 年 7 月 1 日全国第四次人口普查，龙湾区常住人口 80976 人，其中男 41698 人，女 39278 人。2000 年 11 月 1 日全国第五次人口普查，龙湾区常住人口 204935 人，其中男 110429 人，女 94506 人。2010 年 11 月 1 日全国第六次人口普查，龙湾区常住人口 749303 人，其中男

406678，女 342625 人。2016 年末，全区常住人口 719700 人。

表 1　2016 年龙湾区户籍人口情况表

名称	总户数（户）	总人口（人）		0~17 岁	60 岁及以上	出生人数（人）	死亡人数（人）
		女性	乡村人口				
合计	80519	331145	159538	71267	66209	54899	4111	1385
永中街道	19069	74245	35662	17640	14880	13031	895	280
蒲州街道	7129	23153	11616	0	4696	3409	361	67
海滨街道	7976	31827	15389	6627	6428	5365	398	136
永兴街道	8162	38903	18660	3605	8257	6388	470	164
海城街道	7325	33701	16312	0	6569	5396	373	153
状元街道	7994	28850	14154	10406	5547	4798	420	101
瑶溪街道	8379	33348	15922	31909	5799	6145	450	170
沙城街道	8274	39224	18606	0	8293	6020	479	171
天河街道	6098	27542	13052	1080	5664	4349	261	143
星海街道	113	352	165	0	76	8	4	0

资料来源：龙湾统计年鉴（2017 年）

人口构成

性别构成　龙湾区户籍人口中男性多于女性。1985 年建区初期，龙湾区总人口中，男性占 51.6%，女性占 48.4%，以女性为 100 之性别比（下同）为 106.78。1990 年，全区男性占总人口 51.7%，女性占总人口 48.3%，性别比 106.90。2000 年，全区男性占总人口 51.6%，女性占总人口 48.4%，性别比 106.54。2010 年，全区男性占总人口 51.8%，女性占总人口 48.2%，性别比 107.53，高于全省 105.69 和全国 105.20 的性别比。2016 年，全区男性占总人口 51.8%，女性占总人口 48.2%，性别比 107.56。

年龄构成　全区常住人口年龄结构中，1990 年全国人口普查，龙湾区 0 岁至 14 岁人口 24754 人，占总人口的 30.6%；2000 年人口普查 24229 人，占总人口的 11.8%；2010 年人口普查 99229 人，占总人口的 13.3%。1990 年全国人口普查，龙湾区 65 岁及以上人口 4582 人，占总人口的 5.7%；2000 年 6997 人，占总人口的 3.4%；2010 年 29697 人，占总人口的 4%。人口年龄中位数，1990 年为 26.70 岁，2000 年为 24.40 岁，2010 年为 32.30 岁。

1990 年全国人口普查、2000 年全国人口普查，龙湾区均未发现百岁老人的记录；2010 年人口普查，100 岁及以上人有 11 人，其中男 4 人、女 7 人。

表 2　龙湾区历次全国人口普查中人口年龄变化情况表

项目	国际通用人口年龄类型标准			人口年龄构成类型		
	年轻型	成年型	老年型	1990 年	2000 年	2010 年
少儿系数（%）	40 以上	30~40	30 以下	30.6	11.8	13.3
老年系数（%）	4 以下	4~7	7 以上	5.7	3.4	4
人口老化指数（%）	15 以下	15~30	30 以上	18.5	28.9	29.9
年龄中位数（岁）	20 以下	20~30	30 以上	26.70	24.40	32.30

说明：少儿系数，指 0~14 岁人口与总人口的比重。老年系数，指 65 岁及以上人口与总人口的比重。老化指数，指 65 岁及以上人口与 0~14 岁人口之比。年龄中位数，指不满周岁起累计人数达到总人口的一半的年龄点

文化构成　1990 年人口普查，龙湾区小学及以上文化程度占总人口的 68.5%，文盲占总人口的 18.4%。2000 年人口普查，小学及以上文化程度占总人口的 90.4%，文盲占总人口的 3.7%。2010 年人口普查，小学及

以上文化程度占总人口的 89%，文盲占总人口的 4%。

表 3　1990 年、2000 年、2010 年龙湾区常住人口受教育程度一览表

指标	1990 年		2000 年		2010 年	
	人数（人）	比重（%）	人数（人）	比重（%）	人数（人）	比重（%）
总人口	80976	100	204935	100	749303	100
文盲	14868	18.4	7579	3.7	29921	4
小学	32481	40.1	60943	29.7	203340	27.1
初中	19748	24.4	96531	47.1	322576	43.1
高中	2633	3.3	17926	8.7	95489	12.7
中专	386	0.5	4167	2.0	–	–
大学专科	171	0.2	4756	2.3	32471	4.3
大学本科	39	0.04	878	0.4	12098	1.6

民族构成　1990 年第四次全国人口普查，全区常住人口中有汉族 80941 人；少数民族 9 个，计 35 人。2000 年第五次人口普查，全区常住人口中有汉族 199719 人，占总人口的 97.5%；少数民族总人口数 5216 人，其中超 100 人的少数民族有 5 个，依次为土家族 2541 人、苗族 1784 人、侗族 303 人、畲族 195 人、布依族 101 人。

2010 年第六次全国人口普查，全区常住人口中有汉族 709711 人，占总人口的 94.7%；少数民族 40 个，计 39592 人，比 2000 年增长 7.60 倍。超 600 人的少数民族有 8 个，依次为土家族 15833 人、苗族 12199 人、布依族 2856 人、侗族 2585 人、彝族 955 人、回族 685 人、畲族 633 人、仡佬族 606 人。瑶溪街道少数民族人口最多，计 6075 人，占全区少数民族人口的 15.3%。

第二节　外来人口

概况

龙湾建区后，以适应开发建设对各类建设者和劳动者的需求，外来人口逐年大幅增加，被当地人称为"新龙湾人"或"龙湾新居民"。1986年，龙湾区有外来暂住人口1350人，占常住人口1.7%，其中男性775人，女性575人。2005年，外来暂住人口345087人，占常住人口52.2%，其中男性203666人，女性141421人。是年，外来暂住人口首次超过户籍人口。2011年，外来暂住人口407826人，其中来自重庆市、湖北省、安徽省、江西省、贵州省、河南省、四川省、湖南省8个省市的外来暂住人口占总数的91.3%。2016年，全区有外来暂住人口388600人，比1986年增长287倍，20年内年均增长32.7%，人口来源大多为省外地区。

新居民管理

管理机构　2006年，龙湾区建立流动人口综合管理站，实施动态管理。2010年6月17日，区政府直属正科级事业单位龙湾区流动人口服务管理局（简称龙湾区流管局）正式挂牌对外办公，负责全区流动人口组织协调、指导督查、宣传教育及流动人口的维权服务。2011年10月27日，龙湾区流动人口服务管理局更名为龙湾区新居民服务管理局。

管理服务　1986年，全区范围开展暂住人口登记工作，登记暂住人口1350人。1987年3月，区公安分局在状元镇开展为期3个月的暂住人口管理试点工作，登记435户1493人、发证721人。1991年，区公安分局成立暂住人口计划生育管理小组，协调有关部门，建立各镇暂住人口管理小组，做到人来登记，人走注销。1995 年，《浙江省暂住人口管理条例》开始实施，6 月建立区暂住人口管理领导小组和办公室，各镇按 500:1 的比例配备专职协管员 60 名，兼职协管员 264 名。1996 年，区政府出台《龙湾区流动人口综合管理办法》，实行治安、计划生育、劳动就业一体化管理。

2012 年 3 月 9 日，区新居民服务管理局开展"关爱新居民子女帮扶结对活动"（区新居民服务管理局供稿）

2004 年 3 月，龙湾区推行流动人口就业证、婚育证、暂住证实行"一站式"管理，证件名称统一为"暂住证"。2005 年，全区流动人口子女入学实行"绿卡制度"，统一设点办理，指定接收学校。2010 年 11 月，区政府出台《龙湾区流动人口居住证制度实施办法》，实现由"暂住证"向"居住证"的转变；推行"条块结合、以块为主"的属地化管理体制，合理划分相关镇（街道）在流动人口管理中的职责和权限，实现以镇（街道）、村（居）为平台的流动人口属地化管理。2012 年，区公安分局聘请贵州、江西等外省民警 6 人协助管理 6 个街道外来人口。是年，继续推行企业自主管理流动人口模式，流动人口自主管理企业由 2011 年 250 家增至 553 家。

2016 年，龙湾区率先在全省首创流动人口自主管理申报 APP 系统，为用人单位、房屋出租人等提供一个通过智能手机报送流动人口信息的便捷途径，实现"以房管人""以企管人"，提升管理和服务效能。对在龙湾持有"浙江省居住证"，根据居住年限、年龄、技能水平、社会保险等方面进行累加，享受相应的就学、居住等服务和管理待遇。

第三节　计划生育

1984 年，龙湾建区后，坚持计划生育基本国策，使人口增长和社会经济发展相适应。1986 年，全区人口自然增长率为 9.4‰，计划生育率为 63.4%。2016 年，全区人口自然增长率为 8.3‰，计划生育率达到 98.8%。

管理机构

1986 年 4 月，龙湾区计划生育委员会成立；2002 年 2 月，更名为龙湾区计划生育局；2005 年 8 月，更名为龙湾区人口和计划生育局；2015 年 4 月，组建龙湾区卫生和计划生育局（以下卫计局），将区卫生局的职责、区人口和计划生育局的计划生育管理和服务的职责整合划入。1989 年 6 月，龙湾区计划生育协会成立。

依法管理

龙湾建区后，依据《浙江省计划生育条例》规定，对违反计划生育法律法规对象进行管理。1997 年，出台《龙湾区贯彻〈浙江省计划生育条例〉的实施办法》，使龙湾区计划生育工作更加规范化。2010 年，区委、区政府出台《龙湾区社会抚养费征收使用有关问题补充规定》，规范社会抚养费征收。2016 年 1 月 1 日，实施全面二孩政策后，社会抚养费作为限制政策外生育的制度仍继续执行。

流动人口生育管理　1993 年，全区对外出育龄夫妇开始办理计划生育证，对外来育龄人员开始出具计划生育查验证明。1998 年 3 月，区卫计局在扶贫开发区开展流动人口计划生育综合治理的试点工作，1999 年 9 月，出台《龙湾区流动人口计划生育管理办法》，统一查验流动人口婚育证明，统一收费、统一办理暂住证、劳动就业许可证。2006年，《关于进一步加强外出流动人口计生管理服务工作的意见》《关于进一步加强外出流动人口计生管理服务工作的意见》出台，实行以现居住地管理为主，户籍地和现居住地共同管理，将流动人口计生管理工作纳入"一票否决"范围。2009年，龙湾区与福建仙游、湖北钟祥、云南大姚等21个县（市、区）签订流动人口计划生育双向管理协议，做到信息互通，资源共享。2011年，加强区域协作，形成市内双向协作沟通交流机制。2012年，出台《龙湾区流动人口计划生育基本公共服务均等化工作实施方案》。2016年，加强流动人口管理区域协作机制，实现流动人口婚育信息互联互通、异地查询。

利益导向机制

2001年10月，区委、区政府出台《关于实施计划生育奖励和优先优惠政策的通知》，明确独生子女父母和两女户父母养老保险政策，独生子女和两女户女孩就医就学就业优惠政策。2002年，在中考招生中，首次给予计划生育独生子女和双女加分扶助。2003年9月，区委、区政府出台《关

2014年7月22日，计划生育家庭奖励扶助金发放仪式现场

于做好农村独生子女家庭在村级利益分配中利益维护工作的通知》，明确独生子女按两人计算参与利益分配。2006年，区政府出台《龙湾区农村部分计划生育家庭奖励扶助制度实施方案》。2016年，出台《关于进一

步完善计划生育利益导向机制的通知》。

健康服务

2002年，贯彻执行新颁布的《中华人民共和国人口与计划生育法》，全区从避孕节育为主转向生殖健康全方位服务。是年，全区投入专项经费20余万元，建立育龄妇女个人生殖健康档案9115份。

2006年，组成计划生育技术服务组，深入到村、到企业为育龄妇女开展查病工作，为2867名妇女做免费检查，查出妇科疾病约1000人次。2009年，开展优生"两免"活动，全区接受免费孕前优生检测2257人，检测出异常对象40例，检测率达97%；婚前医学检查1122人；新婚和待孕夫妇优生咨询指导率为84.7%；病残儿父母再生育二孩的优生指导和服务率达100%。

2011年，组织区指导站骨干医师在8个街道开展育龄妇女面对面教育培训和免费咨询服务活动，在5个街道开展免费生殖健康检查服务，已婚育龄妇女的生殖健康检查率达到26.4%。还投入32万元，为全区广大育龄妇女购置一批新型、高效的宫内节育器吉妮环。

2014年，在全市首推卫计服务合作，"小微门诊"拓展到8个社区，并在全区30个育龄妇女人数较多的企业设置服务点，定期定点为外来育龄妇女和企业女员工开展免费妇科病诊治和生殖健康检查服务。是年，区计划生育指导站荣获国家

2014年4月10日，龙湾区计生"小微门诊"医师在民乐社区坐诊（区计生局供稿）

妇幼健康服务先进集体。

2016年，为6000余名学生、家长开展青春健康教育知识讲座，开展58场青春健康教育培训。全年检查1342对育龄夫妻，孕前优生检查目标人群覆盖率达94.3%。"小微门诊"累计接诊2126人次、B超检查2088人次、免费赠药1702人次。是年，龙湾区获评"2014—2016年全国计划生育优质服务先进单位"。

技术服务机构建设

1996年，龙湾区计划生育技术指导站建立，各镇计生服务站基本配套。1998年，区财政专门拨款10万元，用于区计划生育技术指导站改善医疗设备。全区5个镇级服务站基本达到二类站标准，有36个村（居）建立计生服务室，并初步达到市级标准。

2007年，在全市率先开展镇（街道）计生服务站标准化建设，天河、沙城、状元、瑶溪4所计划生育技术服务站通过验收，成为温州市最早完成并通过验收的计划生育技术服务站。2008年，投入300万元配置系列先进医疗设备和仪器，成为温州市首个完成标准化建设的县级计生指导站。2010年，完成区、镇两级计划生育服务站标准化建设，率全市之先成为全市首个全面完成标准化建设的县（市、区）。

2012年，推进社区卫计服务中心建设，26个社区已有9个完成并投入使用。2013年，将全区计划生育优质服务工作从单一的计划生育技术服务向生殖保健、性健康教育、优孕优生优育优教拓展。2016年，瑶溪街道社区卫生服务中心创成省级"三优"示范指导中心。

第四节　居民生活

经济收入

农村居民收入　1986年，全区农村居民人均可支配收入549元。后随农村经济发展，农户收入日益增加。2016年，农村居民人均可支配收入28855元，比1986年增加28306元，增长51.56倍，20年内年均增长21.9%。

全区农村居民人均可支配收入包括工资性收入、经营净收入、转移性收入、财产性收入。其中工资性收入从2002年的5255元增至2016年的19918元，增加14663元，增长2.79倍；经营净收入从2002年的3672

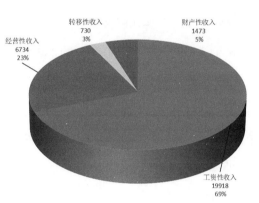

2016年龙湾区农村居民四大主要收入构成情况

元增至2016年的6734元，增加3062元，增长0.83倍；转移性收入从2002年的1331元降至2016年的730元，减少601元，下降55%；财产性收入从2002年502元增至2016年的1473元，增加971元，增长1.93倍。从收入结构看，2016年全区农村居民人均可支配收入中，工资性收入占69%，比2002年上升20.18个百分点；经营净收入占23.3%，比2002年下降10.79个百分点；转移性收入占2.5%，比2002年下降9.84百分点；财产性收入占5.1%，比2002年上升0.44百分点。

城镇居民收入 1985 年，全区在岗职工平均工资 786 元。2002 年，全区城镇居民人均可支配收入 14800 元。2016 年，城镇居民人均可支配收入 48217 元，比 2002 年增加 33417 元，增长 2.3 倍。

全区城镇居民人均可支配收入包括工资性收入、经营净收入、转移性收入、财产性收入。其中工资性收入从 2008 年的 7084 元增至 2016 年的 26984 元，增加 19900 元，增长 2.81 倍；经营净收入从 2008 年的 12726 元增至 2016 年的 14903 元，增加 2177 元，增长 0.17 倍；转移性收入从 2008 年的 1489 元降至 2016 年的 442 元，减少 1047 元；财产性收入从 2008 年 2465 元增至 2016 年的 5888 元，增加 3423 元，增长 1.39 倍。从收入结构看，2016 年全区城镇居民人均可支配收入中，工资性收入占56%，比 2008 年上升 25.53 个百个点；经营净收入占 30.9%，比 2008 年下降 23.78 个百分点；转移性收入占 0.9%，比 2008 年下降 5.48 个百分点；财产性收入占 12.2%，比 2008 年上升 1.62 个百分点。

生活消费

农村居民消费支出 1987 年，全区农村居民人均消费支出 342 元，2002 年增至 6410 元，增长 17.74 倍；至 2016 年，农村居民人均消费支出增至 19510 元，占当年人均收入 67.6%，比 1987 年增加 19168 元，增长56.05 倍。

从消费结构看，2002 年主要消费支出的排序是吃、住、教育文化娱乐、交通和通讯。农村居民食品类消费支出为 2532 元，占消费总支出39.5%；居住消费支出 1039 元，占消费总支出 16.2%；教育文化娱乐消费支出 833 元，占消费总支出 13%；交通和通信消费支出 517 元，占消费总支出 8.1%。2016 年主要消费支出的排序是吃、住、交通和通信、教育文化娱乐。农村居民食品类消费支出为 7285 元，占消费总支出 37.3%；居住消费支出 5094 元，占消费总支出 26.1%，收入增长后更注重居住环境；交通和通讯消费支出 2600 元，占消费总支出 13.3%；教育文化娱乐消费支出 1593 元，点消费总支 8.2%。

城镇居民消费支出 2002 年，全区城镇居民人均消费支出 11101 元；至 2016 年城镇居民人均消费支出增至 35312 元，占当年人均收入 73.2%，比 2002 增加 24211 元，增长 2.18 倍。

从消费结构看，2002 年主要消费支出的排序是吃、交通和通信、教育文化娱乐、家庭设备用品及服务。城镇居民食品类消费支出为 3949 元，占消费总支出 35.6%；交通和通信消费支出 1962 元，占消费总支出 17.9%；教育文化娱乐消费支出 1754 元，占消费总支出 15.8%；家庭设备用品及服务消费支出 1260 元，占消费总支出 11.4%。2016 年主要消费支出的排序是吃、住、交通和通信、教育文化娱乐。城镇居民食品类消费支出为 10572 元，占消费总支出 36%；居住消费支出 7884 元，占消费总支出 27%，收入增

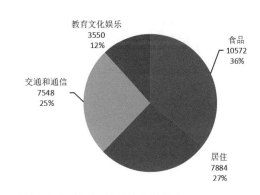

2016 年龙湾区城镇居民消费性支出组成情况

长后更注重居住环境；交通和通信消费支出 7548 元，占消费总支出 25%；教育文化娱乐消费支出 3550 元，占消费总支出 12%。

表4 2016年龙湾区城乡居民每百户耐用消费品拥有情况一览表

城镇居民		农村居民	
耐用消费品项目	拥有量	耐用消费品项目	拥有量
摩托车（辆）	5.70	家用汽车（辆）	40.30
家用汽车（辆）	65.10	洗衣机（台）	80.30
洗衣机（台）	86.30	电冰箱（台）	81.60
电冰箱（台）	88.10	彩色电视机（台）	148.00
彩色电视机（台）	177.30	家用计算机（台）	84.50
家用电脑（台）	106.50	摄像机（架）	2.00
摄像机（架）	7.20	照相机（架）	19.00
照相机（架）	30.80	中高档乐器（架）	0
中高档乐器（架）	6.40	微波炉（台）	40.20
微波炉（台）	62.00	空调器（台）	138.00
空调器（台）	199.30	淋浴热水器（台）	68.00
淋浴热水器（台）	98.30	固定电话（部）	48.00
固定电话（部）	37.40	移动电话（部）	240.00
移动电话（部）	247.00	–	–

第六章　城乡建设

　　龙湾建区前，城乡基础设施和住宅建设相对滞后。建区后，随着城市总体规划、乡镇总体规划、村庄规划相继制订，城乡建设有序进行、布局渐趋合理。2001年，区划调整，区域面积由61.43平方千米增加到282.78平方千米，城市建设规模迅速扩大。2002年，启动城市中心区建设，打造集其他配套功能于一体的多功能、生态型、复合型温州城市副中心。实施旧城改造，同时有序推进中心区开发。至2016年，龙湾区城市基础设施和功能日臻完善，中心区核心区块初具规模，城市品位进一步提升；城乡居民出行公交化，城市管理趋向专业化、精细化和信息化。

第一节　城乡规划

总体规划

　　1987年编制的《温州市城市总体规划——龙湾片规划》，规划区域分状元、龙湾和龙蓝3个组团，明确各组团发展重点和方向。状元组团定位为区行政中心及生活区，龙湾组团定位为港口和工业开发区，龙蓝组团定位为对外经济技术开发区。规划期末（2000年），区内总人口12万左右。规划总面积16平方千米,建设总用地1700公顷,其中工业用地260.50公顷,对外交通用地 140.60 公顷，生活居住用地 55.20 公顷。

1994 年编制的《温州市城市总体规划（1993—2010 年）》，规划范围包括鹿城区、龙湾区、瓯海区、七里片、瓯北片，规划区总面积 1200 平方千米。城市定位为东南沿海对外开放的重要工业、商贸、港口城市，是浙江南部经济、金融、交通、文化、科技中心，东片定位为城市向东发展的综合区。

2000 年编制的《温州市城市总体规划（2003—2020 年）》，中心城市规划范围鹿城区、瓯海区、龙湾区、洞头区和瓯北片、七里片及珊溪水利枢纽工程饮用水源保护区，规划区总面积 1423.60 平方千米。首次提出"面海发展"战略思路和"一主一副"的双中心城市结构，明确中心城市向东发展。中心城市由"沿江城市"向"滨海城市"拓展。中心城市空间结构为双中心多组团，包括主城区和永强副城区及瓯北片、七里片、洞头片等组团。永强副城区以生活居住、工业开发、对外交通为主，建设龙湾中心区承担城市副中心的职能。

分片规划

《龙湾区永强片区域规划（2000—2020 年）》 该规划于 2003 年 1 月由中国城市规划设计研究院编制完成。规划范围：西起茅竹岭和大罗山，北含灵昆岛，东抵东海岸，南至海城街道。规划范围涉及永中街道、海滨街道、永兴街道、海城街道、瑶溪镇、沙城镇、天河镇、灵昆镇，规划区面积约 251.50 平方千米。职能定位为温州大都市次中心、现代化"沿海新城"和工业发展"主战场"。

《温州市蒲州—状元片分区规划（2006—2020 年）》 该规划于

2005 年 12 月由温州市城市规划设计研究院编制完成。规划范围：西起汤家桥路，南至瓯海大道及大罗山脚，东接茅竹岭，北至机场大道及瓯江。规划范围涉及龙湾区蒲州街道、状元街道、瓯海区三垟街道及国家级温州经济技术开发区、省级温州农业新技术开发示范区等，规划总用地 17.89 平方千米。职能定位为以居住、工业为主导功能的城市综合区。规划构建"两心两轴三组团"的空间结构：两心即状元中心及蒲黄中心，两轴延续蒲状片远景规划轴线，沿甬台温高速公路交通轴和上江河生态轴；三组团即以各廊道分割形成的三个片区，东片状元组重点发展商贸、行政办公、居住和配套，中片开发区组团重点发展高新产业，西片蒲黄组团（上江河以西地区）主要功能为居住、文化娱乐、商业金融、高新产业等。

第二节　中心区建设

2001 年 7 月，经国务院批准，同意龙湾区人民政府驻地由状元镇迁至永中镇。2002 年 2 月，启动龙湾城市中心区开发建设，开发面积 2.53 平方千米。2007 年 9 月，根据温州城市副中心的定位，龙湾区委、区政府以行政中心区为核心进行"东联、西拓、南扩"，将龙湾城市中心区扩展至 14.58 平方千米，由核心区、永中旧城区、

建设中的龙湾城市中心区　（江国荣/摄）

瑶溪南片区和永昌北片区四大区块组成。2011年3月，根据《温州城市东部五大功能区开发建设和管理实施方案》文件精神，龙湾城市中心区扩展至71平方千米，位于大罗山以北、瓯江以南的平原区域，包括瑶溪街道、永中街道以及龙湾城市中心区核心区。至2016年，龙湾城市中心区基础设施日趋完善，包含教育、卫生、文化、体育、公园等配套设施。

规划

《温州市龙湾行政中心区控制性详细规划》　该规划于2004年由德国AS&P建筑规划事务所编制完成。该规划区位于永中街道，规划范围：东起高新大道，南抵镇标路，西至灵昆大道，西南紧邻大罗山，北依黄石山，总规划面积2.53平方千米。规划构建"一轴五心，纵横相系"的空间结构："一轴"是指规划区北起高尚别墅区，向南经区行政中心大楼、商业中心，至活动中心主轴线；"五心"是指由主轴线串接行政办公中心、商贸会展中心、商业中心、城市科教中心、城市活动中心五大核心功能区块；"纵横相系"是指南北向文化休闲带和东西向商业带。

《温州市龙湾城市中心区城市设计优化暨控制性详细规划修编》　该规划于2008年由上海同济城市规划设计研究院编制完成。规划范围：东起龙海路，南起永定路，西至龙江路，北至龙江路和龙海路的交会处，总规划面积2.55平方千米。功能定位为行政管理、文化娱乐、商务休闲、金融办公和生活居住五大功能为主导，集其他配套功能于一体的多功能、生态型、复合型的中心区，是温州市的城市副中心和龙湾区的政治、经济、文化中心。

主要道路

永宁西路　东西走向，东起建中街，西至龙永路，长2300米，宽40米，沥青路面，是中心区横向框架主干道。

永中西路　东西走向，东起建中街，西至龙永路，长2200米，宽40米，沥青路面，是中心区横向框架主干道。

永定路　东西走向，东起建中南街，西至龙江路，长780米，宽50米，沥青路面，是中心区横向框架主干道。

龙江路　南北走向，南起永定路，北至龙海路，长2600米，宽50米，位于区行政管理中心西侧，沥青路面，是中心区纵向框架主干道。

龙康路　南北走向，南起永定路，北至升平路，长1600米，宽22米，位于区行政管理中心西侧，沥青路面，是中心区纵向框架主干道。

龙祥路　南北走向，南起永定路，北至龙海路，长2400米，宽27米，位于区行政管理中心东侧，沥青路面，是中心区纵向框架主干道。

龙海路　南北走向，南起永定路，北至黄石桥转西止龙江路，长2850米，宽40米，位于区行政管理中心东侧，沥青路面，是中心区纵向框架主干道。

桥梁

府东桥　位于龙湾区行政管理中心东面，跨后金涎河，南北连接龙祥路。2006年建成长23米、宽25米的钢混结构桥梁，单孔桥。

府后桥　跨双桥河，东通升平路，西接西华路。2006年建成长35.20米、宽18.30米的钢混结构桥梁，3孔桥。

府西桥　跨双桥河，南北连接龙康路。2006年建成长42.30米、宽10.20米的钢混结构桥梁，3孔桥。

公正桥　跨中央线河，南北连接西华路。2009年建成长30米、宽16

米的钢混结构桥梁,最大承重 10 吨。

黄石桥 跨黄石山直河,南通龙祥路,北接黄石山公园。桥长 80 米、宽 40 的钢混结构桥梁,最大承重 10 吨。

湖心桥 跨水心河,东通龙翔湖公园,西接文化水街。桥长 30 米、宽 5 米、矢高 4 米的钢混结构虹形拱桥,承重 5 吨。

标志性建筑

区行政管理中心大楼 位于龙湾城市中心区永宁西路 506 号,2007 年 2 月建成投用。占地面积 46000 平方米,建筑面积 54292 平方米,地下室面积 7800 平方米,总投资近 2 亿元,是一座集政府办公、公务接待、办证大厅为一体的现代化综合性办公大楼。

区文化中心 位于龙祥路和永宁西路交叉口西侧,2008 年 2 月建成投用。建设用地 17610 平方米,建筑总面积 11282 平方米,其中地下建筑面积 2411 平方米。总投资约 5800 万元。

龙湾文化中心　　　　　　　　　　　　　　　　　　　　（江国荣/摄）

区市民活动中心　位于龙湾城市中心龙康路100号，2011年8月竣工。建设用地17266平方米，总建筑面积10097平方米（包括地下室2000平方米），总投资4580万元。项目包括工人文化宫、青少年活动中心、妇女儿童活动中心等三大基本功能，集活动、办公、学习、休闲于一体。

万康财富广场　位于京华路与古浦路交叉路口南侧，2011年11月竣工。用地面积19800平方米，建筑总面积79027平方米，总投资8.76亿元。作为龙湾首个酒店式商务公寓，是集酒店式居住、办公、商业设施等多种功能于一体的综合开发项目。

温州银行龙湾大楼　位于龙湾城市中心永宁西路565号，2012年竣工。用地面积6933平方米，建筑面积18010平方米，共19层，总投资1.59亿元。

龙湾万达广场　位于龙湾城市中心永定路1188号，2012年11月开业。用地面积11.20万平方米，总建筑面积约38.6万平方米，商业面积27万平方米，总投资约38亿元。整个综合体分地下2层和地上5层，是集购物、餐饮、文化、娱乐、商务、休闲等多种功能于一体的城市综合体。

龙湾万达广场　　（江国荣／摄）

区图书馆大楼　位于龙湾城市中心龙康路89号，2015年1月竣工。用地面积8473平方米，建筑面积18571平方米，总投资1.40亿元。其中图书馆面积12145平方米，设有图书借阅区、少儿借阅区、电子多媒体借阅区、特藏阅览室等借阅区，以及展览厅、多功能厅、服务台、自修区等功能区。

龙湾农商银行总部大楼 位于龙湾城市中心永宁西路555号，2015年5月投用。用地面积11285平方米，总建筑面积约52893平方米，总投资3.37亿元。

区城市规划馆 位于龙湾区行政管理中心大楼东侧，2016年建成。建设用地6673平方米，总建筑面积15199平方米。

青山总部大楼 位于龙湾城市中心龙祥路2666号，2016年竣工。用地面积20074平方米，总建筑面积70712.84平方米，总投资约6.50亿元，由两幢主楼和两幢商务楼组成。

温州奥体中心 位于龙湾城市中心永定路1088号，2016年12月竣工。奥体中心一期工程

青山控股总部大楼

占地面积约80667平方米，总建筑面积约10万平方米，主要由5000个座位的综合体育馆和1000个座位的游泳馆组成。

第三节　村庄改造

1999年8月，建立龙湾区城市化建设指挥部，着手全区城市化发展规划编制，启动旧村镇改建和整治。

村庄整治

2003年，根据温州市"千村整治、百村示范"工程要求，龙湾区全

面开展村庄整治工作，有效解决农村脏、乱、差现象，提升人居环境质量。至 2005 年，有 43 个村规划编制完成，有 25 个村启动建设，其中 12 个村通过市级整治合格村验收，1 个村通过省级示范村验收。2008 年，出台《龙湾区深入实施村庄整治工程的意见》，进一步明确村庄整治要求。全年完成省级待整治村建设 17 个、市级待整治村 18 个、整治提升村 4 个、连片村庄环境整治镇 1 个和全面小康农村新社区 1 个的建设任务，并通过省市相关部门的考核验收。至 2011 年，全区创成全面小康农村新社区 5 个、市级村庄整治合格村 78 个。2012 年，继续实施"千百工程"，深入推进美丽乡村创建工作。2013 年，联合浙江大学城乡规划设计院，以"钟灵毓秀、富丽龙湾"为主题，编制完成《龙湾区美丽乡村建设总体规划》。至 2016 年，创成双呑、瑶溪等 19 个精品村。

城中村改造和农房集聚建设

2010 年，龙湾区根据市区"六城联创"有关工作的要求和部署，启动城中村改造工作。以永中街道新联村、瑶溪镇朱宅村为试点，开展"城中村"改造模拟实施活动。2011 年，启动建设"村房两改"项目 17 个，建筑面积 69.32 万平方米。各街道均建立农投公司，融资方案基本得到落实。2012 年 5 月，区委、区政府出台《龙湾区城中村改造与农房改造集聚建设实施办法》，明确了置换对象、形式、价格等标准，还出台人口认定和未登记产权房屋认定等相关补充政策。加

普门村安置房 　　（江国荣/摄）

快建立多元化的融资渠道，龙湾区与农行龙湾支行签订 100 亿元保障房建设授信贷款战略合作协议，与兴业银行组建政府平台保障房引导基金，与中国铁建集团签订永中龙水北片农房改造集聚项目 BT 投资建设框架协议，与绿城集团签订瑶溪河滨保障房项目委托代建协议。6 月 25 日，温州市委、市政府决定启动海滨街道教新村城中村改造，并将该项目作为打造城市窗口形象，提升群众生活品质的惠民工程。至 2016 年，龙湾区完成城中村改造 9579 户，建筑面积 215.40 万平方米，涌现出"教新样板""朱垟新速"等先进典型。

第四节　园林　老街

公园

炮台山公园　位于瓯江口南岸的龙湾区瑶溪街道，占地 7000 平方米。东北面突兀于瓯江，与乐清磐石的"镇瓯炮台"隔江约 1 千米相望；南面山麓有陡门，与龙湾村落毗邻；西面为江湾。因山中存有清光绪年间（1875—1908）建造的炮台遗址，人们称之为炮台山。从 1988 年开始，先后 3 次对古炮台进行较为全面修复。2001 年 6 月对炮台山进行修整、充实、完善。公园设有炮台山国防教育长廊，并建瞭望亭、练武亭、古代官兵群雕等。

河泥荡文化公园　位于永中街道和滨海街道交叉地段，占地面积 16公顷。2004 年开工，2008 年竣工。公园分为入口区、渔村区、湿地区、休闲区及赏月区五个区域，有瀑布、锦鲮湖、荷花塘、鸢尾荡、珑月湾等

河泥荡文化公园

系列水景，集市民游憩、青少年活动等功能为一体，为省级优质公园、全市十大最美公园之一。

永昌堡公园　位于永昌堡东城墙与罗东南街之间，总面积2万平方米。2009年开工建设，2010年建成竣工。公园以永昌堡城墙为核心，以护城河为纽带，建有环海广场、跑马道等，并配备绿化、园路、汀步、停车场、亮化等设施。

状元文化公园　位于沈海高速温州东出入口旁、状元街道兴元路，占地1.41公顷，投资500万元。2010年开工建设，2011年完工。园内植物以乔木为主，设有入口广场、休闲平台、环形游步道、健身场所、停车场等。

钟秀园　位于瑶溪泷入口处，是自然山脉向平原地区发展的衔接区域，生态环境良好。明代重臣张璁曾在此地教学。总规划用地面积25.67公顷，总建筑面积1340.60平方米，景观绿化面积约18万平方米。2012年建成14.95公顷。园区由三条湘景群、果园撷秀景群、桑田农趣景群、瑶溪滨水景观带等组成。

黄石山公园　又称黄石山·中国姿态雕塑公园，位于龙湾城市中心区，公园长 4.20 千米、宽 0.40—1.50 千米。该公园山石呈淡黄色，故名黄石山，又名黄屿山。另因在不同位置眺望，山呈不同形状，又有黄牛山、笔架山等别称。明清两代在其北麓设有龙湾寨。黄石山公园规划总面积约 186.74 公顷。一期（中国姿态黄石山雕塑公园）工程位于黄石山南麓，建设用地面积 25.4 公顷，项目投资 4.85 亿元。

黄石山公园　　　　　　　（江国荣／摄）

2013 年 2 月开园。公园呈狭长带状分布，全长约 2 千米，包含集散广场、标志建筑、水景叠瀑、自然湖泊等元素，以雕塑展示为主题，是集山地、滨水、雕塑于一身，聚生态、文化、创意、休闲和健身等功能于一体的开放性城市公园，是温州首个以中国姿态为主题的雕塑公园。

茅竹岭公园　位于瑶溪街道和状元街道交界处，总占地面积 327 公顷。公园一期 2012 年 7 月开工，2013 年 2 月开园。该公园以运动健身为主题、山水绿廊为基调，集水溪江连山，是兼具休闲旅游的郊野型综合性森林乐园，是温州十大山地公园之一。

石坦山公园　位于状元街道，为大罗山北侧余脉，是大罗山步行登山步道的出入口之一。该园西邻石坦村，东接岩呑村，南靠大罗山生态公园。建设面积约 39.4 公顷，其中山体面积为 37.5 公顷。该园总投资 1930 多万元，分两期实施。2013 年 6 月开园。公园主打"运动"特色，集生态、运动、休闲等综合功能为一体的现代化山地公园，是温州十大山地公园之一。

南洋公园　位于瑶溪街道河滨村水头汇河和八九湾河的交汇处，总占地44000平方米，总投资3126万元。2014年3月开工，2015年10月建成。

老街

寺前街　位于永中街道，因处乾元寺之前而得名。明清时期，"永嘉场"系全国十大盐场之一而闻名遐迩。街全长约380米、宽约4米，南北走向，南至南头湾，北至北头桥，为温州沿海众老街市中保留较为完整的一处。两旁至今保存当年格局和清末民初建筑，分布有约240间店铺。街上货物琳琅满目：床上用品、喜事用品、衣服鞋帽、家用电器等应有尽有，还有镶牙店、取名店等，是传统民间生活的缩影。

蒲州老街　蒲州，因位于瓯江涂滩边，盛出蒲草而名。蒲州老街，形成于唐，宋时形成街市。明清两代，依靠瓯江成为温州东部重要的商埠和鱼货集散地，街市繁华，逐渐兴盛。完整的蒲州街应该有"五里长街"，分上埠、中埠和下埠三段。据说在20世纪90年代初蒲州老街还基本保持江南水乡风貌，至今在温州城市东扩建设中不但被掐头去尾，四周也遭不断挤压，且处于高楼包围之中。老街现分属鹿城龙湾两区，汤家桥路至蒲州陡门段，2001年后归鹿城区称"蒲州街"，蒲州陡门以东仍属龙湾区，称"蒲东路"（已拆为平地）。

下垟街　位于永兴街道，因系旧永嘉场东部大道——下垟塘路的一部分，故名下垟街。街全长2500米、宽4米，南起沙园村，接沙城街道八甲村的八甲街，北至小塘村，通海滨街道蟾钟村沙前街，贯穿永兴街道南北，中段为原永兴堡的南北大街，沿街东西两侧商店密集，市场繁荣，交通便利，并留有不少人文古迹。

状元老街　位于状元街道，沿温瑞塘河状元河北岸而建，全长约250

米，宽 3.5~4 米，呈东西走向，东起状元绞坝闸，西至下市街。状元老街始于宋代而盛于明清，曾经是商贾如织的繁华之地，也是温州地区小有名气的商贸老街。

水心街　位于瑶溪街道。宋明以来，永嘉场就有两条半街，其中寺前街一条，下垟街一条，水心街称半条。街全长约 200 米、宽 5 米，东起大众桥，西至马士桥。水心街 60 年代前两侧房屋一百来间，大部分是一至二层砖木结构楼房。街虽不长，但工商业户各行各业基本上应有尽有，是下路片至温州市区的必经之路。

第五节　公用设施

排水（污）设施

1984 年龙湾建区后，全区几乎没有独立的污水管理网系统和污水处理设施，绝大部分地方仍为旧式农村排污，生活污水、工业污水、畜牧业污水直排内河。1987 年永中镇采用 Φ300—Φ530 承插式钢筋砼圆管 17 千米，在永宁路建污水提升泵站，通过 DN400 压力管通蓝田浦，日排生活污水 450 吨。1990 至 1996 年间，城市污水治理开始有规划地建设，建成温州经济技术开发区、状元、龙瑶片、扶贫经济开发区等污水管理网系统，但整体网络尚未形成，污水收集量少，且没有任何污水处理设施，污水直排内河。2001 年 8 月区划调整后，区政府把东片排污管网工程建设和塘河治理列为重点工程。2002 年 6 月，温州中心片污水处理厂一期建成投用，日处理污水能力 10 万吨，主要服务旧城东郊、温州经济技术开发区、状

2005 年 12 月 22 日，温州市东片污水处理厂开工典礼举行

元、蒲州等地。至 2005 年，状元蒲州片基本完成截污纳管工程，建成截污纳管网 40 千米，日截污量 9600 吨。2006 年，启动温州东片污水处理厂和温州东片污水管网工程建设。2008 年 6 月，温州东片污水处理厂（位于海滨街道小陡门村）建成投用，总用地面积 16.79 公顷，日处理污水 10 万吨。

2010 年 1 月，温州市污泥集中干化焚烧项目开工，12 月建成，该项目是全国第二例、浙江省首例使用干化焚烧工艺的城市污水处理厂污泥处置工程应用实例。项目位于温州东片污水处理厂二期预留地，主要接纳来自市中心片污水处理厂和东片污水处理厂的剩余污泥，日处理 240 吨，年处理 75000 吨。至 2011 年，基本建成温州东片污水管网工程，铺设污水收集主干管 25.50 千米、截污管 521.50 千米，纳管入户 6.30 万户，完成投资 7.60 亿元，基本形成东到滨海园区、西到瑶溪、南到海城、北到瓯江的地下污水收集处理网络系统，日收集污水能力 8.50 万吨，城市污水收集率达 75%。此后几年，继续完善城镇污水收集系统，推进污水管理建设和整治，污水收集量得到大幅提升。至 2016 年，全区 96 个村（片区）基本实现污水管网全覆盖，污水收集量每日达 12 万吨以上。东片污水处理厂一级 A 提标改造按期完成，日均处理污水量达 12.02 万吨。

道路照明

20 世纪 90 年代前后，龙湾区的城市道路功能性照明光源主要为白炽灯，还有部分高压汞灯、高压钠灯，其开关灯控制为人工调整的时间控制以及光感控制。2000年前后，开始采用无线电远程集中控制开发，白炽灯已完全被淘汰，高压汞灯、高压钠灯成为城市道路明的主要光源。至2008年，全区有路灯2万多盏。

2013年，启动路灯能源合同管理试点工作，投入200多万元对龙飞路、龙祥路、龙康路和永强大道永中段等道路进行LED节能灯改造；投入500多万元对高速东出入口、机场大道、城市中心区、永强大道、龙翔湖公园、河泥荡公园入口等重要区域、沿线民房及企事业单位近200个点进行重点亮化。2014年，率全市之先启动路灯节能改造工程，对中心区、状蒲片、高新园区的路灯进行改造，更换路灯3500多盏，电耗节能达50%左右。2016年，全区城市路灯亮灯率及设施完好率分别在98%和95.8%以上。

垃圾处理设施

永强垃圾焚烧发电厂　位于永中街道度山村。2005年6月29日投入使用，设计处理垃圾能力600吨/日，发电装机容量12000千瓦，被国家发改委列入国家重点技术改造国债专项资金项目。2016年8月，永强垃圾焚烧发电厂二期扩建工程投入使用，设计规模为三炉二机，处理垃圾能力1200吨/日。

2005年8月15日，温州永强垃圾焚烧发电厂投产运行仪式举行

　　永兴应急临时垃圾填埋场　位于永兴围垦西北角。2009 年 11 月建成投用，设计使用年限为一年半，总库容 33 万立方米，主要担负杨府山垃圾填埋场封场后市区生活垃圾的应急填埋任务。2011 年 7 月 17 日，该场进行临时封场，已填埋垃圾约 39 万立方米。

供水

　　龙湾区建前后，永强片各乡镇建有小水厂，采集水库水或地下水。1983 年，东向水厂净化厂建成投产，日供水能力增至 6 万吨。是时，蒲州街道小部分住户能安装自来水。1987 年，状元老水厂建成，供水规模为 8 万吨 / 日。2004 年，温州水务集团控股的龙湾（永强）供水有限公司成立。2005 年 8 月，新状元水厂竣工并开始供水，是珊溪水库供水配套工程建设项目之一，供水规模为 30 万吨 / 日。2007 年，永强片纳入城区供水。2005 年至 2010 年，龙湾永强片

2005 年 8 月 16 日，温州市东片供水暨状元水厂正式通水仪式举行

供水工程进行改造建设，形成"六纵十横十一环"供水网络，永强片居民全部喝上珊溪水库水。至 2016 年，龙湾区有自来水厂 1 座。

公用自行车

　　2012 年 12 月，龙湾区学习全国文明城市的经验，启动城市公共自行车工程。2013 年，公共自行车建设作为区十大民生项目，建成公共自行车站点 95 个，公共自行车运营规模 3200 辆，使用突破 130 多万次。率全

市之先对公共自行车车身广告经营权进行拍卖，拍卖所得 48 万元全部纳入财政。2014 年，以"每个村一个站点，较大的村 2~3 个站点"为目标，形成 145 个站点、4200 辆自行车的运营规模。2015 年，新建公共自行车道 5 千米、站点 30 个，公共自行车站点基本实现龙湾辖区全覆盖。2016 年，

公共自行车停车点
（区综合行政执法局供稿）

全区有公共自行车站点 181 个，公共自行车运营规模 4200 辆，全年总借车量为 150.90 万次。

第七章　交通　邮电

建区后，随着经济社会发展，交通事业得到全面发展。1988 年 12 月 10 日龙湾万吨级码头竣工。1990 年 7 月 12 日温州永强机场建成通航。1998 年 5 月 26 日甬台温高速公路温州段的温州大桥建成通车。1998 年 6 月 11 日金温铁路全线通车。2005 年实现乡村康庄工程，基本形成港口、公路、铁路、航空等综合运输体系。2016 年，随着瓯江口大桥南接线工程、瓯海大道东延及枢纽集散系统工程、温州机场交通枢纽综合体等工程稳步推进，龙湾基本确立温州东部综合交通中心地位。

第一节　公　路

1984 年至 2016 年，龙湾区从原先仅有一条连接市区的农村公路，发展成为高速公路、国省道、快速路、主干道等内外相互纵横的道路网，并构建"七纵七横"骨架路网。2016 年，龙湾区公路密度 82.17 千米 / 百平方千米，公路通达率 100%。公路里程 271.15 千米，其中境内高速公路里程 15.75 千米，一级公路 54.09 千米，二级公路 17.05 千米，三级公路 7.40 千米，四级公路 151.32 千米，准四级公路 25.54 千米。

表5 "十三五"期间龙湾区"七纵七横"道路网建设情况一览表

类别	道路名称	类别	道路名称
七纵	甬台温高速（龙湾段）	七横	金丽温高速东延（龙湾段）
	甬台温高速复线（龙湾段）		瓯江路东延
	228国道（龙湾段）		332省道（机场大道）
	330国道（龙湾段）		温州大道
	218省道东延（龙湾段）		瓯海大道
	茅永公路		环山北路
	塘永公路		通海大道

国道

甬台温高速公路龙湾段　甬台温高速公路是浙江省的一条高速公路，北起宁波（甬），经台州（台），南抵温州（温）的分水关，该线路全长为252.7千米。境内全长15.75千米，途经状元街道，该段建有温州大桥、温州高速东出入口，其中温州大桥于1998年5月26日建成通车。

甬台温高速公路复线龙湾段　甬台温高速公路复线又称浙江省沿海高速公路，起于宁波绕城高速公路，途经象山、宁海、龙湾、苍南等15个县（市、区），在苍南马站进入福建省福鼎市境内，线路全长约378千米，其中温州段134千米。境内全长6.6千米，途经海滨、永兴等街道。2015年1月29日，瓯江口跨海南大桥工程正式开工，全长约5千米，北起灵昆岛，跨瓯江南口与温州机场互通相连。2019年11月15日，甬台温高速公路复线灵昆至苍南段正式通车，即绕城高速东段（与甬台温复线龙瑞

甬台温高速公路温州东出口

段共线）、甬台温复线平苍段。

330 国道龙湾段　330 国道属省内国道，起自温州老汽车西站，重点为建德市寿昌镇陈家村。330 国道温州段终至丽水市青田县交界处，全长 38 千米。2012 年 12 月，330 国道龙湾永中至海城段工程在龙湾永中街道郑宅村开工建设，该工程是 330 国道延伸鹿城至洞头的重要组成部分，公路长 12.84 千米，项目概算投资 26.85 亿元。2020 年 1 月 18 日，330 国道龙湾永中至海城段工程正式通车。

228 国道龙湾段　228 国道起点位于辽宁丹东，经山东、江苏、上海、浙江、福建、广东，终点位于广西东兴。228 国道温州段起点位于乐清南塘，终点位于苍南岱岭。龙湾段包括 228 国道龙湾海滨段（瓯江南口大桥南接线工程）、228 国道龙湾海滨段高架（瓯海大道东延枢纽集散系统滨海大道工程北段）、228 国道龙湾海滨至永兴段高架（瓯海大道东延枢纽集散系统滨海大道南段）等 3 个工程，计 7.3 千米。2013 年 6 月 228 国道龙湾海滨段开工建设，2015 年 11 月 228 国道龙湾海滨段高架开工建设。

省道

S332 温强公路（鹿城区至永强机场）　原称 77 省道。起自鹿城区汤家桥 K8+298，终至温州龙湾国际机场 K26+697，全长 18.40 千米。民国 13 年（1924 年）6 月，原这条公路曾筑成南门状元桥支线路基 17.28 千米。后停建，路废。1958 年动工兴建，至 1961 年全线竣工（温州南门至永中镇），沙石路面。1987 年，机场大道东段建成。1994 年 1 月，经省政府批准同意列为"四自工程"，按一级公路标准建设，在原老温强线路基宽度 13 米的基础上再拓宽 34 米。1 月 5 日，机场大道瓯海段开工建设，工程全长 3 千米。1995 年 8 月 18 日，改线控制工程白楼下高架桥、茅竹岭隧道建成通车。1996 年 1 月 8 日，全线主辅车道竣工通车，项目概算投 2.30 亿元。同时设立收费站，养护经费从车辆通行费中支出。1997 年 7 月，温强公路改线走机场大道，改线路段与龙湾接线于蓝田桥，经沙角滩头、沙北村至永强机杨。2007 年 2 月 18 日，永强公路收费站撤销。是年 5 月温强公路龙湾段管养权划归市政部门，保留省道公路的性质。2009 年末，温强路延伸线龙湾至洞头段工程开工。该项目起于龙湾上呙，往东至灵昆大桥与灵霓海堤并行，终点为状元呙岛南头，全长 40.40 千米，于 2018 年全线通车。

县乡道

瓯海大道东段　东起温州龙湾国际机场，西至温瑞大道，贯穿龙湾区，为市区东西主干道和唯一高架路。瓯海大道东段全长 18.18 千米、路宽 112 米，2002 年 12 月开工兴建，2007 年 12 月 11 日建成通车，项目概算投资 29.9 亿元。主线双向八车道，60% 采用高架，设计时速为 80

2007 年 12 月 11 日，瓯海大道（东段）正式通车

千米；全线半封闭，不设红绿灯、不设平交口。2012 年 4 月 28 日瓯海大道西段建成通车，西段工程东起温瑞大道，西至临近温州火车南站的福州路。

茅永公路　起点位于瑶溪白楼下，终点位于永中朱垟村，全长 7 千米。

该公路 1997 年 7 月前为温强公路组成部分。至 2016 年，茅永公路经历了数次改扩建，路面宽度由原来的 6 米拓宽到 13~18 米，公路等级由原来的四级变为二级，路面由简易沥青表处路面提升为沥青混凝土路面。

塘永公路（又称永强公路、永梅公路）　起点位瑞安塘下镇，终至龙湾永中街道，与省道温强线接线，全长 24.45 千米。1977 年 4 月动工，1989 年底建成。2010 年，瑞安塘下至龙湾梅头改建工程开工，工程南起龙湾区海城街道与瑞安市塘下镇交界处，沿线经海城、天河、沙城、永兴、永中、海滨 6 个集镇，北至瓯海大道与机场大道交叉处，全长约 14.82 千米。路宽 30 米，按一级公路标准设计建设，项目概算投资 3.55 亿元，2012 年建成通车。

江滨路(龙湾段)　西起鹿城区桃花岛，东接龙湾区状元街道龙腾北路，路面宽 30 米，全长 3.14 千米。2013 年 1 月建成通车。2014 年，在瓯江路（龙湾段）北侧建设沿江景观带，全线绿地中有上下两条独立的沿江慢行道，平均宽度 14 米，绿化面积 4.90 公顷，总投资 1513 万元。

温州大道（汤家桥路~甬江路）　温州大道由原疏港公路改扩建而成，长 13.23 千米。龙湾段东起甬江路，西至汤家桥南路。1995 年改建。状蒲段 8 千米，宽 50 米，主车道 17 米，双向 6 车道，另设辅道、人行道、绿化带。

滨海大道　南起天河街道中和村公园，北至海滨街道机场口，全长 10.60 千米，宽 70 米，双向 6 车道，中间绿化带 18 米。2000 年 12 月动工，2007 年 12 月完工。总投资 7 亿元，为一级公路。

通海大道　原名滨海一路。东起永兴围垦堤塘，西至滨海大道，长 3.7

千米，宽 32 米。2013 年建成。

公路客运站

温州汽车东站　位于龙湾区蒲州街道温州大道 285 号，为国有股份公司，占地面积 8000 平方米，建筑面积 6132 平方米，1998 年 1 月建成交付使用。主要提供温州至河南、湖南、湖北、贵州、四川、安徽等地的旅客运输服务。

龙湾交通服务中心　位于状元街道机场大道旁，甬台温高速东出口处。1996 年 12 月动工，1998 年 5 月建成。占地 17266 平方米，候车厅 830 平方米，停车场 15000 平方米，总投资 1900 万元。2001 年被省交通厅核定为三级汽车客运站，是沿海 45 个交通枢纽城市配套站场之一。主要提供长途客运、短途客运和短途配载班车。2014 年，龙湾交通服务中心委托市交运集团经营管理，将该中心打造为公交换乘中心，发展龙湾各街道的公交线路，委托期限为 15 年。

温州机场客运站　位于机场大道与滨海大道交汇处，用地面积 2500 平方米，2012 年 4 月投入运营。2016 年末有 12 条班线，主要提供温州、台州、丽水和宁德 4 个市的中长途客运。

第二节　公共交通

1984 年至 2016 年，龙湾区城市化进程加快，道路网不断完善，公共交通在线路条数、车辆更新和场地设施等方面均得到快速发展。

城区公共交通

1991 年至 2010 年 11 月，龙湾区公共交通由温州市公共交集团有限公司独家经营。2010 年 11 月，温州市公交集团有限公司与温州长运集团有限公司合并组建温州交运集团有限公司，并独家经营龙湾区公共交通。2002 年 5 月，城区至龙湾区公交开通。

2014 年 10 月 16 日，状元—双岙村 132 路中巴车开通仪式举行

2016 年，全区社区巴士线路达 6 条，实现社区巴士 6 个街道全覆盖，全区公交首末站达 23 个。

表 6　2016 年龙湾区主要公交首末站情况一览表

序号	站场名称	所在位置	始发公交线路
1	御史桥	状元耐宝路	2 路、63 路
2	瑶溪始发站	茅永线	6 路
3	永中	永中街道镇南村	9 路、49 路、138 路、142 路
4	大禅寺	龙湾大禅寺	21 路、48 路
5	龙华	青龙街	22 路
6	蓝田	蓝浦路	22 路专
7	蒲州	新蒲路	26 路、32 路
8	温州城市大学	城市学院旁	31 路
9	高新科技园始发站	高二路创业园旁	33 路、55 路
10	经五始发站	奇云山路	35 路、42 路、98 路
11	状元公交枢纽站	龙腾南路	36 路、61 路、82 路、91 路、118 路、132 路
12	温州机场	机场大道	41 路、73 路
13	城东公交	会展路 4 号	64 路、92 路、94 路

续表：

序号	站场名称	所在位置	始发公交线路
14	瑶溪住宅区	孚敬路	67 路、117 路、140 路
15	滨海始发站	滨海三道	71 路、130 路
16	大岙溪始发站	大岙路	84 路、125 路
17	宅西始发站	宅西路	86 路、125 路
18	西台村	金谷路	100 路、132 路
19	沙南村	沙前街	124 路
20	瑶溪枢纽站	永定西路	139 路
21	空港始发站	金海二道	140 路
22	宁村始发站	宁城西路	141 路
23	皇岙村始发站	环山路	141 路

市域轨道交通

2012 年 9 月，国家发改委批复《浙江省温州市域铁路建设规划》。根据批复，2012 年至 2018 年，温州市开工建设 3 条市域铁路，其中 S1、S2 线途经龙湾区。S1 线为东西走向，西起瓯海区潘桥街道桐岭村，经铁路温州南站、龙湾区，终至洞头区灵昆岛，线路全长 51.9 千米；S2 线为东北至西南走向，北起乐清市虹桥镇，经灵昆岛、温州龙湾国际机场，沿滨海大道，终至瑞安市莘阳大道，线路全长 68.8 千米。

2011 年 11 月 11 日，市域铁路 S1 线石坦隧道工程举行开工仪式。石坦隧道全长 590 米，位于状元街道。2012 年 7 月，温州市域铁路龙湾段工程建设办公室成立。2016 年，全市首个完成市域铁路 S2 线龙湾段主线征地。

第三节　港口　铁路

　　龙湾地处瓯江口南岸，沿岸码头、渡口众多。龙湾区所辖的港口作业区位于瓯江口，属温州港"一港七区"中的瓯江港区。经过多年的发展，龙湾作业区已成为瓯江港区的主要货运集散区，承担着温州市及浙江省中西部、赣南、闽北等邻近地区的物资集散任务。2005年，龙湾港区与金温铁路建立"水铁联营"。2016年，港铁联运发送量481万吨。

港口

　　龙湾作业区　位于瓯江口南岸，状元茅竹岭至炮台山以东600米处。港区岸线长2500米，占地16.7万平方米，水域江面宽3000米，前沿水深保持在8~12米。1987年3月17日，龙湾港区一期工程2个万吨级泊位正式动工兴建，为国家"七五"120个

龙湾万吨码头建成投入使用

深水泊位港口建设计划之一。1988年12月10日，2个万吨级泊位竣工，总投资4585万元。1995年，二期工程列入"九五"计划。2000年8月，龙湾滚装码头开工建设，该码头建有7500吨滚装泊位1个，可同时兼靠1000吨级和500吨级船舶各1艘。2001年4月，主趸船与110吨的钢引桥安装完毕，2002年7月龙湾滚装码头建成投入使用，时为全省最大的浮码头。2003年12月，龙湾港区二期工程开工兴建，规模为2个万吨级泊位；同时建设港区堆场、道路、仓库等相关配套设施，设计年货物吞吐

量 98 万吨，工程总投资 1.97 亿元。建成后陆域面积扩大 173420 平方米。
2011 年，4# 泊位技术改造工程开工建设，工程投资 1905 万元。2016 年，
龙湾作业区占地 460230 平方米，有 7500 吨级滚装码头 1 个、万吨级泊位
4 个，码头岸线长 857 米，每天最大装卸能力 3 万吨，年货物吞吐量 1000
万吨。

白楼下作业区　位于龙湾区茅竹岭至白楼下段，原为东海石油温州锦
港经济开发有限公司冷库及油品码头。该作业区码头建于 1985 年。2007
年 12 月，白楼下作业区一期技改工程开工建设，工程主要项目为改造
5000 吨级固定码头 1 个、修复 5000 吨级浮码头 1 个，以及陆域相配套设
施改造，设计年吞吐量 90 万吨，工程总投资 7739 万元。2008 年 12 月，
杨府山浦东作业区整体迁至白楼下作业区。2011 年 9 月，白楼下二期改
造工程开工建设，工程投资 6260 万元，2013 年底完工。白楼下作业区由
液体化工与件杂货（散货）装卸运输的综合性码头调整为钢材和粮食等件
杂货（散货）装卸、货物仓储中转、水路公路货物运输、港口信息服务、
汽车运输的综合性码头。2016 年，白楼下作业区占地面积 9.57 万平方米，
岸线长 550 米，前沿水深 8.50 米；有泊位 2 个，其中 1 万吨级浮码头 1 个、
3000 吨浮码头 1 个。

状元作业区　位于状元街道沿江一带，岸线长 400 米，陆域面积 4 万
平方米，分别由市石油公司和市燃料公司投资兴建，建设石油和燃料等专
业码头 4 座，其中市石油公司码头建于 1964 年，位于状元街道茅竹桥西侧，
是温州市唯一的海运石油码头。市燃料公司码头建于 1983 年，位于状元
街道茅竹桥，靠泊 5 万吨级船舶，高潮时通过能力为集装箱 20 万标箱及

钢材、木材 70 万吨。

铁路

金温铁路是温州市第一条铁路，线路北起金华孝站，南至温州火车站，全线长 252.29 千米。温州段起点位于鹿城区藤桥镇双潮乡沈岙村，终点位于龙湾区瑶溪镇，全长 55.70 千米（龙湾段 9 千米），沿途设双潮、江南村、

金温铁路龙湾货运站

双屿、K229 线路所、温州西、温州、龙湾 7 个站（线路所）。1992 年 12 月 18 日金温铁路开工兴建，1998 年 6 月 11 日全线开通运营。1998 年 7 月 1 日，金温铁路龙湾段竣工，货运开通，粮油铁路专用线投入使用。

金温铁路龙湾段主要功能为货运线路，建有温州火车东站和金温铁路御史桥站场。温州火车东站位于机场大道与南洋大道交汇处北侧，建有温州市粮油储运公司铁路中转仓库，有铁路专线 645 米，室内站台可同时停放 22 个车皮，主要承担温州港与西部腹地货运。金温铁路御史桥站场位于御史桥村，占地面积 22 万平方米，拥有 5 条货物线，主要承担港铁联运煤炭、水泥、钢材、矿石等大宗物资的到达、储运等功能。2005 年温州货运西站与温州港务集团有限公司合作，开辟龙湾码头中转金温铁路的水铁联运业务，首列装载煤炭运往巨化集团的货车于 2005 年 11 月 11 日正式启动。2006 年 4 月 24 日，温州货运西站与温州港龙湾码头开通电煤港铁联运，是年运量为 34 万吨。2016 年，港铁联运发送量 481 万吨。

第四节　航　空

1990 年 6 月 23 日，中国民用航空温州站成立。7 月 12 日，温州机场正式通航。2002 年 1 月，中国民用航空温州站更名为温州永强机场。2003 年 12 月，机场移交浙江省实行属地管理。2008 年 12 月，机场移交温州市实行属地管理。2009 年 12 月，温州永强机场飞行区改扩建工程开工建设，在原有跑道东侧新建一条 3200 米的跑道，机场飞行区等级提升至 4E 级。2013 年 3 月，温州永强机场正式更名为温州龙湾国际机场。2016 年，温州龙湾国际机场累计通航城市 109 个，其中国际（地区）城市 23 个；航班起降量 6.79 万架次，旅客吞吐量 818.97 万人次，货邮吞吐量 7.77 万吨。全年旅客吞吐量在全国 218 座机场中排名第 31 位，在非省会地级市机场中排名第 2 位。

机场建设

1984 年 11 月 15 日，国务院、中央军委批准温州市瓯海县永强区海滨镇境内兴建温州民用机场，按二级机场规模建设。1985 年征地 121 公顷，1987 年 5 月开工，1990 年 5 月 10 日竣工。7 月 4 日举行首航典礼，7 月 12 日正式通航。10 月 18 日，中国民航局批准加宽机场跑道、滑行道道肩。1991 年 3 月，温州永强机

1990 年 7 月 4 日，温州永强机场举行通航仪式

场外停机坪第一次扩建，扩建后停机坪面积达 3 万平方米。1993 年市政府决定改扩建航站楼，新建国内候机楼 6700 平方米，原国内候机楼 3875 平方米改造为国际候机楼。1997 年 6 月停机坪第二次扩建。1998 年 5 月工程竣工，停机坪能停放 D 类飞机 3 架、C 类飞机 6 架，共 9 个机位。2001 年 8 月，机场停机坪东南角原直升机坪改建为多尼尔 328 型飞机专用停机坪，改建面积约 9000 平方米。2003 年 1 月机场停机坪第四次扩建，增建面积 1.67 万平方米，停机坪机位数增扩至 16 个。2005 年 10 月省政府批准机场扩建征地 13.13 公顷。2006 年 3 月机场扩建施工，扩建后可满足年旅客吞吐量 600 万人次的需求。2007 年 4 月，国家发改委正式批准温州永强机场飞区扩建工程立项。2008 年 7 月机场站坪扩建工程竣工投入使用，扩建后站坪面积 15.4 万平方米，停机位增至 25 个；11 月新建航站楼竣工投入使用，新建航站楼面积为 22730 平方米，设 4 座登机桥、7 个安检通道、25 个值机柜台。

2009 年 11 月，国际候机楼改造工程动工，改造、扩建面积 1.10 万平方米，概算投资 7000 万元。12 月 29 日，机场飞行区扩建工程举行奠基仪式，飞行区改扩建工程总投资 13.77 亿元，建成后飞行区等级提升为 4E 级，可以起降 250 座以上的大型飞机，具备国际机场标准。2011 年 3 月国际候机楼改造工程竣工，6 月 30 日正式投入使用，成为温州航空口岸扩大开放的重要基础配套设施。11 月 11 日，温州永强机场 T2 航站楼暨综合交通枢纽工程举行开工典礼，工程建筑面积 75 万平方米，总投资约 60 亿元，融合了机场航空、轨道交通、长途客运、城市公交等各种交通方式，换乘模式达 35 种。其中新建航站楼工程包括新建 T2 航站楼 10 万平方米，新建停车场1.50万平方米，绿化景观2.50万平方米。2014年12月11日，飞行区改扩建工程800米平行滑行道投用，标志着飞行区改扩建工程全面完工，可满足E类飞机使用要求。12月30日，温州机场交通枢纽综合体工程、市域铁路S1、S2线机场段工程、温州机场新建货运区工程等三大工程同时开工，总投资60多亿元。

2016年，温州龙湾国际机场占地面积278.94公顷，拥有一条长3200米、宽60米的跑道，一条3200米平行滑行道，可满足年旅客吞吐量1500万人次的容量要求；飞行等级为4E；候机楼总面积3.88万平方米，其中国内候机楼2.3万平方米，国际候机楼1.38万平方米。

航空运输

航线及客运 1990年6月17日中国东方航空公司MD-82飞机试航温州成功。7月12日温州永强机场正式通航，首日开通上海、武汉、成都、宁波4条航线。开航不到半年时间，旅客吞吐量66377人次，列全国民航营运机场第37位。1991年航班继续增长，年旅客吞吐量35.18万人次，列全国民航运营机场第22位。1994年9月30日，国务院批复同意温州航空口岸开放（限使用中国籍飞机飞香港航线），并设立边检、海关、卫检、动植检等检验检疫机构。1995年12月29日，中国北方航空公司开通大连经温州至澳门航线，因客源不足，1996年7月澳门航线停航。1996年11月，温州至香港航线开通，该航线保持每天1个班次。1998年，旅客吞吐量177.8万人次，跻身中国144个运营机场第19位。

2004年，旅客吞吐量243.9万人次，通航14年来首次突破200万人次大关。2010年12月8日，旅客吞吐量突破500万人次。2011年6月5日，国务院正式行文批准温州航空口岸扩大对外国籍飞机开放。12月20日，国家口岸办批复同意温州至台北临时客运包机在温州机场进出境。批复明确该客运包机由中国国际航空公司和台湾华信航空公司飞行，每周4班，进出共8个航次。2012年3月25日，温州至台北实现空中直航。8月13日，中国民航局宣布温州航空口岸正式扩大对外国籍飞机开放，标志着温州永强机场成为国家一类对外开放航空口岸，可直航世界各个城市。8月20日，温州开通至韩国济州的首条国际航线。10月2日，中国东方航空公司开辟温州至韩国首航航线。

2013年2月5日，公安出入境管理部门在温州机场设立台湾居民口岸签注点，温州成为省内第3个获批开办台湾居民口岸签注的城市。3月7日，由中国东方航空公司执行的温州—泰国曼谷航线开通，这是温州机场开通的首个定期正班国际航班。12月24日，温州直飞罗马航班首航，这是温州机场开通的第一条洲际航线。2015年1月25日，青岛—温州—岘港国际经停航线开通，这是首条经停温州的国际经停航线。

2016年，温州龙湾国际机场旅客吞吐量突破800万人次大关；累计通航城市109个，其中国际（地区）城市23个；实际营运城市69个，其中国际（地区）城市17个。

航线及货运　1991年1月5日，温州机场开辟邮件航空运输，首航杭州机场，同时还不定期飞行温州至连云港货物包机。3月1日，开始正式收运航空货物，是年货邮吞吐量921.50吨，全国机场排名第29位。1992年始，来往温州市的所有航线均开通邮运业务。1998年7月，温州机场开始国际货物运输，并通过北京、上海、广州等口岸机场中转，出港货物主要有服装和电器产品，目的地为欧洲、北美、东南亚等地；进港货物以电子设备、机械设务、品牌服装、皮革等为主，也来自欧洲、北美、东南亚等地。1998年7月，温州至香港开展航空货物直达运输，是年进出港货运量312.4吨。2005年4月，温州机场首辟省内第一个卡车航班。2010年4月17日，中国货运航空公司A300-600全货机装载40.50吨青海省玉树赈灾物资从温州机场飞往西宁，这是温州机场通航以来的大型全货机首航。6月4日，顺丰速运集团租赁东海航空有限公司的波音737全货机开辟温州至深圳全货机定期往返航班，该货机整舱货运量可达14吨，每周往返5班。该航班的开通，大大提高了温州机场的航空货物运输能力。2011年12月13日，温州机场与浙江邮政速递物流有限公司温州市分公司签署战略合作备忘录，建立长远合作关系。12月30日，温州国际邮件交换站正式启用，第一批国际邮件搭乘温州至香港的MU5027航班起飞。2013年1月31日，南京—温州—厦门邮航航班开通，由中国邮政航空公司承运，这是温州机场开通的第一条邮政货运专机航线。11月20日，中国邮政航空公司开通福州—温州—南京—福州邮航航线，温州成为全省第一个启用邮航全货机自主运输进出港邮件的城市，温州出口至邮航通达范围城市的邮件全面实现"次日递"，部分城市实现"次晨达"。2016年2月18日，温州机场国际邮件交换站成功完成首批邮件进口，首批邮件为跨境电商快递货物，航程为波特兰—温哥华—北京—温州。7月29日，温州机场进境食用水生动物指定口岸资质获国家质量监督检验检疫总局审核通过，口岸类别为A类（航空），允许进境类别为鱼类、甲壳类、软体类。9月26日，温州机场国际邮件交换站启用海关移动监管系统。移动监管系统投入使用之后，出入境邮件将不再需要海关的现场监管，全部采用电子数据与海关进行对接。是年，温州机场完成货邮吞吐量 7.77 万吨，为历年最高。

第五节　邮政　通信

明弘治间（1488—1505 年）朝廷在区域内设有传递文书的邮驿铺舍：南门铺。1984 年—2016 年，龙湾区邮政、电信事业作为经济社会发展的重要基础建设得到优先发展，邮电管理体制和经营体制改革逐步深入。进入 21 世纪，依靠科技进步，引进先进技术和设备，邮电、通信服务水平大幅度提高。1986 年，邮电业务收入 21 万元。2016 年，龙湾区有固定电话用户 1.31 万户、移动电话用户 76.98 万户、宽带互联网用户 14.29 万户；邮政业务收入 74374 万元，电信业务收入 104588 万元。

邮政

机构　民国十五年（1926），永强始设邮政村柜。民国十九年（1930）2 月，改为邮政代办所。民国二十七年（1938），建永强乡村电话交换所。1952 年 8 月，永强乡村电话交换所和邮政代办所合并，称永强邮电营业所。1956 年 4 月，升格为永邮电支局。1958 年 12 月，改称永强人民公社邮电局。1963 年，改称永强邮电支局。1969 年 11 月，分设永强邮政

温州状元邮电分局（摄于 1995 年 6 月）

支局和永强电信支局。1974 年，邮、电重新合并，恢复永强邮电支局称谓。1995 年 6 月，永强邮电支局升格为永强邮电分局。1998 年 9 月，永强邮电分局分设永强邮政分局和永强电信分局。

民国十九年（1930），状元始设邮政村柜。民国三十三年（1944）9 月，改称邮政代办所。1955 年，改代办所为自办邮电所。1983 年 5 月，邮电所升为状元邮政支局。1994 年，协管白楼下和龙水邮电所。1995 年 6 月，状元邮电支局升格为状元邮电分局。1998 年 4 月，状元邮电分局更名为龙湾邮电分局。1998 年，邮电机构改革，龙湾邮电分局分营，建立温州市邮政局龙湾分局。

2001 年 8 月区划调整，温州市邮政永强分局划入龙湾区。2007 年，撤销原温州市邮政局龙湾分局、温州市邮政永强分局，成立温州市邮政局龙湾区局。至 2016 年末，龙湾区局下辖永中、天河、永兴、海滨、海城、灵昆、状元、龙湾区府、沙城、蒲州、七都、龙水、龙东、滨海 15 个营业网点。

邮运邮路　1984 年，境域邮运邮路由水路、汽车邮路、快邮组成。1988 年 1 月，城区至永强自办汽车邮路延伸至天河邮电所，停开永强至天河委办轮船邮路。1991 年 1 月，开通至杭州航空邮路。1992 年 3 月，增开上海、广州、北京、沈阳、哈尔滨、西安 6 条干线邮路，成为全国干线航空通运局之一。20 世纪 90 年代，建立"捷时达"快速邮递集散网络，龙湾、永强、天河组织两次特快投递作业，确保进口特快时限。至此，境域邮政通信进入陆海空立体运递新时期。2000 年温州航空邮路升为 27 条，并组开机场趟车、市内趟车邮路 16 条。2011 年，全区有电瓶车邮路 13 条、摩托车邮路 19 条、汽车邮路 3 条，取消 13 条自行车邮路。

村邮站　2011 年，温州市邮政局龙湾区局根据《温州市邮政普遍服务村邮站和信报箱建设工作实施方案》，启动村邮站建设。是年，建成民乐村邮站和皇岙村邮站，均设立信报投递服务，解决投递最后一千米问题，把邮政的各项服务深入到村民家门口。全年共受理充值业务 6 笔，电费收缴 5 笔，小件包裹 2 个，挂号信 17 封。2012 年，建成 28 个村邮站，完成建设任务。2014 年，完善村邮站功能，除信函、报刊等基础公共服务功能外，各类充值缴费、医院挂号、小额保险、小额现金支付等业务相继开办。全年村邮站提供便民服务 26.4 万笔，居温州市前列。

有线通信

固定电话　民国 27 年（1938 年），在寺前街宏大百货店建永强乡村电话交换所，设 10 门磁石交换机 1 台。1985 年，引进 1.60 万门程控电话，境域长途电话进入全国长途自动网。1987 年，万门程控市话割接投产试用，电话号码由 4 位升为 5 位。是年，开通全国 100 多个大中城市长途直拨业务。1989 年 4 月 16 日，状元邮电支局安装 F–150 型程控市话交换设备 1000 门（模块），实现龙湾区与温州市话并网。1990 年 6 月，永强邮电支局开通 F–150 程控电话交换机 5000 门，成为浙江省第一个农村程控母局。1993 年，市区电话号码由 6 位升为 7 位。1994 年，状元、龙

1986 年 9 月 3 日，举行永强 1600 门自动电话开通典礼

水通信母块开通，程控电话增容9000门。2001年5月，市区电话号码由7位升为8位数。是年，全区固定电话达8.46万户、程控交换机总容量达11.60万门。2005年5月，电信龙湾开发区九分局与瑞安分公司场桥分局电话电路的割接调整，初步实现固话网络从程控交换到软交换的技术变革。是年，全区固定电话用户有15.50万户、程控交换机总容量达19万门。因受其他通信功能影响，2016年全区固定电话用户降至1.31万户。

宽带　随着计算机的广泛应用和通信技术的日益发展，龙湾区2001年开通ADSL业务。ADSL是在原有普通电话线上运行的一种新的高速接入技术，具有速率高、频带宽、业务多、应用广等特点，且采用包月制方式计费，深受用户欢迎。是年，有宽带互联网用户3996户。2003年3月，镇海、滨河、罗东小区的LAN宽带小区开通。2007年11月，龙湾区开始引入无线宽带WLAN业务。是年，全区安装16个WLAN点，分别分布在机场、茶座、龙湾区府等地。2008年，随着电信业重组，龙湾区电信、移动、联通向全业务运营商转型，涉足宽带业务。2010年，龙湾电信启动光小区建设，推出FTTH（Fiber To The Home）业务，为用户提供高清影视、3D及多媒体产品等更多大带宽业务。是年，全区实现村村通宽带，家庭光纤用户1886户。2012年，龙湾电信新建FTTH超过8万线，总接入能力达到18万线；推进LAN小区升级和EPON小区改造，使光纤小区总数达311个、光纤到户家庭4.5万户。2013年，龙湾移动完成龙湾境内所有光纤到户全覆盖。2015年，龙湾电信宽带网络覆盖能力达到"百兆到户、千兆进楼、T级出口"的标准，提前达到工信部"宽带中国·光网城市"目标，50M以上光纤用户达56%。2016年，全区宽带互联网用户

14.29 万户。

无线通信

无线寻呼 1988 年 8 月 5 日，境域邮电局开办"无线寻呼电话"（简称 BP 机）业务。初设"126"人工台，用户 150 户。1989 年，扩容安装 3000 门寻呼设备。1990 年，割接开通寻呼用户 5200 户，寻呼用户近万户，原"126"人工台与"99"自动台 2.50 万门几近饱和。1992 年 11 月 26 日，开通全自动寻呼系统，容纳 6 万用户。1993 年 12 月 31 日，开通"187"中文寻呼台，寻呼用户 66487 户，为全省之最。1994 年 4 月，发展用户 9 万多户，总容量 20 万门。1994 年 9 月 12 日，开通"127"省邮电寻呼联网台，无线寻呼总容量 92 万户，基站 32 个。1997 年底，由于手机的普及，BP 机业务停业。

移动电话 1991 年 3 月，筹建移动电话网。1992 年 8 月 10 日，移动电话正式开通。1993 年底，移动电话用户 2321 户。1995 年 12 月 29 日，开通"全球通"数字移动电话。2006 年 12 月，移动的网络人口覆盖率 99.9%，长途来话接通率、掉话率等指标位居全国前三位。

2009 年 10 月，联通公司开通 3G WCDMA 网络。2010 年，移动公司完成 TD-SCDMA 网络建设任务，3G 信号区域覆盖率达 99%。2013 年，移动公司新增 GSM 基站 28 个；新增 TD-SCDMA 基站 158 个，新增 TD-LTE 343 个，成为全温州 4G 覆盖最好的县区。2015 年 10 月 3 日，移动公司迎来第一位 VOLTE 客户，标志着龙湾由全面 4G 时代迈向 4G+ 时代。电信公司实现 3G/4G 网络龙湾全覆盖。2016 年，移动电话用户 76.98 万户。

第八章 经济总情

1984 年，龙湾建区，并被列为对外经济开放区，成功实现自然经济向商品经济转变。随着改开放的深入，多个经济开放区落户龙湾，工业门类进一步拓宽，产业结构不断优化，对外贸易和外资引进成倍增长，整体经济实力大为增强。2016 年，龙湾区（含温州经济技术开发区）的地区生产总值 589.18 亿元，同比增长 8.8%；财政总收入 59.97 亿元，同比增长 5.8%；龙湾区（区本级）的地区生产总值 384.44 亿元，同比增长 9%；财政总收入 39.47 亿元，同比增长 3.5%。

第一节 经济发展

经济总量

"六五"时期（1981—1985 年）　1984 年，国家将温州市列为对外开放 14 个沿海城市之一，建立龙湾区。此后，龙湾区坚持以经济建设为中心，逐步进行经济体制改革，突破计划经济框框，渐行进入发展商品经济，建立社会主义市场经济新体制轨道，主要经济指标呈现跨越式发展态势。1984 年，全区地区生产总值 2351 万元，农业总产值 2382 万元，工业总产值 1700 万元，财政总收入 191 万元。

"七五"时期（1986—1990年）　1990年，全区工农业总产值39159万元，比1985年增长5.18倍，年均增长38.9%，其中工业总产值30017万元，比1985年增长6.72倍；农业总产值9142万元，比1985年增长1.49倍。粮食总产量27720吨，比1985年减少13.5%。年生猪饲养量12433头，比1985年减少19.9%。社会商品零售总额6537万元，比1985年增长7.53倍。财政总收入2140万元，比1985年增长4.77倍。国内生产总值18475万元，比1985年增长3.45倍。

"八五"时期（1991—1995年）　1995年，全区（含温州经济技术开发区）工农业总产值451744万元，比1990年增长10.54倍，年均增长60.2%。其中工业产值440139万元，比1990年增长13.66倍；农业产值11605万元，比1990年增长26.9%。粮食总产量17349吨，比1990年减少37.4%；年生猪出栏15930头，比1990年增长8.1%。社会商品零售总额20379万元，比1990年增长2.12倍。财政收入6504万元，比1990年增长2.04倍。国内生产总值189185万元，比1990年增长9.24倍。

"九五"时期（1996—2000年）　2000年，全区（含温州经济技术开发区）工农业总产值1333026万元，比1995年增长1.95倍，年均增长24.2%。其中工业产值1322361万元，比1995年增长2倍；农业产值10665万元，比1995年减少8.1%。粮食总产量10694吨，比1995年减少38.4%；年生猪出栏35400头，比1995年增长1.22倍。社会商品零售总额66209万元，比1995年增长2.25倍；财政收入20139万元，比1995年增长2.10倍。国内生产总值427693万元，比1995年增长1.26倍。

"十五"时期（2001—2005年）　2001年，区域扩大。2005年，全区（含温州经济技术开发区）工农业总产值5604832万元，比2001年增长1.08倍，年均增长19%，其中工业产值5561969万元，比2001年增长1.02倍；农业产值42863万元，比2001年增长12.1%。社会商品零售总额525977万元，比2001年增长1.07倍。财政收入169408万元，比2001年增长1.44倍。国内生产总值1840279万元，比2001年增长95.1%。

"十一五"时期（2006—2010年）　2010年，全区地区生产总值233.6亿元，年均增长10.4%，基本达到"十一五"目标要求；实现财政总收入26.7亿元，地方财政收入11.50亿元；人均生产总值超过1万美元（按当年平均汇率折算，下同），超额完成"十一五"规划目标（8000美元）。全社会固定资产投资76.95亿元，年均增长18.4%。城镇居民人均可支配收入达到27255元，农村居民人均纯收入达到15294元，年均分别增长8.8%和8.9%

"十二五"时期（2011—2015年）　2015年，全区地区生产总值达到354.52亿元，"十二五"年均增长9%；按户籍人口计算的人均地区生产总值达到169539元，跨入2万美元大关；一般公共预算收入达到22.63亿元。三次产业结构由2010年的1.76:66.70:31.54，调整为2015年的0.62:58.08:41.30。社会消费品零售总额331.25亿元，年均增长11.5%。限上固定资产投资总额305.56亿元，年均增长38.8%。城镇和农村常住居民人均可支配收入分别达到44359元和26800元，年均分别增长9.5%和10.3%，城乡收入比降至1.66:1。

"十三五"时期（2016—2020年）　"十三五"时期，龙湾区要坚持创新、协调、绿色、开放、共享"五大发展理念"，努力建设迈入全面小康社会的标杆城区，打造温州东部发展主引擎，加快迈向"创新龙湾、品质龙湾、国际龙湾、绿色龙湾、幸福龙湾"。2016年，全区规模以上工业总产值421.72亿元，限额以上固定资产投资347.49亿元，全社会消费品零售总额369.96亿元，外贸进出口总额169.94亿元，财政总收入39.47亿元；城镇常住居民人均可支配收入达48217元，农村常住居民人均可支配收入达28855元。

表7　1984－2016年龙湾区主要经济指标情况表

年份	生产总值（万元）	工业总产值（万元）	农业总产值（万元）	社会消费品零售总额（万元）	农民人均纯收入（元）	城镇居民人均可支配收入（元）	财政总收入（万元）	固定资产投资额（万元）
1984	2351	1684	2382	499	–	–	191	/
1985	4153	3888	3678	766	–	–	371	438
1986	6070	7043	5260	1704	513	–	688	1388
1987	8008	10570	5574	2555	661	–	965	2060
1988	11678	17994	7622	4152	949	–	1474	3085
1989	15210	23011	8042	5973	1011	–	1900	3284
1990	18475	30017	9142	6537	1052	–	2140	2779
1991	23650	41451	9800	7055	1206	–	2552	4343
1992	31762	61119	13536	10837	1529	–	3344	7444
1993	65269	131663	9350	14487	2050	–	4825	20473
1994	124092	312080	10283	26980	2790	–	5474	44735
1995	189185	440139	11605	20379	3828	–	6504	136325
1996	252326	626214	12310	27407	4678	–	7644	177217
1997	289018	774634	13368	35043	5538	–	8223	145103
1998	328220	920758	15687	42511	6181	–	9799	157239

续表:

年份	生产总值（万元）	工业总产值（万元）	农业总产值（万元）	社会消费品零售总额（万元）	农民人均纯收入（元）	城镇居民人均可支配收入（元）	财政总收入（万元）	固定资产投资额（万元）
1999	368533	1081808	12087	52965	6554	–	12233	149919
2000	427693	1322361	10665	66209	6912	–	20139	151232
2001	943152	2753547	44313	253550	7206	–	69390	342293
2002	1117457	3317698	39988	305378	7818	14800	88589	481174
2003	1344093	4081847	40913	352265	8505	16218	111583	582186
2004	1603677	4845383	45179	432336	9359	17032	117892	661556
2005	1840279	5562000	42863	525977	10008	17858	169408	684963
2006	2235521	6661821	44907	634012	10827	19600	200285	835461
2007	2645052	8183314	48757	782230	11729	21463	243034	980569
2008	2995936	8814115	49430	1170135	12815	23273	275888	1081722
2009	3135920	8696720	49716	1341130	13661	24537	251341	1018293
2010	3571932	9998036	55859	1622834	15294	27255	266945	1287856
2011	4077381	10569227	61976	2084516	17215	30555	301036	2218525
2012	4357652	10040003	55645	2630042	18868	33256	303240	3209120
2013	4881300	10787980	59656	2936967	20717	36282	376232	3654396
2014	5315351	11491798	58413	3305159	24525	40855	388817	4261352
2015	5473252	11063116	45980	3707269	26800	44359	380492	4318570
2016	5971596	10789605	48809	4209110	28855	48217	394738	4823998

说明：本表数据含温州经济技术开发区，其中财政收入不含经济技术开发区；2008年及以前生产总值数据根据经济普查修订

经济结构

所有制结构　1978年党的十一届三中全会后，境域实行改革开放，在坚持公有制经济占主体地位的同时，发展个体经济、私营经济和外资经

济等多种形式的经济。20 世纪 90 年代中期，私营、个体经济发展步伐加快，所有制结构发生变化。2008 年，民营经济在工业中占 96.6%、建筑业中占 92.4%。2016 年，民营经济企业占全区企业总数的 99.8%，占全区工业总产值的 99.9%。

产业结构　1984 年，全区地区生产总值 2351 万元，第一产业占46.8%，第二产业占 34.1%，第三产业占 19.1%，三次产业占比排序是一、二、三。1986 年，随着改革开放深入和龙湾区出口工业区发展，第二产业增加值首次超过第一产业，三次产业占比排序是二、一、三。1993 年，全区地区生产总值 65269 万元，其中第一产业 5871 万元、占 9%，第二产业 47206 万元、占 73.3%，第三产业 12193 万元、占 18.7%，第三产业增加值首次超过第一产业。1996 年，三次产业结构中，第二产业占 84.7%，为历史最高值。2000 年，地区生产总值 427693 万元，比 1984 年的 2351万元增长 180.92 倍。2001 年以来，区域扩大，经济基础增大，产值总量增加。随着科技发展，传统产业疏导提升步伐加快，新兴产业兴起，经济结构不断优化，第一、二产业比重逐年降低，第三产业逐年上升。2016 年，龙湾区地区生产总值 384.44 亿元，一、二、三次产业增加值占全区地区生产总值的比重为 0.6 ∶ 56.0 ∶ 43.4，人均生产总值（按年平均户籍人口计算）为 167769 元。

表8 2000－2016年龙湾区地区生产总值情况表

年份	生产总值（万元）	第一产业（万元）	占百分比（％）	第二产业（万元）	占百分比（％）	工业（万元）	占百分比（％）	第三产业（万元）	占百分比（％）
2000	618286	23998	3.9	474558	76.8	442851	71.6	119730	19.4
2001	681540	22948	3.4	523927	76.9	488795	71.7	134665	19.8
2002	779684	23832	3.1	600814	77.1	557694	71.5	155038	19.9
2003	918492	23744	1.7	713440	77.2	665145	70	181308	21.2
2004	1093197	25544	2.3	855863	78.3	801050	73.3	211790	19.4
2005	1333983	24625	1.9	1032867	77.4	1000505	75	276491	20.7
2006	1522278	25083	1.7	1155197	75.9	1113265	73.1	341998	22.5
2007	1789936	28204	1.6	1319474	73.7	1267909	70.8	442258	24.7
2008	2001038	29570	1.5	1411219	70.5	1349985	67.5	560249	28
2009	2049240	32797	1.6	1389731	67.8	1321803	64.5	626712	30.6
2010	2336630	41171	1.8	1558484	66.7	1485195	63.6	736975	31.5
2011	2678964	48101	1.8	1707867	63.8	1572752	58.7	922997	34.5
2012	2803322	41057	1.5	1733367	61.8	1529709	54.6	1028898	36.7
2013	3155159	30164	1.0	1932718	61.3	1685929	53.4	1192277	37.8
2014	3462935	28912	0.8	2084764	60.2	1793246	51.8	1349259	39
2015	3545228	22102	0.6	2058955	58.1	1753113	49.5	1464172	41.3
2016	3884972	23320	0.6	2175592	56	1851247	47.7	1686060	43.4

第二节　区域经济

1984—2016年，龙湾境域内先后建立龙湾出口工业区、温州经济技术开发区、温州工业园区、温州农业对外综合开发区、永强高新技术产业园区、温州高新技术产业开发区、温州空港新区、浙南科技城等经济区块，各大经济区块充分发挥主体作用，为经济和城市转型发展提供良好的平台和支撑。

温州经济技术开发区

1987 年 3 月市政府在龙湾区划出 0.88 平方千米土地设立龙湾出口工业区。是年 12 月 26 日，省政府同意正式建立龙湾出口工业区。1992 年 3 月 16 日，国务院批准在龙湾出口工业区的基础上建立温州经济技术开发区（简称经开区），规划面积 5.11 平方千米。

温州经济技术开发区
（温州经济技术开发区管委会供稿）

1998 年 12 月 18 日，省科委批准创建温州高新技术产业园区（经开区内），规划面积 4.33 平方千米。2000 年 4 月 26 日，省政府批准经开区建立滨海新区（后称滨海园区）。2007 年末，市委、市政府启动温州市民营经济科技产业基地建设，规划总面积 40 平方千米，其中 14.46 平方千米授权经开区开发建设（后称金海园区）。2012 年 4 月 1 日，市委、市政府决定将龙湾区的沙城、天河、海城、星海 4 个街道成建制委托经开区管理；将状蒲园区、高新园区委托龙湾区（温州高新技术产业园区管委会）管理。至此，经开区规划总面积达 133.66 平方千米，辖区人口 23.6 万人。2015 年 5 月，浙南沿海先进装备制造产业集聚区管委会、温州瓯飞开发建设管委会与温州经济技术开发区管委会实行"三区"合署体制。

2016 年，经开区在境域建有滨海园区、金海园区。滨海园区规划范围北起通海大道、南至劳动路、西靠滨海大道、东至东海大道，园区起步区规划面积 7.5 平方千米，规划总面积 40 平方千米；发展传统产业和新兴产业兼顾并重。金海园区规划范园北邻机场、东沿东海、南连瑞安，规划面积 40 平方千米，用地主要是海涂围垦的天城、丁山 2 个垦区，优先发展电子信息、生物医药、新材料、新能源与节能环保等高新技术产业，并发展低污染、低能耗、高效益的高端传统优势产业。经开区各项基础设施建设日臻完善，投资环境日趋优化，成为温州市对外开放的主窗口，担负着先行先试、招商引资、开拓前进的重任。

1992 年，经开区地区生产总值 0.51 亿元，工业总产值 1.81 亿元，其中"三资"企业产值 1.20 亿元，有企业 142 家。2002 年，完成地区生产总值 43.3 亿元，工业总产值 101.25 亿元。年产值在 5000 万元以上的企业达到 44 家，其中亿元以上产值企业有 24 家。累计有国家、省、市级高新技术企业 26 家，其中国家级、省级高新技术企业分别为 1 家和 13 家。2012 年，完成地区生产总值 155 亿元，工业总产值 531.55 亿元，财政总收入 23.48 亿元，社会消费品零售总额 34.72 亿元，全社会固定资产投资 92.64 亿元。2016 年，经开区地区生产总值 204.72 亿元；工业总产值 650.8 亿元，其中规上工业增加值 82.98 亿元；财政总收入 20.5 亿元，其中，一般公共预算收入 11.3 亿元；限上固定资产投资 134.91 亿元；限上社会消费品零售总额 29.3 亿元；外贸进出口总额 70.7 亿元；城镇常住居民人均可支配收入 48217 元，农村常住居民人均可支配收入 28855 元，分别增长 8.7%、7.7%。在 2016 年度全省国家级开发区综合考评中排名第五位。

温州高新技术产业开发区

2011 年 3 月，温州工业园区经省人民政府同意更名为温州高新技术产业园区（简称温州高新区）。5 月，启动区域整合。整合后，西接市行

政中心区、北接滨江商务区、南接
温州生态园、东接龙湾城市中心区，
辖区面积 25 平方千米，常住人口 19
万人。委托管理蒲州街道、状元街道
等行政区块。温州高新技术产业开
发区涵盖东西两个园区，东园为原
温州工业园区，面积 4.42 平方千米；

温州国家技术高新园区（江国荣/摄）

西园为原温州经开区状蒲片和温州农业对外综合开发区，面积 20.23 平方
千米。2012 年 8 月 19 日，温州高新技术产业开发区经国务院批准升格为
国家级高新技术产业开发区。9 月，温州高新区党委与龙湾区委合署，温
州高新区管委会与龙湾区政府合署，龙湾区党委、政府部门同时增挂温州
高新区相对应部门牌子。12 月，组建温州高新技术产业开发区科技园（蒲
州街道），温州高新技术产业开发区科技园与蒲州街道确立"园街合一"
管理模式。2014 年 6 月，温州高新技术产业开发区体制再次调整，取消"园
街合一"模式，继续与龙湾区实行"政区合一"体制，科技园相应取消。
2015 年 12 月，温州高新技术产业开发区管委会增挂温州浙南科技城管委
会牌子。温州浙南科技城选址于温州主城东部龙湾区，北临瓯江、西倚茅
竹岭、南接瓯海大道、东邻空港新区、环绕黄石山，规划总面积约 28 平
方千米。

2011 年，温州高新区规模以上企业实现工业总产值 305.23 亿元，规
模以上企业出口 87.80 亿元；新增高新技术企业和科技型企业 15 家，高
新技术企业和科技型企业总数达 89 家，实现高新技术产业产值 117.68 亿

元。2015 年 1 月 9 日，温州高新区被列为国家知识产权试点园区，试点时间自 2015 年 1 月 1 日起，为期 3 年，成为浙江省 3 家试点园区之一。2016 年，温州高新区内现有规模以上企业 944 家，其中规模以上工业企业 383 家。高新技术企业 80 家，省级以上科技型企业 348 家。高新区技工贸总收入 1114.43 亿元，同比增长 14%；工业总产值 421.72 亿元，同比增长 6%；规模以上工业增加值 92 亿元，同比增长 8.4%；装备制造业增加值 31.94 亿元，同比增长 10.5%；高新技术产业增加值 31.46 亿元，同比增长 12.4%；新产品产值 125.6 亿元，同比增长 8.3%；实现利润总额 18.47 亿元，出口创汇 122.68 亿元，创利税 43.6 亿元，科技进步综合变化水平位居全省 90 个县（市、区）第一位。

温州空港新区

2011 年 3 月，温州市委、市政府出台《温州城市东部五大功能区开发建设和管理实施方案》，成立温州空港新区。温州空港新区行政区划包括海滨街道和永兴街道，区域面积 60 平方千米，常住人口约 8 万人。温州空港新区管委会为区政府派出机构。7 月，温州空港新区开发建设管理委员会（简称温州空港新区管委会）正式接手温州民科基地（龙湾）工作。2014 年，温州空港新区按照"一区、一港、一城"战略定位，完成全部完成全部概念性规划编制，确定了临空

2011 年 9 月 29 日，温州空港新区永兴南园十大项目集体开工仪式举行

（温州空港新区管委会供稿）

商贸园、临空商务园、临空科技园、临空物流园、临空生态园和宜居家园等六大功能区块。

2011年，温州空港新区完成固定资产投资7.35亿元。2012年，完成固定资产投资20.9亿元，其中区级9.6亿元，工业项目投资9.2亿元。2016年，温州空港新区固定资产投资54.87亿元，引进内资23.64亿元，引进外资127万美元。新增投产企业20家，结顶企业12家，开工企业16家，为打造温州小微企业创业园的集聚区奠定基础。

温州工业园区

1992年9月22日，浙江省人民政府批准成立省级温州扶贫经济开发区，规划面积6.51平方千米，规划范围西邻温州龙湾港区，东距温州机场3千米，南倚黄石山，北临瓯江。2006年7月6日，温州扶贫经济开发区更名为浙江温州工业园区。2011年3月，温州工业园区更名为温州高新技术产业园区。

至1993年，园区共引进各类投资项目78家，总投资7亿元，其中"三资"企业12家，总投资1.8亿元；内资企业34家，总投资3.1亿元；贫困地区投资项目32家，总投资1.25亿元。2007年，实现工业产值105.29亿元，首破百亿元大关；规模以上企业93家，实现

1992年9月16日，温州扶贫经济开发区举行奠基仪式现场

工业产值92.5亿元，占园区总产值87.9%。2010年，实现工业总产值108.2亿元，外贸出口2.1亿美元，税收4.2亿元，拥有中国驰名商标5枚、中国名牌产品

1 个和国家免检产品 2 个。

温州农业对外综合开发区

1992 年 9 月 2 日，浙江省人民政府批复同意在龙湾区内建立温州农业新技术开发示范区，规划总面积 13.50 平方千米，规划范围东起南直河、南至瓯海区行政界、西至上江河、北至疏港公路。2008 年 3 月，温州农业新技术开发示范区更名为温州农业对外综合开发区。2011 年 3 月，并入温州高新技术产业园区。

温州农业对外综合开发区
（温州农业对外开发区管委会供稿）

区内分高新技术农业园区、旅游观光农业区、农用工业小区三个功能区。总规划面积 4 平方千米的高新技术农业园区，先后形成以大罗山杨梅研究所和龙牌蔬菜种苗公司为代表的 12 个农业示范基地。2003 年，被农业部授予"中国杨梅之乡"称号；同年 12 月，被浙江省农业厅授予"浙江省林业特色基地"（后更名为"浙江省森林食品基地"）和"浙江省放心农产品基地"称号。规划面积 5 平方千米的《旅游观光园总体规划》于 2003 年经温州市政府批准，同年启动开发。规划面积 4.5 平方千米的农用工业小区，1995 年 1 月开工建设后，累计完成基建投资 3 亿元，建成主、次各级道路 6.50 千米，引进项目 89 个，总投资 30 亿元。

2010 年，园区实现工业总产值 32.58 亿元，超亿元企业 8 家；第三产业实现销售额 5.62 亿元，实现出口交货值 4.65 亿元，完成工业性投资 1.2 亿元。累计有中国驰名商标企业 1 家、中国名牌产品企业 1 家、省著名商标企业 3 家、省名牌产品企业 3 家。

龙湾民科基地

2007 年 8 月，温州民营经济科技产业基地（简称龙湾民科基地）开发建设指挥部成立，全面负责实施 12400 亩永兴垦区的开发建设工作。指挥部与温州工业园区管委会合署办公。2011 年 7 月，温州空港新区开发建设管理委员会（简称温州空港新区管委会）正式接手温州民科基地工作。

温州民营经济科技产业基地是温台沿海产业带中金色产业带的重要组成部分，包括已围的永兴围垦南片、丁山一期围垦、在围的天城围垦，以及规划围垦的龙湾二期，规划区域总面积约 40 平方千米。计划分三期进行开发建设，一期（2012 年末）开发 17200 亩；二期（2015 年末）开发 9400 亩；三期（2020 年末）开发 34400 亩。其中一、二期基础设施投资约 65 亿元。

2010 年，龙湾滨海工业园滨海二路一期、滨海四道工程完工。民科基地永兴垦区首批 10 个工业项目 60.20 公顷工业用地完成招拍挂，加快建设龙湾滨海工业园等 6 个省市重点项目、中科新能源等 3 个项目竣工。

龙湾区中心工业区

1999 年 3 月 29 日，永强高新技术产业园区成立，规划面积 5.85 平方千米（后修编为 6.23 平方千米），属浙江省首个市级高新技术产业园区。2003 年 12 月，更名为龙湾区中心工业区，修编为 2 平方千米。2005 年 11 月 17 日，龙湾区中心工业区建设指挥部成建制划归永中街道办事处。

2002 年，高新技术产业园区创业服务中心（孵化器）建成，累计孵化投产企业 59 家。2003 年，实现产值 20.79 亿元，税收 9000 万元。2005 年，园区实现产值 60 亿元，税收 3 亿元，累计有企业 103 家。

第九章　农林牧渔

　　龙湾建区后，农业产业结构逐渐优化升级，农业生产力不断提高，形成了平原蔬菜、山上杨梅、涂滩养殖三大特色农业产业。2003 年、2005 年、2007 年、2014 年，龙湾区先后获"中国杨梅之乡""中国文蛤之乡""全国平安农机示范区""省级现代农业综合区"荣誉称号。2016 年，全区实现农林牧渔业总产值 3.92 亿元。

第一节　农　业

粮食生产

　　龙湾建区前，是一个农业区域。区境依山傍海，粮区分布为状蒲片、永强片的上路和梅头片，以种植水稻为主要产粮区，永强片的下路以番薯、蚕豆等杂粮为主。20 世纪 70 年代，状元公社就有温州粮仓之称，并成为全市 5000 多亩杂交稻制种基地。同时期，区境的水稻种植平均亩产 262

永兴街道粮食种植基地
（区新闻中心供稿）

千克，高低产幅波动 45 千克左右。1979 年，境域全面实行家庭联产承包责任制，粮食单产总产都有较大幅度提高，平均亩产 373.50 千克。1985年，境域耕地面积 41031 亩，粮食播种面积 84001 亩，粮食总产量 32062吨，其中谷物播种面积 81305 亩，平均亩产 382.50 千克。同年，梅头片（海城）有耕田 14153 亩，其中水田 10931 亩、旱地 3222 亩，平均亩产粮食 407.50 千克。1987 年，永强片区有耕地 73642 亩，其中水田 53926亩、旱地 19716 亩，粮食年产量 35200 吨。随着作物种类逐渐增多，复种数逐渐提高，粮食生产不断发展。1997 年，实施科技兴农，适度增加投入，以促进农业生产稳定发展。全年粮食播种面积 38670 亩，粮食总产量 16200 吨，亩产 837 千克，是历史的最高年份之一；完成粮食定购任务3600 吨，超额 700 吨。

2001 年，行政区划调整，全区耕地面积增加到 86302 亩，粮食播种面积 102339 亩，粮食总产量 41352 吨，其中谷物播种面积 92655 亩，平均亩产 419.50 千克，人均占有粮食 136 千克。2006 年，粮食生产基本稳定，耕地面积 68096 亩，粮食播种面积 49575 亩，粮食总产量 20014 吨。其中谷物播种面积 45196 亩，平均亩产 412 千克，人均占有粮食 62.50 千克。此后，随着社会经济发展，全区耕地面积逐年减少，粮食播种面积和年产量呈下降趋势。2010 年，启动粮食功能区规划编制，规划粮食功能区 2 个，总面积 9000 亩，计划总投资 2000 万元。2016 年，全区粮食播种面积 17190 亩，粮食总产量 7214 吨。

经济作物

糖蔗　20 世纪 30—80 年代，糖蔗一直是境域永嘉场农业主要经济作物。1978 年，种植面积 8535 亩，红糖总产 40883 千克。1985 年，四甲乡种植 2005 亩，永兴乡 1942 亩，三甲乡 1511 亩，庄泉乡 1363 亩，七甲乡 1058 亩，沙蟾乡 844 亩，宁城乡 632 亩，永中镇 361 亩，灵昆乡 160 亩，白水乡 128 亩，总产 51610 吨。1987 年，因受市场经济的冲击与台风的影响，制糖业开始衰落。1993 年，停止种植。

柑橘　境域柑橘栽培已有 2400 余年历史，有 8 个柑品种和 14 个橘品种。1984 年，柑橘种植面积 2384 亩，总产 1178 吨。1995 年，种植面积 3777 亩，总产 1662 吨。2001 年，区划调整后，种植面积 5935 亩，总产 1706 吨。2008 年，种植面积 5421 亩，总产 8149 吨。2016 年，种植面积 2139 亩，总产量 4490.8 吨。优良

瓯柑　　　　　　　　（江国荣/摄）

品种主要有宽皮柑橘类日南 1 号、太田椪柑；甜橙类纽荷尔、萘维林娜；柚类玉环柚、甜橘柚、永嘉早午柚；杂柑类天草、不知火等。

杨梅　境域杨梅栽培始于明代。1958 年"大炼钢铁"运动，大量砍伐杨梅树。1961 年后，集体山林下放给生产队管理，乱砍滥伐使杨梅生产再度遭受破坏。1978 年后，推行家庭联产承包责任制，杨梅林划归于村民自有，杨梅产业得以较快发展。进入 21 世纪后，杨梅被列为龙湾区果树生

浙江省温州市龙湾区：
中国杨梅之乡
中国优质农产品开发服务协会
二〇〇三年五月二十八日

产重点，建成大岙溪、皇岙 2 个杨梅主产区。2001 年，大岙溪丁岙梅获温州市第三届鲜果品评会金奖。2002 年，获浙江省农博金奖。2003 年，被列为浙江省"九峰杯"十大精品杨梅之一。同年，龙湾区获"中国杨梅之乡"称号。2003 年，全区种植杨梅面积 15673 亩，总产量 1496 吨，其中状元镇 4663 亩，产量 1032 吨。2007 年，从事杨梅生产果农 1.3 万户，杨梅总产量 8694 吨，销售总额 1.40 亿元。2008 年，杨梅种植面积 20330 亩，总产量 5357 吨，产值 1.30 亿元。2016 年，杨梅种植面积 15167 亩，总产 6970 吨。以大岙溪和响动岩基地为主的杨梅产业带获"浙江省标准化杨梅精品产区""浙江省森林食品基地"和"浙江省无公害农产品基地"称号。"龙森牌"杨梅获"全国十大精品杨梅"称号。杨梅品种主要为丁岙梅（茶山杨梅）。

油菜　1984 年，境域种植油菜 15044 亩。1990 年达到 24099 亩。油菜的重点产区是状元、瑶溪、海滨、天河、永中片区。2005 年全区建立油菜高产示范岗 5 个，面积 1200 亩。2011 年，种植面积 7740 亩，总产 1021.2 吨。2016 年，种植面积 1608 亩，

水乡油菜

总产 181 吨。主要品种有秀油工号、浙油 7 号、川油 9 号、矮架早、荆油 1 号、601。

蔬菜

龙湾区蔬菜生产源远流长，种类繁多，但都以农家屋边菜园种植自

食为主。20 世纪 80 年代以来，随着栽培技术突破自然气候条件的限制，蔬菜生产快速发展，蔬菜生产成为效益农业的支柱产业。1984 年，蔬菜播种面积 2811 亩，总产量 3025 吨。2000 年，蔬菜播种面积增至 8505 亩，总产量 16414 吨。2001 年，区划扩大，蔬菜播种面积 42872 亩，总产量 57332 吨。至 2007 年，蔬菜播种面积达 57660 亩。后因城市化进程加快，蔬菜用地相应减少。2016 年，蔬菜播种面积 31350 亩，总产量 49439 吨。

蔬菜产区分布　从品种布局看，根菜类、白菜类、芥菜类、甘蓝类、茄果类、瓜类、豆类、葱蒜类、绿叶菜类、薯芋类、水生蔬菜类、多年生蔬菜类、野生蔬菜类在龙湾各镇（街道）均有种植。从地区看，永中街道以白菜类、绿叶菜类、甘蓝类、茄果类、瓜类栽培为主；永兴街道以白菜类、绿叶菜类、甘蓝类、茄果类、瓜类栽培为主；海滨街道以豆类、绿叶菜类、薯芋类、根菜类、白菜类、甘蓝类、茄果类、瓜类栽培为主；蒲州街道以根菜类、白菜类、甘蓝类、茄果类、瓜类、豆类、绿叶菜类栽培为主；海城街道以芥菜类、根菜类、白菜类、甘蓝类、茄果类、瓜类、豆类、多年生蔬菜类栽培为主；状元街道以根菜类、白菜类、薯芋类、茄果类、瓜类、豆类栽培为主；瑶溪街道以根菜类、白菜类、水生蔬菜类、瓜类、豆类栽培为主；沙城街道以瓜类、豆类、葱蒜类、绿叶菜类、薯芋类、根菜类、白菜类、芥菜类栽培为主；天河街道以瓜类、豆类、茄果类栽培为主。

蔬菜生产产业化　20 世纪 90 年代初期，随着农业产业结构调整及市场需求日趋旺盛，蔬菜生产快速发展，种植面积、总产量大幅上升。状元镇西台村、状元桥村、龙湾镇底岭下村开始施行蔬菜设施种植，建成状元镇西台村、状元桥村和龙湾镇底岭下村、白楼下村等 1000 亩蔬菜基地，年产蔬菜 4000 吨，占郊区蔬菜总量 80%。2001 年，建成 500 亩龙水蔬菜基地，建成标准钢管大棚 157 套。2002 年，建成 1000 亩天河蔬菜基地及全省首个蔬菜植保社区，制定番茄、鲜食玉米、毛豆、小青菜、盘菜、白银豆、茄子、蒲瓜 8 种蔬菜无公害生

天河大棚蔬菜种植基地
（摄于 2004 年 11 月）

产技术规程，实施无公害蔬菜标准化生产技术。2003 年，天河蔬菜基地及全省首个蔬菜植保社区通过"无公害蔬菜基地"认证，获"浙江省特色农产品产业基地"称号，为全国首批植保社区示范基地之一。是年，全区蔬菜产量 9.60 万吨，产值 9000 万元，种植 10 亩以上规模经营户 253 户，规模经营面积 2 万亩，占全区蔬菜种植面积 90%。2004 年 6 月 25 日，"温州市龙湾区蔬菜产业化发展规划"与"龙湾区天河蔬菜生态园区总体规划"通过专家组评审。2005 年，建成 100 亩灵昆镇九村蔬菜基地。全区大棚面积 6 万亩，主栽黄瓜、番茄、茄子、白菜、芹菜、菠菜等；采用地膜覆盖保温栽培技术的有 2 万亩，主栽西瓜、番茄、茄子、辣椒、黄瓜、丝瓜、蒲瓜、豇豆、大白菜等；天河、龙水等蔬菜科技园区引进荷兰、以色列、法国等 30 多个新品种。此后随着农业政策落地，蔬菜基地建设进一步加快。至 2012 年，全区有一线蔬菜基地 3.05 万亩，建有蔬菜产业协会 1 个、各类蔬果专业合作社 10 余个，拥有省、市级无公害蔬菜生产基地 5 个，全区无公害蔬菜瓜果种植面积近 2 万亩。2016 年，全区拥有无公害蔬菜生产基地 8 个。

农业"两区"建设

2011年，龙湾区委、区政府先后出台《关于加快推进粮食生产功能区和现代农业园区建设工作的实施意见》《龙湾区现代农业功能区规划》等系列文件，明确了粮食生产功能区、现代农业园区建设目标和任务。是年，在建粮食功能区2个，总面积0.90万亩，计划总投资2000万元，已投入资金673.85万元；在建现代农业综合区1个，面积39580亩，在建项目计划投资455万元，已投入420万元；在建主导产业示范区1个，面积1万亩，在建项目计划投资489万元，已投入96万元；在建特色精品园6个（其中省级3个），总面积3000亩，其中建成1个，计划总投资3614万元，已投入资金1841.3万元。

2012年，完成灵昆生猪精品园、灵昆鸡种苗精品园、龙湾区繁灵渔业精品园、龙湾区灵顺渔业精品园等4个特色农业精品园的市级验收认定工作，完成现代农业地理信息系统的建设工作，完成粮食生产功能区5个1.04万亩、现代农业综合区2个11.1万亩、

雅林现代农业园

主导产业示范区1个1万亩、精品园1个0.01万亩。

2013年，全区建设现代农业园区5个，累计完成投资额1932万元，投资率达276%；龙湾区瑶溪杨梅示范区通过省级验收，温州日盛现代农业休闲观光园、状元甘岙杨梅精品园通过市级验收。2014年，龙湾区省级现代农业综合区通过省级验收，温州祥河生猪养殖精品园、温州莲情水

生花卉休闲观光园通过市级验收，完成龙湾雅林现代农业园一期建设。
2015年，开工建设莲情文化园二期、雅林现代农业园二期，莲情文化园
被认定为温州市第一批时尚农业园。全区拥有无公害蔬菜生产基地8个，
新建市级保障型蔬菜基地320亩。2016年，完成莲情文化园二期、雅林
现代农业园二期，开工建设"东篱下"多肉观光园。

第二节　林　业

森林资源调查

龙湾区在1999年和2004年分别完成两轮森林资源调查。

1999年至2004年5年间，林业用地面积增加9240亩，年均净增

1848亩，净增率为2.3%。2004年，
全区实有林地84777亩，占全区
土地总面积的20.3%，森林覆盖率
18.5%。其中林地53429亩，疏林地
335亩，灌木林地10301亩，未成林
造林地711亩，无立木林地14836亩，
宜林地5165亩，活立木蓄积量63624
立方米，人均1.96立方米。

沿海绿化带　　（摄于1999年10月）

植树造林

1984年，龙湾区成立，逐年进行荒山造林、封山育林、退耕还林和
平原绿化。1991年至2000年，如期完成温州市委提出"五年消灭荒山，

十年绿化温州"任务。2003 年，完成山地和平原造林迹地更新 1614 亩，新建绿色长廊 9.90 千米，营造沿海防护林基干林带 5 千米，新种植生物防火隔离带 10 千米。四旁植树 7 万株，森林成材抚育 15000 亩，幼林抚育 1950 亩，育苗 960 亩，造林 645 亩。2004 年，全区重点生态公益林建设专题调查与规划设计通过省、市林业部门评审，完善 7250 亩重点生态公益林区划鉴定。四旁植树 13.3 万株。

2005 年，建成国家级、省级生态公益林 7186 亩，落实补偿面积 3214 亩；建成市级生态公益林 1 万亩，完成春季绿化造林 4421 亩，其中迹地更新 1920 亩，退耕还林 961 亩，其他造林 1470 亩，营造沿海防护林 8 千米，完成绿色通道 20 千米，新建

1998 年 11 月 30 日，龙湾区被中华人民共和国林业部评为"全国平原绿化先进单位"

生物防火隔离带 31.50 千米。2006 年，营造 20 米宽沿海防护林 2.20 千米，补植 1.35 千米，闭合永强堤塘防护林基干林带。2007 年，启动宽 100 米龙湾区沿海防护林基干林带建设，建成以木荷为主的生物防火林带 60.82 千米，其中 20 米宽 38.86 千米，建成生物防火林带 210 千米。建成林业科技示范园区 2 个，辐射推广林业适用技术面积 5000 多亩。创建区级绿化示范村 5 个。

2011 年，完成"创建森林城市"的公路绿化、铁路绿化、江（河）岸绿化、海岸绿化、塘河绿化、山体绿化、村庄绿化、城市绿化等八大绿化造林项目，造林 4534.8 亩，义务植树万余株。启动黄石山公园规划建设、

瓯海大道两侧防护林建设工程、滨海大道两侧 20 米防护林工程。建成市级森林城镇 1 个，省级森林村庄 3 个，市级森林村庄 8 个。2013 年，在永中、瑶溪、状元等街道建设完成马鞍岭、瑶溪岭、平坑等森林绿道 9 条，共计 22.20 千米。

2016 年，全区造林 696 亩，育苗 470 亩，零星植树 13.2 万株，平原绿化 1336.5 亩，种植浙江楠、浙江樟、乌桕、桢楠、枫香等珍贵彩色树种 9.8 万株，全面推进珍贵彩色森林建设，打造具有区域特色的珍贵彩色健康森林景观。状元街道石坦村成功申报省级森林村庄。

森林保护

火灾防控　1991 年，龙湾区成立农林水综合执法队，有森林防火任务的 6 个镇（街道）组建协警队。2005 年，组建武警龙湾森林消防中队，官兵 60 名。2006 年，建立应急队伍 9 支、200 余人，其中协警 135 人，聘用专职护林员 82 人。制定《龙湾区森林资源动态监测体系建设实施方案》，建立与健全各级护林防火组织，规范烧山垦种审批制度，有效保护森林资源。

2011 年，与有森林防火任务的 6 个街道签订森林防火责任书，严格执行领导带班和 24 小时值班制度，安装无线中基台，改善对讲机使用效果。以"国际森林年"活动为契机，广泛深入地宣传森林的作用和保护森林的意义。全年全区发生森林火警 1 起。2013 年，建立 1 支 100 余人的森林消防民兵应急队伍，以橙白相间统一规格建设森林管理房，提高管理房辨识度。开展森林消防知识"进校园、进基地"活动，将森林消防学生教育体验基地作为重要板块纳入"龙湾区中小学生安全教育体验区"项目，联合鹿城、瓯海等区，借助公交数字移动电视平台，在市区范围内 1700 多辆公交车上，高频播放森林消防公益宣传片，扩大森林消防宣传辐射面，实现重特大森林火灾和人员伤亡事故"零发生"。2012—2016 年，龙湾区未发生重特大森林火灾和人员伤亡事件。

林业有害生物防控 1984—2016 年，龙湾区逐步完善林业有害生物监测网络，形成区级、街道级、村级及固定测报点等多级监测体系。2006 年，开展森林动态监测工作，制定《龙湾区森林资源动态监测体系建设实施方案》，落实专项经费 8 万元，委托专业勘测队进行外业调查，抓好松树线虫病预防工作。2009 年，开展森林有害生物防治检疫、森林资源动态监测、花卉苗木产地检疫，有效保护森林资源。自 2011 年起，龙湾区继续抓好植物疫病防控工作，重点做好外来有害生物防控及以松材线虫为主的林业有害生物防控。2014 年，在永中街道郑宅村建设完成市级林业有害生物测报点 1 个，安装太阳能测报灯，并安排专人负责测报。2016 年，开展春、秋季松材线虫病普查工作，突出重点地段，特别对辖区内的瑶溪风景区、天柱寺景区、瓯海大道沿线、移动通信发射站及人为活动较频繁容易传播的地段进行重点普查，不留死角，确保普查覆盖率、准确率达到 100%，悬挂诱捕器 50 个，噻虫啉防治 1000 亩 / 次，打孔注射药剂 5000 瓶。

第三节　畜牧业

畜牧生产

龙湾区畜牧业历史已有数千年，历来以养猪为主，兼养牛、羊、兔、鸡、鸭等，大多自养自食，与大田种植业相依并存，并独立产业，商品率低。1978年改革开放后，畜牧业快速发展，社会化程度有所提高。20世纪80年代末，随着有关优惠政策落实，畜牧业规模生产经营得到稳步发展。1984年，全区牧业产值371万元，2000年增加至3233万元，产值增加7.71倍。2001年区划扩大，牧业产值7766万元。2016年，牧业产值9044万元，其中牲畜产值5263万元、家禽饲养产值482万元、活的家禽产品产值3299万元。

家畜　龙湾区家畜类动物以猪为主要家畜，是境内农家饲养最普遍、产肉和销肉最多的一个畜种。主要有金华猪、乐清虹桥猪、平阳北港猪及国外引进的长白猪、大约克（大白猪）、杜洛克（红毛猪），还有本地原培育的温白猪、中白猪。境内养牛以役用为主，兼以乳、肉用。牛种以地方品种为主，有黄牛、花牛、水牛诸种。1984年末，龙湾区生猪存栏量15521头、牛存栏288头；肉类产量1159吨，其中猪肉产量1082吨；牛奶产量125吨。2016年，生猪存栏量5600头、牛存栏790头；肉类产量2437吨，其中猪肉产量2146吨；牛奶产量2687吨。

家禽　境域饲养鸡、鸭、鹅等家禽30多种，养禽农户占总户数的95%以上。随农村产业结构调整，家禽养殖业逐步向产业化、规模化发展。1984年，家禽存栏8.26万羽，禽肉产量77吨，禽蛋产量257吨。2002年，作为浙江

龙湾区首家水禽旱养基地（陈出/摄）

省优良地方品种之一的灵昆鸡仅剩
100多羽，濒临灭种。后经温州市农
科院动物研究所提纯复壮，2007年，
"温州市灵昆鸡品种选育"通过验收，
"灵昆鸡提纯保护及开发应用"通过
评审，濒临灭绝的浙江省优良地方鸡

域区内养鸡户

品种被"救活"。2016年，家禽存栏18.87万羽，禽肉产量247吨，禽蛋
产量2870吨。

20世纪80年代后，家畜饲养专业户、规模经营大户、专业村、专业
乡及多形式、多层次的联合体和相应畜禽生产服务业相继出现。1984年，
内类总产量1159吨，其中猪肉总产量1082吨。

2008年，肉类总产量达4422吨（其中猪肉总产量3226吨），牛奶
产量6350吨，畜牧业总产值1.27亿元。

2011年，畜牧业产值18659万元，全年生猪存栏4.18万头，其中母
猪存栏0.21万头，累计生猪出栏6.40万头；奶牛存栏1288头；家禽存栏
43.07万羽，累计出栏43.85万羽；肉类产量6509吨，禽蛋产量2666吨，
奶类产量5890.75吨。持续推进瑞塘河畜牧业污染整治步伐。全年全区完
成整治畜禽养殖场45家，涉及生猪4967头、奶牛997头、家禽4000羽，
累计拆除违规畜禽养殖场31481.44平方米。

2016年，生猪存栏0.56万头，生猪出栏2.54万头，牛存栏790头，
其中奶牛存栏743头，牛出栏225头，羊存栏0.07万只，羊出栏0.05万只，
家禽存栏18.87万羽，家禽出栏20.08万羽。开展畜产品质量安全专项整治、

肉品安全整治"扫雷行动"，建立健全定点屠宰场的无害化管理制度，无害化高温化制处理牛羊内脏 4526.8 千克，落实农贸市场质量安全追溯二维码标识试点工作。

疫病防治

动物疫病防治实行预防为主方针。规模场所实行程序化免疫；散养户实行春、秋两季集中免疫，夏、冬两季实施"免疫周"形式免疫；高致病性禽流感、生猪口蹄疫、猪瘟、高致病性猪蓝耳病实行强制免疫。1984 年龙湾建区后，各镇（街道）先后建立畜牧兽医站。1990 年，全区建立畜牧兽医站 10 所，兽医 37 人。2006 年 4 月，组建畜牧兽医局和龙湾区动物卫生监督所。是年，借鉴推广植保社区服务的成功经验，在海城街道率先开展畜牧社区服务试点，并取得成功。2009 年，各街道推行畜牧社区管理，85% 的畜禽纳入该项管理，动物防疫成效非常明显。

2011 年，龙湾区农林局落实"春防""夏防""秋防"工作，进一步加强动物疫病防控。全年累计免疫生猪口蹄疫 26.77 万头次，牛羊口蹄疫 1.02 万头次，禽流感 61.12 万羽次，猪蓝耳病 13.43 万头次，猪瘟 18.87 万头次，鸡新城疫 46.51 万羽次，防疫密度及免疫率均达 100%。出台《龙湾区狂犬病免疫证明制度》，全年发放犬类免疫证 350 个，应免率达 95%。2016 年，建立动物疫病防控长效管理与应急处置机制，保证龙湾区 H7N9 禽流感疫情"零病例"。加强牲畜口蹄疫、高致病性禽流感等强制免疫，确保规模场、散养户免疫密度及免疫率常年保持在 100%。全年动物卫生违法案件立案 13 起、结案 13 起，处理牛羊屠宰场疑似病牛 1 头、病羊 9 只。

第四节　渔　业

1984 年龙湾建区后，境域拖网渔轮的产量占温州全市四分之一强。20 世纪 80 年代开始，渔业生产出现结构性调整，政府加强渔政管理，保护近海水产资源，控制近海捕捞强度；发展大功率渔船，提高外海捕捞能力；充分利用浅海、滩涂、淡水水域资源优势，发展海、淡水养殖，逐步形成了鱼、虾、蟹、贝、藻全面发展的新格局。

1984 年 12 月，龙湾区成立，设龙湾区农林渔水利局。1986 年 6 月，定名农林牧渔水利局。1996 年 11 月，改名为区农林水利局。2002 年 2 月，组建龙湾区海洋与渔业局。

水域环境

境域依江襟海，岸线绵长，海涂辽阔，岛屿散布。灵昆岛滩涂为温州市面积最大滩涂，其饵料、浮游生物丰富，极适宜水产养殖。内海渔场底部平坦，海产丰富，适宜多种作业。内陆平原河网交错，浦沥众多；大罗山水库为渔业生产提供良好水域环境，遂成众多渔村。居民世代渔耕，或专事捕捞。

滩涂　境域沿海涂地平阔，滩地长 14 千米，平均宽 3 千米，在理论基准面以上至高潮之间为 21.5 万亩。1982 年，全国海岸带和海涂资源综合调查，温州市吴淞高程 3 米以上涂面灵昆片 8900 亩，海滨天河片 16600 亩。按涂质分，沙洲滩地 1.48 万亩，分布在瓯江口及永兴街道一带；黏土质粉沙涂 20.02 万亩，分布于灵昆浅滩和海滨、永兴、沙城、天河和海城等地。按不同高程分，高滩（3~4.30 米）1.67 万亩（可围垦）；中滩

滩涂养殖

（1~3 米）8.95 万亩；低滩（1 米以下）10.88 万亩（可养殖贝类、藻类）。
整个滩涂积淤块，饵料、浮游生物丰富，利于水生生物繁衍。32.62 平方
千米（折合 4.8 万亩）灵昆岛滩涂俗称灵昆浅滩，为温州市面积最大滩涂，
由淤泥、粉沙组成，极其适宜于养殖。本区滩涂外无屏障，浅海易遭强风
浪袭击，养殖利用有一定难度。

　　浅海　浅海位于灵昆岛东侧与海滨至海城沿海东部滩涂外围，面积
12.96 万亩。属沿海低盐水系，暖、寒流"混合水区"，瓯江水流大量有
机物不断注入，是多种经济鱼类赖以生息繁殖和迁徙的海域环境。

　　渔场　内海（渔场）面积 6969 平方海里，外海面积 10 万余平方海里。
主要作业区是洞头渔场，位于瓯江口外侧，北接台州海域，南连北麂渔场，
南北宽 37 千米，东西长 130 千米，总面积 4810 平方海里，最深处水深 80 米。
区域内有洞头列岛，渔场底部平坦，适宜多种作业，水深 35~38 米水域为
拖网作业区；水深 10~35 米水域为定置张网、流刺网作业区；水深 10 米

等深线以内为浅海滩涂作业区。传统渔场按作业种类分列，遂成境域传统渔场。

渔港　1990年12月，农业部公布第二批沿海港区名称，龙湾区4个渔港名列其中。

温州渔港　国营，位于境域白楼下温州海洋渔业公司基地内，紧靠瓯江口。港地最深12.10米，最浅6米，建浮码头7座，固定码头1座；码头岸线540米，拥有栈桥6条；5000吨级冷库1座，立式油罐4座，总贮量2800立方米；港区内设渔轮修造厂，动力369千瓦；建有无线电台，可直接与远洋渔轮通话。

灵昆渔港　地处瓯江入海口。在-15米等深线以内潮下带，内湾广阔、平坦，又为沿岸水与外海水变化区，瓯江入海口，环境条件复杂。

蓝田渔港　位于瓯江南口水道南侧，长800米，宽50~100米，东北走向。渔港为永中、海滨、永兴、沙城、天河等地内河通往瓯江南口水道主要河口，也是永强与灵昆之间渡口。涨潮时1000吨船舶可进入浦中停泊，沿岸设加油站及服务点，为船只后勤补给基地。以往永强片区大小渔船、机帆船、运输船大多聚集于此避风、装卸鱼货。

状元渔港　为浙南第一大渔港。港区从状元桥到茅竹岭，岸线1700米，有大小码头11个，轮渡渡口1个。在状元镇横街有一埠头浦，浦长100米、宽30~50米，涨潮深4.20米，为渔船停泊避风港；近旁外口于1951年建渔业码头，用于渔业大队捕捞船只停靠及水产品装卸。1978年，扩建长82米，宽7米的泊位，成为浙江省水产进出口公司冷库和生产加工基地之一。

海岛

灵昆岛 位于瓯江口，呈不规则三角形，西尖东宽。西端宽仅 75 米，东部南北最大宽度为 3.80 千米，东西长 7.80 千米，岛岸线长 24.69 千米，陆域面积 25 平方千米。岸线平直少曲折，除西首为岩岸外，余皆为黏土堤岸，四周滩涂环绕，南、北、西滩涂宽度一般在 100—750 米，东部滩涂面积 30.05 平方千米，且以每年 13—30 米速度向东延伸，与洞头县仰舌沙嘴相连。2006 年，灵霓大堤连接洞头半岛工程全面完成。岛民历事渔耕，副业为滩涂捕捞（鱼虾、青蟹、弹涂鱼、贝壳等），兼营文蛤、对虾、花蛤、蛏子、尼罗非鱼等海、淡水养殖业。

北策岛 旧称"北插山"，系洞头列岛之一，位于北纬 27° 46′ 27″、东经 121° 07′ 55″ 处，面积 0.92 平方千米，最高处海拔 158.20 米。北策岛与东侧虎洞岛相连，两岛之间有一滩坝，大潮时坝身淹没，潮平落，坝身凸显。

江河浦沥

瓯江系浙江省第二大河，干流全长 388 千米，从源头至江口，落差 1250 米；属强潮河流，感潮河段长约 90 千米，潮差自江口沿程递增，从龙湾而上则沿程递减；年平均径流量为 144 亿立方米，洪枯水流量悬殊。洞头洋潮汐属正规半日潮，而瓯江口受浅海分潮影响，属非规半日潮，落潮历时明显长于涨潮历时，沿海岸平均潮差为 430~455 厘米，最大潮差为 641~834 厘米，其地理分布由南向北递增。

河网浦沥 梅头河网包括梅头浦、永清河和后岗沥。

永强塘河水网 流域总面积 109.35 平方千米，河网干支总长度 238

千米，水面面积 3.77 平方千米，总容量 593.20 万立方米。包括永强塘河、上横河、下横河、中横河、上河、大王丼河、直上河、直河、青山直河、黄石河、沧水河、衙前河、李浦河、西汇头河、长坑溪、郑岙溪、丼头河和三甲浦。

　　灵昆十字河　主干河道东西长 7500 米、宽 20 米、深 3 米，南北长 3000 米、宽 15~22 米、深 3 米。支河数十条，总长 9100 米，河道蓄水量 113 万立方米，直接流入瓯江。

　　温瑞塘河水网　域区状蒲片属温瑞塘河水系。源头主要为大岙溪，其水系通过蒲州中埠村、蒲州陡门和状元镇横街村状四水闸流入瓯江。

　　水库　有天河东水库、天河西水库、双岙水库、丰台水库、天柱寺水库、东阁庵水库、后坑水库、山门坑水库、白水水库等。

水产资源

　　海洋水产资源　1.潮间带类：潮间带（海涂）系灵昆岛和沿着蒲州、状元、瑶溪、海滨、永兴、沙城、天河、海城等街道、镇的江边沿海一带连片滩涂，涂面稳定、肥力强，宜各种潮间鱼、虾、贝、藻等滩涂生物生养。主要有弹涂鱼、鲻鱼、鲍鱼、鲈鱼、尖吻蛇鳗和梭幼鱼等鱼类；中国毛虾、周氏仿对虾（虾扁）、管鞭虾（倒爬虾）、刀额新对虾（条虾、蚕虾）、脊尾白虾、虾蛄、蟳蠓（锯缘青蟹）、青蛄（日本厚蟹）、大胮穴（又名拥剑、招潮蟹）、

域区内海鲜

螃蜞蟹等甲壳类 76 种；蛏（鲜蛏、蛏子）、牡蛎（亦名蛎房、俗名蛎狗）、贻贝（淡菜、壳菜）、文蛤（亦称花盘）、彩虹明樱蛤（俗名瓜子蛤），杂色蛤、青蛤等蛤；毛蚶、沙蚶，蚶母、花蚶（泥蚶）等蚶；花螺、香螺、刺螺、蓼螺、乌螺、马蹄螺等螺；海蛳（牙蛳）、鬼眼、龟脚（石蜐）等贝类 196 种；坛紫菜、海带、羊栖菜等藻类以及沙蟣（沙蒜）、坭蟣（泥蒜）、野蟣（野蒜）等海葵类。2. 港湾类：主要有鲚（凤尾鲚、刀鲚、子鲚）、鳗鱼（海鳗）、鲥鱼、鲈鱼、珠梅（梅鱼）、江蟹（三疣梭子蟹）、油蝛、小杂鱼、虾类等。3. 浅海类：主要有鮸鱼、鲳鱼（平鱼）、鳓鱼（白鱼）、马鲛鱼、潺鱼（龙头鱼、水潺）、鳓鱼、梅童鱼（大头珠梅和棘头梅童）、海蜇、章鱼（短蛸）、墨鱼（曼氏针乌贼）、鲻梭鱼、鳗鱼（鳗鲡）、鲲鱼（鲦鱼）。

海洋类深水鱼　主要有大黄鱼、黄姑鱼（山头黄鱼）、鲨鱼、带鱼、马面鲀（剥皮鱼）、魟鱼以及海鳗、马鲛鱼、王鱼、鲭鱼、七星鱼、鲹鱼、石斑鱼、虎鱼类、鳐类等。

淡水鱼类资源　1. 凤鲚，俗名凤尾鱼，主要产区为瓯江蒲州、状元段。2. 鳗鲡，俗称河鳗，境域是全国主要鳗苗区之一。3. 鲥鱼，栖息于近海河口区，每年春、夏溯河作生殖洄游。4. 中华绒螯蟹，俗称河蟹、田嬉儿。龙湾区是我国蟹苗最大产地之一。5. 鳖，也叫甲鱼或团鱼，俗称王八。6. 鲤鱼，多栖息于江河、湖泊、水库松软底层和水草丛生处所。7. 鲫鱼，俗称鲫鱼板。8. 包头鱼，鳙鱼。9. 黄鳝，俗称蛇鱼。10. 鲶鱼，别名尧鱼，鲇鱼。11. 泥鳅，一般生活在水田的泥土中。

其次有甲壳类的河虾、贝类的螺蛳、田螺、河蚌等。随着增殖放流，淡水鱼类品种在增加，如青鱼、草鱼等。

捕捞作业

20世纪90年代，近海主要经济鱼类资源出现匮乏，经济效益大幅下降。90年代中期，随着渔业资源枯竭和国家对海洋捕捞强度的战略性控制，渔业生产合作社相继解体。2007年12月，境域海洋捕捞机帆船、渔轮已经全部转卖和报废，渔业生产合作社名存实亡。

养殖

海水养殖　1980年，灵昆公社建海水养殖基地。年底，发展对虾养殖和人工育苗获得成功。1986年，突破虾蟹同塘禁区，摸索混养新技术，进行文蛤滩涂养殖试验，其中灵昆岛的沙滩文蛤养殖成功，每年出口日本市场30万—40万千克。1991年，灵昆养殖场在全省率先进行文蛤池塘养殖成功，1992年开始向全省推广。20世纪末期，形成环灵昆岛文蛤养殖带，年产文蛤600万千克，成为浙江省七大示范水产养殖基地中最大的文蛤养殖基地和文蛤出口创汇基地。2005年，灵昆镇又获"中国文蛤之乡"称号。

1995年4月，1万亩永兴养殖基地建成"浙江省海涂养殖高科技园区"。

2001年，行政区划调整后，域区海岸线长度增加到45千米，居温州市第二位，被纳入"浙江省海洋开发大县（区）"行列。2005年，境域共放流文蛤苗、菲律宾蛤仔、青蛤苗等2500千克。2008年，海水养殖面积13950亩，产量406.5万千克。

2011年，加大省级渔业精品园建设步伐，重点引导设施渔业、都市休闲渔业、生态高效渔业的发展，浙江永兴水产种业有限公司、温州市灵顺水产有限公司、温州市繁灵生态水产养殖有限公司等3家企业的养殖基地被列入省级渔业精品园创建点；温州市金岙水产养殖有限公司、温州渔龙水产有限公司等 4 家渔业企业的养殖基地被列入市级特色农业精品园创建点。永兴省级虾贝特色精品园（浙江永兴水产种业有限公司）于 2011 年 5 月通过验收命名。

2016 年，龙湾区水产品总产量 2751 吨，其中海洋捕捞 720 吨，海水养殖 1523 吨，淡水养殖 508 吨。全区渔业船舶拥有量 137 艘，其中捕捞渔船 136 艘，渔业执法船 1 艘。龙湾区海洋与渔业局获评浙江渔场修复振兴暨"一打三整治"专项执法行动先进集体，局执法大队获评 2016 年度全省"两战"执法工作先进集体。

淡水养殖　1983 年 9 月，建立 3000 亩永强水产养殖场。1994 年 4 月，人工培育中华绒螯蟹苗获得成功。20 世纪 80 年代，先后组建集体、个体淡水养鱼场 17 个，水面积 527 亩。1988 年总产 19150 千克，产值 4.6 万元；瑶溪村河鳗养殖场产值 11.80 万元，永中街道郑岙养殖场放养面积 5.40 亩，永昌养鳗场放养面积 6.10 亩，蒲州街道设鱼种场 22 亩，年产鱼苗 100 万尾，鱼种 1750 千克。1998 年 5 月，乌鲤鱼人工繁殖技术获成功。2000 年 4 月，瑶溪镇河口、南山、皇岙建"温州农业八大精品工程"之一的"龙湾淡水养殖观光园区"。2008 年，淡水养殖面积 8145 亩，产量 41 万千克。

2011 年，淡水养殖产值 845 万元。

2016 年，淡水养殖 508 吨。利用鱼塘蓄水发展渔业，在瓯南鱼虾综合生态养殖园内试行鱼塘——台田养殖模式、新型跑道式循环水养殖模式，将传统池塘开放式散养模式创新为池塘循环流水、生态圈养模式，实现普通池塘的集约化养殖。加强水产养殖病害测报和远程会诊技术，对重点养殖区域内的中华鳖等主要养殖品种监测测报410亩。利用浙江省水生动物防疫信息远程诊断系统，发挥异地专家作用，帮助渔民解决"淡水鱼赤皮病"等疑难问题。

2016年4月12日，南美白对虾"安家"温室中　　　　　　　　　（杨豪/摄）

渔政管理

从21世纪开始，加大对水产苗种管理力度，组织专项行动，打击非法采捕水产苗种行为，维护水产苗种捕捞秩序。

2005年，开展水生资源增殖工作，全年共放流苗种2500多千克。

2006年，落实渔业生产柴油补贴资金117万元，惠及渔船284艘，养殖池塘近2万亩。

2011年，聘用10位龙湾区初级水产品质量安全志愿者，组织水产品药物残留监控和无公害水产品质量抽样检测143个，抽样检测面积13035亩，监管率85%以上，水产品药物残留监测合格率为100%。配合省海洋与渔业执法总队开展"海盾2011"和"碧海2011"专项执法行动，重点查处海洋倾废和非法填海行为。启用渔船登记新系统，变更调整全区渔船船名号，严格渔业船舶检验、许可制度，已落实检验295条，检验率98%以上。严厉打击非法填海、海洋倾废、海沙开采、围塘养殖等违法行为，查处案件13起，罚款179.95万元。

2016年，开展海上偷捕和非法收购幼鱼执法行动，共打击取缔各类"三无"渔船28艘，没收取缔禁用渔具752具，没收非法渔获物33吨，查处非法捕捞或非法收购案件 5 起，行政处罚总计 6.2 万元，移送刑事案件 3 起，涉案人员 20 人。开展"初级水产品安全隐患大抽检大排查大整治严打击"专项行动，检查养殖基地 5 家、初级水产品加工企业 4 家、捕捞渔船 40 多艘，发现隐患问题 1 个，收缴过期鱼药 3 件，全年抽样检测水产品 144 批次，未发生因初级水产品引起的重大质量安全事件。

第十章 工 业

1984年12月，龙湾区成立。区计划经济委员会建立，主管龙湾区工业企业的计划、协调、统计、审核等工作。1996年后，管理机构多变。1996年11月，区计划经济委员会更名为区计划与经济委员会。1989年3月，建立区商业局，承担部分工业经济管理职能。1992年6月，区对外经济贸易办公室建立，承担部分工业经济管理职能。1997年3月，撤销区商业局和区对外经济贸易办公室，建立区贸易经济合作局。2002年2月，撤销区计划与经济委员会及区贸易经济合作局，其部分职能与交通局合并建立区经济贸易局（交通局）。2012年9月，更名为龙湾区经济和信息化局。

1978年，中共十一届三中全会后，龙湾乡镇企业、股份合作制企业、私营和个体工业企业全面发展，形成以股份合作制为主体、多种经济成分并存的工业新格局。20世纪90年代，境域实施质量兴区、品牌兴业战略，做大做强行业的龙头企业，实现从农业经济小区向工业大区跨越，成为温州工业增长最快、发展活力最强、发展后劲最足的区域之一。1984—2016年，工业总产值从606万元增加到321.147亿元，增加530倍，形成合成革、不锈钢、阀门、医药食品机械、制笔等十大优势支柱产业，获"中国制笔之都""中国合成革之都""中国五金洁具之都""中国不锈钢无缝钢材生产基地""中国阀门城""中国鞋都女鞋基地"和"中国食品医药机械基地"等荣誉称号。

第一节　工业结构

1978 年改革开放后，境域乡镇企业、股份合作企业、私营和个体经济全面发展，以独特的"温州模式"，走出一条通过家庭工业形式实现农村工业化之路，形成以民营经济为主体、多种经济成分并存的工业新格局。

家庭企业

改革开放之前，境域民间家庭经营工副业和外出务工经商现象屡禁不绝。1980 年，中共温州市委、市政府支持和鼓励家庭经济、私营经济发展。境域永中镇出现第一批私营企业。1982 年，允许土地转包，允许合同买卖，允许挂户经营，为发展家庭工商业正名。1985 年后，市政府制订《关于农村股份合作企业若干问题的暂行规定》等系列文件，境域经济改革有序运作。1985 年，永中镇劳务公司所辖"温州市瓯海县无线电元件厂"在上海黄浦区开设 50 余间经营部，产品批发营销全国各地。上海各大媒体报道后引起轰动。1986 年，无线电元件厂被列入机械工业部定点企业；1987 年，该厂成为龙湾第一家亮牌私营企业。同年 11 月，企业主王进东出席在北京中南海召开的全国私营企业代表大会，并参加私营企业立法会议。1982 年至 1992 年，瓯海无线电元件厂连续被评为先进企业生产单位。

乡镇企业

（参见第一章第二节街道概况）

股份合作企业

20世纪80年代初，境域农村家庭企业以自愿互利为原则，以资金劳力联合为纽带，自发兴办合伙、合股企业。企业以均等投资、共同劳动、共同经营、共负盈亏、合股联办形式出现。合伙人多为亲属朋友，以口头约定为主，无正式书面协议；收益按股份等分，一般不留积累，扩大再生产另按股份分摊资金。这种松散的经济联合体经过不断分化重组，尤其在资金入股形式上，由全员入股、平均股份变为大股小股、大股套小股或少数股东持大股、多数股东持小股、一般职工不持股，以及国家、集体、个人互相参股等情况。企业收益除劳动分配外，还按股份多少分红，有的除提取生产资金外，还提留一部分公共积累。这种超越家庭血缘范围、规模扩大化了的股份合作企业成为家庭企业向前发展的首选企业组织形式。80年代中期后，境域农村股份合作通过两条途径实现。一是个体私营企业在市场竞争日趋激烈形势下，扩大投资规模，逐步走向集资、合伙、合作、股份合作道路，以适应社会主义市场经济要求。二是集体企业明确产权关系，落实经营自主权，改组成股份合作制以增强企业活力。

龙湾农村股份合作企业主要有4种形式：一是全员股份合作制，即企业全部职工集资参股，以投入资金额又区分为均等和非均等股份合作制。二是股东经营型股份合作制，即企业股东按一定份额投资，合股经营，职工多数不持股。三是混合型股份合作制，即国家、集体、个人互相参股。四是"总厂、分厂式"股份合作制。即总厂对分厂实行统一领导、管理、服务，统一产品标准，统一检测发证，统一银行账号，统一定价开票，统一交纳税金，统一提取积累；分厂分散经营，独立核算，自负盈亏。这是农业双层经营形式在工商业中的运用与发展，多在一村一品、一乡一品区域推行。

20世纪80年代末，境域民营企业开始进行现代企业制度建设，实力较强的企业突破行政区域界限，改变条块分割局面，解决政企不分制约，实行股份制式兼并、联合，实行资产经营一体化，促进金融与产业融合，增强企业整体实力进而组建企业集团。如1988年9月组建的瓯登集团公司。

20世纪90年代，股份合作制作为企业改革的一个积极成果和一种全新的企业组织形式，正处在发展与完善过程中。随着改革的深入，股份合作制不断向有限责任公司、企业集团等现代化企业演变。至2007年，境域相继建有企业集团29家，总资产近百亿元。2008年，全区股份合作企业、有限责任公司、企业集团958家，资本金96079万元。2011年，全区股份合作企业、有限责任公司、企业集团750家，资本金7455931万元。2016年，全区股份合作企业、有限责任公司、企业集团661家，资本金7271058万元。

地方国有企业

区域内地方国有企业以国家投资兴建为主，部分由私营工业经公私合营演变而来。2008年，境域国营工业15家，从业人员1881人。2001年，年主营业务收入2000万元地方国有企业1家，2011年，年主营业务收入2000万元地方国有企业1家，2016年，年主营业务收入2000万元地方国有企业1家，工业总产值2528.7万元。

第二节 工业门类

2006 年 7 月 28 日，龙湾区被中国通用机械工业协会、中国通用机械工业协会阀门分会授予"中国阀门城"称号。2008 年，龙湾区基本形成通用机械阀门、不锈钢加工、食品制药机械、合成革、铜加工、鞋服、制笔、五金洁具、民用电器、紧固件等工业门类。规模企业（年产值 500 万元以上）总产值占工业总产值 70% 以上，块状规模经济成为区域经济发展有力支撑。

通用机械阀门

20 世纪 60 年代末 70 年代初，温州第一只阀门在永中诞生。70 年代中期，建成温州阀门城。80 年代初，建成阀门专业市场。2008 年，通用机械阀门行业生产企业（包括加工单位）1400 多家，其中规模以上企业 250 多家，从业人员 4 万多人，实现工业总

产值 58.30 亿元，产品国内市场占有率 25%，温州市市场占有率 65%；其中不锈钢阀门年产 1600 多个品种、20 万吨产品，占全国总产量的 40% 以上。江南控股集团有限公司入围 2008 年温州市百强企业。

2011 年，阀门制造业实现产值 36.41 亿元，比上年增长 6.8%，占全区规模以上工业企业总产值的 9.1%。温州金鑫生化阀门有限公司获国家级高新技术企业称号，江南控股集团有限公司获 2011 年温州市百强企业

称号，温州金鑫生化阀门有限公司、浙江东正阀门管件有限公司、浙江方顿仪表阀门有限公司被认定为温州市科技（创新）型企业。龙湾区阀门行业被科技部火炬高新技术产业开发中心认定为国家级"国家火炬计划龙湾阀门特色产业基地"。凯喜姆阀门有限公司、五洲阀门有限公司、浙江维都利阀门制造有限公司，被认定为温州市首批阀门示范企业。华夏阀门有限公司、温州金鑫生化阀门有限公司技术研究开发中心获温州市企业技术研究开发中心称号。

2016年，行业规模以上工业总产值54.67亿元，同比增长7.7%，总产值居全区各行业之首，比全区平均增幅高1.7个百分点。出口企业52家，出口总额5773.18万美元。浙江石化阀门有限公司被列入温州市"两化融合"试点企业，温州亿力机械发展有限公司被认定温州重点配套企业，浙江有氟密阀门有限公司、东正科技有限公司、五洲阀门有限公司获评温州市泵阀、汽配行业"专精特新"企业，东正科技有限公司获评"2016年度浙江省信用管理示范企业"。

不锈钢精加工

1992年，区域内永中创建拉管厂。2003年，无缝管总产值33亿元，年产量15.62万吨。2008年，不锈钢行业企业416家（50%企业通过ISO9001-2000认证与计量水平确认，超亿元企业12家），从业者5万人，产量48.5万吨，无缝管产量31.81万吨（占全国市场份额的80%），出口

创汇 1.70 亿美元，实现总产值 72 亿元。2004 年 3 月，龙湾区被中国特钢企业协会不锈钢分会授予"中国不锈钢无缝管材生产基地"称号。

2011 年，不锈钢行业总产量 45 万吨，出口创汇 1.43 亿美元。青山控股集团有限公司和华迪钢业集团有限公司入选"2011 年中国民营企业 500强"第 72 名和第 496 名。青山控股集团牵头成立集交易、结算、会展、质检、仓储、物流和物质抵押融资等多种服务为一体的"温州不锈钢电子交易所"。华迪钢业集团和中科院固化物研究所对接开发油杆新产品。

2016 年，面对复杂严峻的国际环境和国内经济压力，不锈钢拉管企业从原来总数 234 家，缩减到 180 家，净减 54 家。温州经协钢管制造有限公司与太钢横向经济技术合作，大口径钢管产量实现 3000 吨，产值达 6000 万元，同比增长 30%。在空港新区高标准、高起点规划几十年不落后的不锈钢产业园；浙江丰业集团有限公司，占地 116.6 亩，进场施工，一期厂房全部竣工验收；青山控股集团占地 583 亩，其中第一期 391 亩，第二期 192 亩，重点开发仓储、销售、物流为一体的现代化不锈钢生产企业集团。

合成革

20 世纪 90 年代初期，合成革产业起步。2006 年，全区合成革企业 84 家，亩均年工业产值 445 万元，日生产能力 400 多万米。2008 年，产值 80.2 亿元，销售总额 36 亿元，规模以上企业 78 家，PU 干、湿法和 PVC

生产线 287 条，品种达 3000 多个，从业者 2 万人；产、销超亿元企业 37 家，被列为龙湾区 2008 年度纳税 50 强企业 10 家。2002 年 10 月 6 日，龙湾区被中国轻工业联合会、中国塑料加工工业协会授予"中国合成革之都"称号。

2011 年，龙湾区合成革行业实现工业产值 83.19 亿元，占全区规模以上工业企业总产值的 20.6%。年工业产值超亿元企业 43 家，超 2 亿元企业 5 家，先后停产企业 4 家，半数合成革企业工业产值低于 2010 年产值。温州人造革有限公司获 2011 年温州百强企业称号，获评龙湾区 2011 年度功勋企业 3 家、龙湾区 2011 年度优秀企业 19 家、龙湾区 2011 年度纳税大户 10 家。累计取得各类品牌 41 个，其中国家级 2 个、省级 15 个。品牌产品销售占全行业销售总额的 36.7%。

2016 年，龙湾区合成革企业 31 家，比"十二五"期间减少 52 家，正常生产企业 21 家，工业总产值 35 亿元，同比下降 14.6%。全年销售总额 32.10 亿元，同比下降 13.3%。合成革企业在龙湾区规模以上主要企业产值排名首次从第一降到第四。出口交货值 4.10 亿美元，同比下降 10.9%，外贸出口份额占全国 20% 左右。全区出口超亿元企业 2 家。

鞋业

1981 年，状元、海滨、永中、永兴等地鞋业起步。20 世纪 80 年代后期，引进意大利、法国全套专业生产流水线，生产能力和企业规模迅速扩大。2005 年，产值 35 亿元，出口 3.7 亿元。

2008 年，制鞋企业 400 多家，生产流水线 500 多条，年产女鞋 2 亿多双（90% 以上制鞋企业专业生产女鞋，产量占温州市的 60%）产值 80 多亿元，从业者 10 万人。规模以上企业 61 家、销售额 22.17 亿元，占全部制鞋企业销售额的 70% 以上，纳税 100 万元以上企业（含配套企业）23 家。2005 年 12 月，温州市龙湾区被中国皮革协会授予"中国鞋都女鞋基地"称号。

2011 年，制鞋及配套生产企业 400 余家，从业人员 8 万余人。90% 以上制鞋企业专业生产各种时尚女鞋自营出口，外贸公司代理和边贸等方式远销 40 余个国家和地区。全年鞋业实现总产值 70 余亿元，规模以上企业实现产值 28.60 亿元。温州市宝典鞋业有限公司、浙江金谷鞋业有限公司、温州市立信鞋业有限公司等 3 家企业被评为浙江省科技成长型企业。

2016 年，鞋业行业工业总产值 70 多亿元，其中上规模制鞋工业总产值 38.23 亿元，同比增长 7.7%，位列全区各工业行业第二。外贸鞋类出口 4000 多万双，同比增长 8.4%，出口额 26.60 亿元，同比下降 4.5%。

制笔

20 世纪 80 年代初，蒲州街道制笔业起步。2002 年 9 月，温州市（龙湾区）被中国轻工业联合会、中国制笔协会授予"中国制笔之都"称号。2005 年，制笔行业产值 23 亿元，年产量 90 亿支，其中水彩笔 55 亿支，活动铅笔 4 亿支，圆珠笔 20 亿支。出口交货值 11.50 亿元。同年 12 月 9 日，爱好笔业有限公司获"国家免检

产品"奖牌。2007 年 2 月，投资 6 亿元的中国制笔之都园区竣工，有 47 家制笔企业入驻。当年产值 32 亿元，出口交货值 17 亿元，创税 1 亿多元，年产量 130 亿支。2008 年，制笔行业生产企业 120 多家，从业者 3 万多人。全年实现工业总产值 20 亿元，占温州制笔行业的 65% 以上。

2011 年，制笔企业 130 余家，从业人员 3 万余人。生产水彩笔、活动铅笔、圆珠笔、自来水笔、水性笔、中性笔、记号笔、白板笔、荧光笔、蜡笔、木杆铅笔、毛笔等 12 个大类 200 余个品种，配套生产橡皮擦、三角板、直尺、圆规、镍白铜、不锈钢笔头、纤维笔头、铅芯、墨水等。全年实现工业产值 20 余亿元，占温州制笔行业的 70% 以上。温州市爱好笔业有限公司获 2010 年度中国轻工业制笔行业十强企业、2011 年温州市百强企业、温州市百佳工业企业称号。

2016 年，规模以上企业工业总产值 23.08 亿元，同比增长 11.3%，其中销售额超 10 亿元 1 家，超 1 亿元 3 家。外贸出口结束连续三年出口负增长局面，温州市爱好笔业有限公司获评中国驰名商标，龙湾区制笔特色产业聚集区被温州市人民政府评定为优质产品生产示范区。

民用电器

1975 年，民用电器产业起步。经 30 年发展，形成龙湾民用电器生产基地。2006 年，产值 30 亿元。2008 年，民用电器生产企业 300 余家（含个体企业），从业人员 3.20 万人；产值 34 亿元，出口交货值 6 亿元；产值超亿元企业 1 家，5000 万元以上企业 3 家，1000 万元以上企业 20 余家。同年，温州飞雕电器有限公司"飞雕"牌获中国"驰名商标"称号。

2011 年，全区有生产企业 200 余家，其中股份制企业 140 余家、个

民用电器生产车间　　（江国荣／摄）

体企业约 80 家，从业人员近 4 万人。

2016 年，龙湾区电器协会行业工业总产值 100 亿元，比 2015 年增长 0.8%，上缴税收 5 亿元。电器协会企业 2000 多家，从业人员 12.5 万人，主要分布在天河、沙城、海城等街道。企业以中、高档产品为主，占全国市场 80% 以上。

紧固件

20 世纪 70 年代，紧固件产业起步，是龙湾最早进入市场经济的行业。经 30 多年发展，形成非标异型紧固件生产基地。2006 年，产值 6 亿多元，出口创汇 2072 万美元。2008 年，紧固件企业 1000 多家，占温州市紧固件生产企业的一半以上；其中年产值超亿元的企业 10 多家，超 5000 万元 100 家，超 1000 万元 100 多家。全年实现工业总产值 25.5 亿元，产品占全国 70% 以上。浙江明泰标准件有限公司高强度紧固件获"浙江省名牌产品"称号。

2011 年，规模以上企业有 213 家，其中 1 亿元以上企业有 7 家、5000 万元以上企业有 35 家、2000 万元以上企业 45 家；规模以上企业年产值占整个行业产值 50% 以上。

2016 年，紧固件行业企业 235 家，销售产值 200 亿元，同比增长 5%。外贸出口市场销售产值 35 亿元，同比下降 3.1%。全年出口创汇 1505 万美元，技术发明专利 12 个。年内，温州精拓公司获评浙江省创业型"专精特"企业奖，温州紧固件市场获评商务部"全国 50 强名牌市场"。

第十一章　商贸服务业

1978 年后，龙湾区开始调整商业结构，完善农副产品和工业品购销政策，开拓服务领域，形成国有、集体、个体开放式、多元化结构，商贸服务业呈现前所未有繁荣景象。2008 年，龙湾区实现全社会消费品零售总额 44.78 亿元，同比增长 19.6%。2011 年，龙湾区实现社会消费品零售总额 75.46 亿元，同比增长 15.9%。2016 年，龙湾区社会消费品零售总额 369.96 亿元，同比增长 14.5%。

自 1949 年 6 月起，龙湾商贸服务业先后成立贸易公司、百货公司、土产公司等数十种公司和机构。1984 年 12 月，先后成立区计划经济委员会、龙湾区工商行政管理局。1986 年，成立龙湾区供销联合社。1989 年 3 月，成立区商业局。1992 年 6 月，成立区对外经济贸易办公室。1997 年 3 月，建立区经济贸易合作局。2002 年 2 月，建立区经济贸易局。2012 年 2 月，成立龙湾区经济和信息化局（商务局），分管对外贸易。

第一节　商贸业

专业市场

蒲州紧固件市场　1994 年 2 月 28 日创办，销售额 1.30 亿元，上缴税收450万元。1999年，征地3万平方米，兴建20826.4平方米、300多个摊位的温州紧固件市场。其中营业房328间、6278.9平方米，停车场6.5亩，经营人员1200人，形成生产、批零兼营"一条龙"服务专业市场。2008年，销售额10亿元，为全国最大的

温州紧固件市场 （江国荣／摄）

紧固件交易专业市场。2016年，销售产值200亿元，外贸出口市场销售产值35亿元，出口创汇1505万美元，技术发明专利12个，温州精拓公司获评浙江省创业型"专精特"企业奖，温州紧固件市场获评商务部"全国50强名牌市场"。

温州文化用品市场　2007年8月7日，投资4亿元、占地94亩，创办温州文化用品市场。市场分工艺美术城、古玩、商务礼品、图书报刊，为温州地区文化产品展示销售、批发团购集散中心。2007年10月16日，

温州文化用品市场　　　　　　　　　　　　　　　（江国荣／摄）

市场被定为温州市文化旅游一大景点。2008 年，全国 30 多家文化用品生产企业在这里设立 50 多个摊位，成交额 1800 多万元。2016 年，成交额 2000 多万元。市场先后获评"中国改革开放 30 年全国著名名牌市场""浙江省四星级文明规范市场""浙江省首批文化产业重点扶持项目""温州文化产业示范基地""温州市对外宣传专访基地"等称号。

供销合作社

1986 年，成立龙湾区供销联合社。2011 年，全区供销系统实现销售额 23801.10 万元、利润额 146 万元、所有者权益 4909 万元、连锁销售额 11650 万元、再生资源收购额 9741.5 万元、基层社销售额 3369.4 万元、农民专业合作社经营收入 3941.1 万元。2016 年，龙湾区供销系统实现销售额 6.39 亿元，同比增长 16.1%；营业收入 7099 万元，同比增加 8.7%；利润 391 万元，同比增长 13%。经济指标连续 6 年呈递增态势。

第二节　服务业

1985 年后，家用电器、美容、美发、休闲旅游、婚宴、寿宴等喜庆活动的礼仪服务及家政服务、众多现代服务业等新兴行业崛起，各行业以本业为主，提高效益，改变原来的服务管理方式。

饮食业

2006 年，全区餐饮业零售额 3.50 亿元。2010 年，饭店餐饮店 1132 家，其中大中型餐饮店 108 家。10 月 17 日，瑶溪王朝大酒店荣膺国家四星级酒店并正式挂牌，成为龙湾区首家获得国家四星以上级别的旅游饭店。

瑶溪王朝大酒店　　　　　　　　　　　　　　　　　　　　（周德新/摄）

2011 年，饭店餐饮店 1048 家，其中大、中型餐饮店 105 家。2016 年，饭店餐饮业 2207 家，其中大、中型 81 家。全年住宿、餐饮业总收入 4.59 亿元，同比增长 18.6%。住宿、餐饮上缴地方税 1783 万元。

旅馆客栈

2007 年，全区宾（旅）馆 156 家、床位 5695 张。其中 100~200 张床位 5 家，200 张床位以上 1 家。三星级酒店 3 家。2011 年，宾（旅）馆 103 家。2016 年，宾（旅）馆 124 家，床位数 6061 张，其中 50 个房间以上 27 家，50 个房间以下 97 家。

文化娱乐

改革开放后，兴起美容、美发、休闲旅游和婚宴、寿宴等喜庆活动的礼仪服务、家政服务及众多现代服务业。2008 年，娱乐场所 6 家，电子游戏室 12 家。2011 年，娱乐场所 11 家，电子游戏室 10 家。2016 年，龙湾区娱乐场所 11 家，电子游戏 1 家，网吧 35 家，文化娱乐行业上缴地方税 119 万元。

第三节　对外贸易

改革开放后，龙湾紧抓改革开放全面启动的有利时机，加快转变对外经济发展方式，初步形成外经贸多层次、多元化、全方位发展的格局。2002 年，随着改革的全面深化，境域不断推动外经贸工作朝着优化结构、拓展深度发展。2012 年，化解外贸下行压力增大的各种不利因素，进出口总额突破 20 亿美元大关，达到 22.98 亿美元，实现历史性跨越。2016 年，实现外贸进出口总额 169.94 亿元，服务外包 1827.86 万美元。

进出口贸易

出口　2002 年，出口 30373 万美元，其中加工贸易出口 10214 万美元，自营出口企业出口 21899 万美元。2004 年，出口 38166.06 万美元，其中一般贸易出口 24959 万美元，加工贸易出口 9442 万美元，自营进出口企业出口 38118 万美元，产品出口国家和地区 108 个。2005 年，出口 4.96 亿美元，实现贸易顺差 3.32 亿美元。其中，企业自营出口 50126 万美元，出口国家和地区 108 个，美国、欧盟、俄罗斯以及中国台湾、香港为龙湾区五大贸易伙伴。2011 年，出口 140827 万美元，一般贸易出口 114027 万美元，加工贸易 8551 万美元。2016 年，出口总额 122.68 亿元，同比增长 5%。

进口　2002 年，进口 7546 万美元。2004 年，进口 51394.82 万美元，产品进口国家和地区 32 个。2005 年，进口 1.64 亿美元，实现贸易顺差 3.32

亿美元。2011 年，进口 5.4 亿美元。2016 年，进口总额 47.26 亿元，同比下降 19.3%。

外商投资

2002 年，合同利用外资 654.15 万美元，实际利用外资 484.59 万美元。2003 年，引进外资企业 18 家，合同利用外资 1976.65 万美元，实际利用外资 484.59 万美元。2005 年，引进外资企业 21 家，合同利用外资 4446.52 万美元，实际利用外资 2854.11 万美元。在上海召开"龙

外商参观域区内企业

湾发展环境既投资项目推介会"上，签约外资项目 11 项，协议利用外资 10413 万美元。2006 年，新批民营企业引资项目 31 个，合同利用外资 6035.31 万美元，实际利用外资 3187.49 万美元。2008 年，合同利用外资 5678 万美元，实际利用外资 233.5 万美元，在浙江省第十届投资贸易洽谈会上，签约项目 7 个，投资 1.5 亿美元。在厦门第十二届中国国际投资贸易洽谈会上，签约外资项目 5 个，总投资 1.6 亿美元，协议利用外资 5065 万美元。2011 年，合同利用外资 1233.78 万美元。2016 年，新批外商直接投资项目 7 个，合同利用外资 580 万美元，实际利用外资 1068 万美元。

第四节 旅游业

1984 年后，加强风景资源保护、开发和建设，加大旅游基础设施建设投入力度，优化旅游发展环境，风景旅游业亦逐步发展成为龙湾经济新的增长点。形成以农家乐、旅游购物等为主要特色的旅游产品体系，旅游产业规模不断壮大，接待设施不断完善，服务功能不断提升。1992 年 1 月建立温州市瑶溪风景旅游管理处。1993 年 6 月建立温州瑶溪风景区开发建设指挥部。1999 年 12 月建立龙湾区风景旅游管理局。

旅游经济

2008 年，接待国内旅游者 122.76 万人次，国内旅游收入 10.63 亿元，接待境外入境旅游者 3997 人次，全年旅游总收入 10.66 亿元。2011 年，共接待境内外旅游者 202.18 万人次，比上年增长 16.2%。其中接待国内旅游者 201.54 万人次，比上年增长 16.1%；接待境外入境旅游者 6434 人次，比上年增长 29%。全年旅游总收入 16.21 亿元，比上年增长 16.5%。其中国内旅游收入 16.14 亿元，比上年增长 16.2%；国际旅游外汇收入 250.92 万美元，比上年增长 29%。景区门票收入 84.02 万元。全区拥有星级宾馆 4 家，旅行社 5 家，农家乐 90 余家。2016 年，全年接待境内外旅游者 322.98 万人次，同比增长 20.7%。其中，接待国内旅游者 319.56 万人次，同比增长 19.5%，接待境外入境旅游者 3.41 万人次，同比增长 17.1%。旅游总收入 31.86 亿元，同比增长 34.3%。其中，国内旅游收入 30.80 亿元，同比增长 20.7%，国际旅游外汇收入 1539.52 万美元，同比增长 14.3%。

景区

瑶溪风景名胜区　位于大罗山东麓。1992 年 3 月，被评为浙江省级风景名胜区。景区面积 11.04 平方千米，分钟秀园、瑶溪泷、金钟瀑、龙岗山、千佛塔五大景区，100 多个景点，其中以水石同踪、幽谷金钟、千佛春秋、钟灵毓秀、龙岗晨钟、烟雨迷蒙、鹭鸶闲云、山色湖光、铁壁潭影、华阳夕照十大景观为著名。瑶溪泷风景名胜区貌，属浙东南火山岩低山丘陵区，其山体由花岗岩、凝灰岩等火山岩系构成。

钟秀园　位于瑶溪泷入口处。明嘉靖首辅张璁入阁前，在景点修建学堂教书和一批园林建筑，主要有瑶溪精舍、罗峰书院、万竹亭、留胜亭、观荷亭、来青园、富春园

瑶溪钟秀园公园　　（项绍雄／摄）

等。明嘉靖十年（1531 年），赐名写峰书院为贞义书院，敕建敬一亭，并行建栏杆桥、一品家庙，及"恩光""文焕""黄阁元辅""青宫太师"等 10 多座牌坊，今均已圮，仅留敬一亭、栏杆桥、留胜亭、贞义书院和牌坊等遗址。钟秀园西南曾有九曲涧，东部有三条湘及大片果园，水景秀美，有"沿流醉数娟娟竹，倚擢吟看曲曲山"的赞美诗句。

瑶溪泷　瑶溪风景名胜区十大景观中，有瑶溪泷景点独占水石同踪、烟雨迷蒙、鹭鸶闲云、山色湖光、铁壁潭影景点五处。溪流和山谷还有烟雨亭、鹭鸶潭、瑶湖、板障潭等景点。

金钟瀑　位于瑶溪风景名胜区西部，瑶溪上游。景区除主景点金钟

瀑外，还有杨梅谷、乌岩滩、王母琴台、尖刀岩、石猴峰等。以飞瀑、奇石、梅林风光著称。景点为山林环抱，野趣天然。

金钟瀑

龙岗山　以人文景观为主，大多集聚山冈南坡和蜈蚣山北坡，又称半山。景点内有温州市级重点文物保护单位半山摩崖题刻、龙岗山新石器文化遗址，有明朝嘉靖、万历年间修建的缭碧园遗迹，有龙岗岭、龙岗寺、仰天镬、七房坟、双龙洞等景点。半山摩崖题刻有"龙冈""修竹厨""华阳洞"及寺碑等摩崖题刻8处，书体有行、楷、草、篆，刻制时间约在明嘉靖二十年（1541）至万历十四年（1586）间。缭碧园是王叔果、王叔杲少年读书处，又是王叔果辞官归隐"潜修考古"私家别墅。景点奇峰怪石星罗棋布，著名的有仙叠岩、龙岗岩、天柱石、道士岩、砂照屏、月牙石和剪刀峰等，姿态各异，移步换景。

千佛塔　位于瑶溪皇岙山麓，有国安寺、千佛塔、王瓒墓、张璁祖墓等主要景点。景点古道，有"独段"传说。张璁祖墓及父、兄、原配夫人墓建在皇岙钵盂山，修建从永强三都到皇岙山道路，长20千米，用条石板铺成，人称张阁老路。

天柱风景区　天柱景区地处永中街道，总面积9.55平方千米，有晋代古刹天柱寺而闻名。景区林幽翠叠，潭碧瀑飞，岩奇洞怪，以"峰奇、石怪、瀑飞、水碧、庙古"见胜，有荥阳园、观海坪、天柱寺、盘谷湖、五折瀑、天柱峰、弥勒峰、观音峰、美人峰等大小四五十个景点，相得益彰，交映生辉，形成风光秀丽、景色宜人自然环境。山水诗鼻祖谢灵运曾登临游览，张璁、王瓒、王叔杲、汪循等先哲均有诗作流传。

天柱寺　为浙南古老寺院之一。与大罗山西麓仙岩寺合称五大寺院，号称天下第二十六福地。全寺占地面积 3000 平方米，分山门、天王殿、大雄宝殿与观音阁四进；寺周群山环绕；寺西有 333 米五折飞瀑，宽 6.66 米，倾入西潭，气势磅礴；东侧，有冷水泉、小溪萦回，绿草如茵。天柱寺原称"瀑泉寺"，明中叶，改称为"天柱寺"。

天柱寺风光

盘谷湖　天柱寺地形像盘谷，故名，也称"日月湖"。20 世纪 50 年代末期，在天柱寺南天南谷拦洪筑坝，成人工湖。盘谷湖水碧沙明，澄清见底，浮光跃金，与群峰相映，山水一色，碧波粼粼。夜晚，景色空蒙，寺钟袅袅，随风飘荡。

百家尖景区　位于天柱景区西南部，与仙岩景区相邻，海拔 560 米。景点有百家尖、天河东西水库、鹊桥、田螺背等。天河水绿如碧，山峰对峙，山花簇簇，倒影水中。

百家尖　玲珑剔透，色彩灿烂，傲然耸立，湖光山色旖旎。

鹊桥　位于天河镇西部与仙岩镇交界处。用块石与粗加工条石筑成，桥上两旁铺设石板条、栏杆，桥面铺石板。桥也是坎，无柱却有墙，中间桥洞 3.5 米，左右通水。水库水满，可漫桥面，坎体湮没。库区面积约 4000 平方米，群山环抱，葱葱郁郁，桥、山、水浑然一体。

双呇景区　位于永中街道双呇村，是大罗山名胜古迹比较集中的景区。有滴玉泉、峰门摩崖石刻、坦头尖、仙人尿、安仁寺、石胜观、古佛岩、蒙泉等景点。

石胜观　建造年代无考，民间传说建于唐或唐前。多次毁损，民国初年再修。"石胜道观"匾题为时称浙东第一支笔王梅庵所书。正殿三楹，观内斗姥阁古佛岩摩崖造像，佛、道并列，为双呇中心景区。

人文景观

永昌堡　全国重点文物保护单位（详见文物古迹"永昌堡"）。

龙湾炮台　温州市第二批市级文物保护单位和温州市爱国主义暨国防教育基地（详见文物古迹"龙湾炮台"）。

赵尔春烈士陈列馆　位于茅竹岭山麓解放军某部后勤处驻地。1974 年，在"爱民模范"赵尔春烈士牺牲 10 周年之际，建赵尔春烈士陈列馆，面积 45 平方米。1992 年，某舰队基地拨款重建，新馆占地 170 平方米。馆中有赵尔春烈士石膏像，展有烈士生平和英雄事迹。

永强大堤　位于海滨街道蓝田到海城街道海岸线，全长 62 千米，顶宽 6~10 米、高 10.1 米，底宽约 40 米，工程浩大，景色壮观，被称为"东海第一堤"。

旅游服务

旅游线路　1.龙湾山水风光一日游　上午：百家尖风景区—郑呇古岭—天河东西水库—群仙岩—石瀑岩—西垟头山居—百家尖天然地质风

貌—长坑溪。下午：天柱风景区—水帘洞—天柱寺—龙潭碧波—五折飞瀑—盘谷湖—观海坪—荥阳洞—第一山。

2. 生态休闲游　上午：农业旅游观光园—李王尖生态园。下午：瑶溪风景名胜区—钟秀园—瑶溪泷—金钟瀑—灵昆海鲜养殖场，品尝灵昆特色海鲜。

3. 文化访古游　上午：瑶溪风景名胜区—千佛塔—龙岗山。下午：永昌堡—王氏宗祠—古建筑—古民居—张璁祖祠。

4. 海滨度假游　上午：永强大堤—汤和庙—炮台山。下午：灵昆海鲜养殖场，品尝灵昆特色海鲜。

5. 经济探秘游　上午：瑶溪风景名胜区—钟秀园—瑶溪泷—金钟瀑。下午：永昌堡—制笔、打火机等企业。

农家乐旅游　2007 年，大岙溪杨梅、瓯柑、茶叶（黄叶早）、永强泥蒜、灵昆鸡等各种类型"农家乐"经营户 100 余家，接待游客 34.49 万人次。2008 年，全区有省级农家乐示范点 1 家，市级农家乐示范村 1 个，市级农家乐示范点 2 个，三星级农家乐经营户 9 户。2009 年，灵昆镇在全市率先成立农家乐专业经济协会——灵昆农家乐专业经济协会，全年共接待农家乐游客 69.53 万人次，营业收入 3207.42 万元。2010 年，全区发展农家乐经营户 90 余户，其中市级农家乐特色村 1 个，市级示范点 5 家，星级农家乐经营户 15 家，楠溪堆农家

江南老屋

乐被评为温州市十大魅力农家乐之一。2016年，开展特色旅游产品创建。瑶溪老房子、江南老屋创建为2星级农家乐，雅林现代农业观光园创建为4星级农家乐。

旅游节　2004年6月，在瑶溪镇国际网球中心举办"首届旅游文化节"。2005年6月，在状元镇大岙溪举办"摘杨梅、品海鲜、游山水"为主题的"生态旅游节"。2006年6月，在天柱风景名胜区举办"山海景象，田园风光"为主题的"龙湾乡村旅游文化节"。2008年7月，在灵昆镇举办"山海龙湾、都市休闲"为主题的"灵昆旅游文化节"。2009年，举办龙湾生态旅游节，推出大罗山生态一日游、灵昆生态体验游、"生态杯"垂钓大赛等系列活动。2010年，举办持续一个月的龙湾首届美丽乡村游油菜花节和第三届杨梅节。2011年，举办首届龙湾（温州）名品旅游购物节。2014年，永

2015年11月20日，"寻梦永昌堡"——
2015龙湾旅游宣传活动在永昌堡举行
（永昌堡管委会供稿）

昌堡旅游景区被批准为国家AAA级旅游景区。2015年，推出"寻梦永昌堡"历史文化再现活动。2016年，出台《龙湾区旅游业发展"十三五"规划》《永昌堡旅游业态规划布局》，制定《龙湾区旅游业突破发展三年计划（2016—2018年）》。

旅游文化

龙湾历史文化底蕴深厚，数十处名胜古迹，唐寺、宋塔、明古堡、清炮台等，构建了难能可贵的文化遗产宝库。同时，民间民俗活动丰富，

宁村"汤和信俗"入选第三批国家级非物质文化遗产名录,"玻璃银光刻""拼字龙灯舞""张阁老传说"入选省级非物质文化遗产名录,民间特色小吃等一批非物质文化遗产都成为民俗文化亮点。

耕读文化 龙湾区域自宋以来,从茅竹岭相继走出一批名臣乡贤,鸿儒巨魁。其中有状元2名(其中武状元1名),榜眼、传胪各1名,进士50多名,举人30多名,监庠生众多,耕读文化源远流长。而张璁作为嘉靖年间内阁首辅,才、情、识、学,冠于时世,为耕读文化品牌,民间口碑极佳。永昌堡作为"民营经济"的原始标本与历史雏形,是温州人自立自强生存方式的现实观照和形象解读,是战争文化的遗址,是耕读文化的缩影。它可以和雁荡山、楠溪江共同形成温州旅游市场上"山、水、文"旅游品牌三足鼎立之势。

民俗文化 永强灯会、宁村庙会以及遍布龙湾各地的祠堂庙宇,从中都可以了解龙湾民俗文化洋洋大观。民俗文化巡游活动异常火爆,为龙湾民俗文化盛举。宁村庙会纪念汤和抗倭,英烈千秋。普门灯会弘扬阁老精神,流传万古。石浦灯会,只见一条蜿蜒108米的大龙灯,神龙见首不见尾,见尾不见首。萼芳龙灯,有5条小龙灯,异彩纷呈,表演者从垂髫少年到耄耋老人,均显容光焕发,英姿飒爽。鱼灯、龙灯、花灯,道人、真人、仙人,花棍、腰鼓、秧歌……交相迭现,精彩纷呈。各式灯(庙)会

宁村汤和文化节掠影   (何光德/摄)

汇集了永强民俗文化所有样式，为龙湾传统民俗文化的形象诠释。

美食文化　2002年6月，推出"自驾游山水，开心摘杨梅，惬意尝海鲜"活动，寓生态饮食于旅游的美食文化正在境域蓬勃兴起。2004年龙湾首届旅游文化节饮食篇打出"品尝灵昆海鲜"品牌，尤以"文蛤蝤蠓"的黄金搭档为食客称道不已。文蛤号称"天下第一鲜"，名扬海外；蝤蠓更以"假洞蝤蠓"闻名遐迩。"灵昆鸡"以个大、肉美、味鲜为人青睐。"花鲴"又叫跳鱼，时谚"盘台踏鲴蝴"，更是餐桌上的戏谑之语。

第五节　盐业　副业

盐业

永嘉盐场(简称永嘉场)为温州历史上第一个"官家"盐场。《新唐书·食货志》载："就山海井灶近利之地置盐院。""肃宗乾元元年（758），变盐法，……刘宴上盐法……置永嘉等十监。"由于屏山襟海的地域优势，在唐代永嘉盐场就已成为全国十大盐场之一。另据《温州市志》卷三十六"盐业"载："宋大平兴国三年（978）设密鹦（今属玉环县）、永嘉等盐场"。元代此地成两浙主要产盐区之一，明代时成为温州文化发展的标杆，至清代逐渐衰落。1958年4月，永强盐场（原永嘉盐场）逐步恢复。1994年8月21日，17号强台风使永强沿海堤塘全线崩毁，盐田全部被毁坏。1995年，永强盐田裁废转业，结束产盐历史。

制盐工艺　龙湾先人以海水煎煮制盐，随岁月沧桑而演变发展。宋元时期，刮泥淋卤、煎煮制盐。清末民国初，摊灰淋卤，坦晒制盐，直至现代滩晒蒸发制卤，结晶成盐。永嘉场自建盐场始，刮土制卤、煮煎成盐延续 1000 余年，坦晒法延续 50 余年，滩晒法不到 30 年。无论是煎是晒，均有刮泥（或晒灰）取卤、淋卤、试卤、煎（晒）成盐 4 道生产工序。

食盐运销　明代之前，盐法多变。明代，食盐官收、官卖制度已成熟，构成严密产、供、销体制。从事生产的灶户、运销官盐的商人，以及所有食盐入户消费，都被限定在相应框架内进行。中华人民共和国成立后，实行统购包销、计划分配和食盐专营政策。永强盐场除供应本地，还销往丽水、金华地区和闽东的福鼎、寿宁、霞浦等县。1957 年后，销区缩小。1971 年，青田、永嘉等县由温州供应。1991 年 10 月 3 日后，温州市负责供应温州市所属 9 个县（市）及舟山、宁波等市县。

盐税盐价　唐至明初，寓税于价，称为盐利。南宋起，盐税占全国财政收入一半。明、清、民国，税制多变，税目繁多。中华人民共和国成立后，废除一切杂税附捐，多次降低税率，盐税在工商各税中比重越来越少。盐价分收购价、销售价。销售价分为计划配给价、批发价和零售价。

缉私护税　食盐作为重税商品，历代对私盐查禁极严，刑罚峻酷。清末以来，还建立专职缉私武装，查缉私盐。中华人民共和国成立后，私盐一度猖獗。人民政府依靠和发动群众缉私护税，原盐走私有所减少。60 年代后，走私抬头。1982 年至 1986 年，先后组织原盐缉私队、盐业经济民警队。1989 年，经济民警队进驻永强盐场。1996 年，吊销违法的龙湾盐业贸易有限公司营业执照，查扣没收违法盐 227 吨。2003 年 12 月 26 日至 2004 年 1 月 8 日，加强火车货运站、龙湾集装箱码头监控检查，4 次查获违法盐产品 500 多吨。2004 年后，违法盐产品基本上得到杜绝。

副业

本目所叙“副业”，是指客观环境决定龙湾人在土地以外去开拓生存空间，在男耕女织传统生产方式外，开创地域性多元化的社会经济。龙湾副业具有商品属性之外，还表现为群体性特征。这种群体合作经营方式和行为，正是温州民营经济的萌芽，影响“温州模式”的形成和发展。在龙湾众多副业经营中，往往表现为一个村庄经营一种副业，形成“一村一品”的地方特色格局（间或有一种副业两村同样成规模的，但以村来说，仍不失为“一村一品”）。

捕捞业　主要有梅头张虾虮、王相张泥塘、沙塘张栲儿、双昆张金钓、叶先横栏儿、海思张横洋、北策种海带、水潭抠螺蛳、后凤掘泥蒜、四甲捣泥塘、大郎桥抬鱼、五甲拔鲻鱼、七甲打罾网、八甲捉沙蟹、下垟街推虾、小塘村合鱼、沙村掘阑胡、宁村张虾沪、前房打鸬鹚、大池潭放龙丝、五宅丼捉涂、下河滨倒虾篓、状元公婆船、青山板罾、五溪靠钩钓、水潭捉岩头、七甲沪艚、永寿划油荏、五甲钓河鳗、九村张拦钓、中星村鳎鳗沥、四十亩捉蝤蠓、蓝田抛碇张网。

张虾虮

制作业　主要有虹桥垒泥灶、李宅烧蛎灰、巷底绕篾绾、朱宅砖瓦窑、衙前孵坊、甲里捻牛筋、上江打铁钉、蒲州糊火柴盒、沧头做方木。

商贩业　主要有前街胶冻担、东郑小商贩、屿田兑糖担。

加工业　主要有西湖髹漆、新路淋豆芽、周家岙做素面、上璜打菜油、新湖弹棉。

编制业　主要有双河碣编草帘、横浃竹编、蒲州草编、灵昆十字花。

种植业　主要有南山下茄子苗、上山湾菜苗圃。

饲养业　主要有东郭养鹅鸭、甘岙养奶牛、上京养母鹅。

运输业　主要有北头桥撑小船、陡门撑梭船。

自给自足类

衣着类　主要有纺棉花、织布、插花。

捕食类　主要有掣捕踏、拣田螺、摸螺蛳、拗虾儿、捡泥螺、打蛤蜊、推小弹涂鱼、推恰儿、扎蟹儿、五甲捉章鱼。

第十二章 财政 金融

　　龙湾区级财政建立后，以改革开放为契机，发挥财政政策导向作用，加大财政政策实施力度，启动事关龙湾长远发展的重大基础设施、重点民生工程和基础设施建设，推进经济结构调整和产业结构优化升级，促进龙湾经济社会跨越式发展，全区经济实力极大增强。

第一节 财政税收

财政

　　财政收入 龙湾建区时，全区财政总收入191万元。1990年全区财政总收入2140万元（不包括开发区，下同）。2000年，全区财政总收入20139万元，为1990年的9.50倍，年均增长25.3%。1992—1993年"分税制"试点期间，财政收入增长率较高。1994年实行"分税制"后，财政收入年增长率趋于稳定。2001年，龙湾区区划调整后，区财政克服能源紧缺、原材料价格上涨、宏观调控影响，以及"非典"疫情、禽流感影响等不利因素，仍实现年财政收入高增长。2011年，财政总收入30.10亿元，其中地方财政收入13.37亿元。2016年，全区财政总收入59.97亿元，区本级财政总收入39.47亿元，其中一般公共预算收入25.07亿元。

财政支出　1990 年，行政事业费支出同比减少 16.6%。1992 年，城市维护建设费支出和企业挖潜改造资金支出同比减少 99% 和 60%，财政总支出呈现负增长。2001 年，区划调整后，财政支出大幅增加。2011 年，区本级财政支出 15.61 亿元。2016 年，财政总支出 27.39 亿元，区本级财政支出 25.09 亿元。

表 9　1984 — 2016 年龙湾区财政收入与支出统计表

单位：万元

年份	区本级财政收入	上划中央	地方收入	区本级财政支出	温州经济开发区财政收入
1984	191	–	–	–	–
1985	371	–	–	233	–
1986	688	–	–	474	–
1987	965	–	–	618	–
1988	1474	–	–	883	–
1989	1900	–	–	1801	–
1990	2140	–	–	1438	–
1991	2552	–	–	1938	–
1992	3343	–	–	1814	–
1993	4825	1980	2845	2238	–
1994	5474	2336	3138	2792	–
1995	6504	2927	3577	3129	5887
1996	7644	3420	4224	3496	9480
1997	8223	3835	4388	4211	12486
1998	9799	4421	5378	4347	16163
1999	12233	5656	6662	5023	22809
2000	20139	10026	10113	6070	42156
2001	69390	30571	38819	17823	50160
2002	88589	48278	40311	28829	80140

年份	区本级财政收入	上划中央	地方收入	区本级财政支出	温州经济开发区财政收入
2003	111583	64626	46957	49488	92021
2004	117892	64785	53107	45005	108220
2005	169408	98524	70884	55172	110252
2006	200285	118835	100512	63380	128466
2007	243034	142522	100512	78543	155249
2008	275888	161393	114495	96551	168131
2009	251341	143468	107873	130612	178341
2010	266945	151965	114980	150280	206347
2011	301036	167331	133705	156136	234739
2012	303240	157641	145599	166102	234831
2013	376232	184770	191462	188164	181891
2014	388817	181486	207331	209488	201522
2015	380492	154211	226281	244485	185248
2016	394738	144073	250665	250905	204643

资料来源：龙湾区财政局档案资料

  财政扶持 1985—1998 年，全区预算内支农支出 4224 万元，投入科技和企业挖潜改资金 1094 万元。2002—2006 年，安排 52 项重点工程项目建设 20 多亿元。2008 年，安排教育支出预算 21158 万元。2011 年，落实小型微利企业所得税优惠 76 万元，落实高新技术企业、技改企业所得税优惠 2000 余万元，落实房产税、土地使用税减免 160 多万元，落实医疗卫生、民办教育营业税优惠 180 余万元，落实水利建设资金减免 630 余万元。2016 年，落实财政补助资金 1.4 亿元，安排民生支出 17.18 亿元，拨付规模种粮补贴 233 万元，落实政策性农业、农房保险保费补贴 126 万元，安排耕地地力保护补贴、耕地保护补偿资金 190 万元。

财政管理　1985—1987 年，实行"划分税种，核定收支，分级包干"。1988—1991 年，"一定三年，递增包干"。1992—1993 年，实行"分税制"试点体制。1994 年，实行预算外资金"财政专户储存、收支两条线管理"办法。1998 年，全区 53 个行政事业单位及社会团体纳入区预算外资金管理中心财政专户管理。2002 年，全区 171 个行政事业单位（其中执收执罚单位 61 个）纳入财政专户管理。2003 年，建立政府非税收入征管体系框架。2006 年，全区 265 个行政事业单位、指挥部及社会团体等全面纳入财政专户管理。2011 年，制定《温州市龙湾区创建浙江省金融创新示范县（市、区）试点规划》，启动农村合作银行股份制改革。

地税

1997 年，地税机构分设，工商税收为 3332 万元。2001 年，市区区划调整后，地税收入增至 35943 万元。2011 年，组织各项收入 170781 万元，其中：税收收入 87768 万元，非税收入 83013 万元，第三产业税收入库 27913 万元，主体税种营业税入库 12292 万元，个人所得税入库 25053

2008 年 4 月 29 日，龙湾区开展税收知识竞赛

万元，企业所得税入库 19202 万元。2016 年，地税收入 29.83 亿元，同比增长 5.6%。税收结构不断优化，地方税占比 83.2%。

国税

1985 年龙湾区财税局成立时，国税职能由财政地税局统一承担。

1994 年，成立温州市国家税务局龙湾分局；1997 年 9 月，国、地税机构分设。至 2006 年，税收收入由 1997 年 5552 万元增长到 12.6 亿元，增长 22.69 倍，年均增幅 20% 以上。2011 年，全年组织税收收入 18.87 亿元，比上年增长 10.2%，增收 17424 万元。国税收入占全区财政总收入的 62.7%，占地方财政收入的 37.9%。2016 年，组织国税收入 13.63 亿元，同比下降 3.7%，其中不含调库税收收入 13.05 亿元，同比增长 18%。

海关

1995 年 3 月，温州经济技术开发区海关成立，隶属温州海关。1999 年 1 月，温州海关走私犯罪侦查局成立，后改称温州海关缉私分局。

2002 年，征收关税 2.13 亿元，办理加工贸易备案 182 宗、0.15 亿美元，核销补税 146 万元。2008 年，监管进出

公共保税仓库

口货物 84.10 万吨，同比增长 11.9%，进口货物值 12.13 亿美元，同比增长 6.8%；审核进出口报告单 16692 份，同比增长 6.3%，征收关税 7.17 亿元，办理加工贸易备案 847 宗、2.21 亿美元，核销补税 1572 万元。2011 年，监管进出口货物 416.92 万吨，其中：进口 386.35 万吨，出口 30.57 万吨。进出口货值 18.6 亿美元，其中：进口 11.72 亿美元，出口 6.88 亿美元。审核报关单 22460 份，其中：进口 7120 份，出口 15340 份，备案加工贸易合同 638 份，备案进口金额 2.39 亿美元。审批保税仓库出入库货物 1.82 万吨 7814.50 万美元。2016 年，温州开发区海关监管进出口货物 315.04 万吨，监管进出口货值 7.72 亿美元，

归类补税356.86万元、审价补税11.04万元；接单审核报关单9319份，备案加工贸易合同207份、8881.97万美元，核销合同232份，核销征税535万元，办理深加工结转457票、3858.80万美元，监管保税仓库货物入库19462吨、金额2371.9万美元，出库27525吨、2730.4万美元。

第二节　金融保险

银行业

金融机构　中国农业银行温州市龙湾支行　1982年3月，中国农业银行温州分行状元营业所建立。1986年1月，更名为中国农业银行温州分行龙湾办事处。1994年10月，更名为中国农业银行温州市龙湾支行。

中国工商银行温州龙湾支行　1989年6月，中国工商银行温州分行龙湾办事处建立。1995年2月，更名为中国工商银行温州市龙湾支行。2005年，更名为中国工商银行股份有限公司温州龙湾支行。

中国建设银行温州龙湾支行　1985年12月，中国人民建设银行温州市分行龙湾办事处建立。1994年10月，更名为中国人民建设银行温州市龙湾支行。1996年3月，更名为中国建设银行温州市龙湾支行。2005年4月，更名为中国建设银行股份有限公司温州龙湾支行。

中国银行温州龙湾支行　1997年9月，中国银行温州分行永中分理处建立。2003年12月，更名为中国银行温州龙湾支行。

温州银行龙湾支行　1988年3月，永强城市信用社成立。1993年2月，登峰城市信用社永强营业处、沙城城市信用社成立。1998年12月，3家"城市信用社"合并为温州市商业银行永强支行。2002年8月，更名为温州市商业银行龙湾支行。2007年12月，更名为温州银行股份有限公司龙湾支行。

交通银行股份有限公司温州龙湾支行　2001年4月16日，交通银行温州分行在龙湾设立支行。2005年10月，更名为交通银行股份公司温州龙湾支行。

浦发银行温州龙湾支行　2003年3月12日，浦发银行温州龙湾支行成立。

深圳发展银行温州龙湾支行　2002年11月11日，深圳发展银行温州龙湾分理处成立。2003年12月2日，升格为深圳发展银行温州龙湾支行。

华夏银行温州龙湾支行　2003年2月，华夏银行温州龙湾支行成立。

中信银行龙湾支行　2003年6月，中信银行龙湾支行成立。

广东发展银行龙湾支行　2001年3月15日，广东发展银行龙湾分理处成立。2004年3月5日，升格为广东发展银行龙湾支行。

中国民生银行龙湾支行　2007年10月24日，中国民生银行龙湾支行成立。

兴业银行龙湾支行　2007年9月，兴业银行龙湾支行成立。

龙湾农商银行　1994年10月，温州市龙湾区信用合作联社成立，隶属中国农业银行温州市龙湾支行。2005年5月，更名为龙湾农村合作银行。2013年4月8日，更名为温州龙

龙湾农商银行

湾农村商业银行股份有限公司。

招商银行龙湾支行　2004 年 6 月 24 日，招商银行龙湾支行成立。

浙商银行温州龙湾支行　2008 年 9 月 26 日，浙商银行温州龙湾支行成立。

金融业务

存款　建区后，境域金融机构组织储蓄存款，扩大信贷资金来源，缓解资金供求矛盾。1996 年 5 月至 1999 年 6 月，连续 7 次降息，存款平均利率累计下调 5.73 个百分点。2001 年后，随着社会经济发展，民众存款逐年上升。2011 年，金融机构存款余额 494.63 亿元。2016 年，龙湾区金融机构存款余额 629.56 亿元，同比增长 7.7%，其中城乡居民储蓄存款余额 398.62 亿元，同比增长 9.5%。

贷款　改革开放后，随社会经济的发展，贷款大幅度增长，投放对象主要是工商企业。2005 年后，采取灵活利率政策和优惠政策，设立短期和中长期贷款 10 多项，扶植中小企业。2011 年，区政府联合龙湾农村合作银行建设科技融资平台，积极搭建政银企合作平台。启动温州市首个科技贴息贷款项目，设立科技创新贷款贴息资金，首批 19 家企业获得总值 355 万元的科技贷款。联合兴业银行龙湾支行推出规模为 1 亿元的中小企业专项信用贷款。引导广大企业及行业协会通过强强合作、互相担保等创新融资担保方式，组建优质企业互保联盟、行业协会担保基金会与优质企业互保基金会，抱团共渡难关。2016 年，出台《龙湾区中小企业供应链融资改革实施方案》，引导金融机构为龙湾行业和企业定做个性化的供应链金融产品方案。全区 39 家（次）企业通过应收账款质押融资 3.50 亿元，动产抵押融资 8 亿元。推出信保基金、小额保证保险贷款等产品，信保基金累计为 292 家企业出具保函 5.90 亿元，业务量居全市首位；小额保证保险贷款发放 12 笔 655 万元。年末金融机构贷款余额 724.39 亿元，同比增长 7.2%。

保险

人保龙湾支公司　1989 年 6 月 15 日，中国人民保险公司温州分公司龙湾办事处设立。1996 年 5 月，更名为中保财产保险温州经济技术开发区支公司和中保人寿保险温州经济技术开发区支公司。2003 年前，保费收入 1500 万元。2003 年，增至 1646 万元。2011 年，实现保费收入 5666.85 万元，比上年增长 5.3%。2016 年，保费收入 14173 万元，同比增长 11.4%。

人寿龙湾支公司　1996 年 5 月，成立中保人寿保险有限公司温州经济技术开发区支公司。2007 年 11 月 27 日，更名为中国人寿保险股份有限公司温州市龙湾支公司。2002 年后，大众保险、中华联合财产保险、天安保险、中国大地财产保险股份有限公司龙湾营销服务部、泰康人寿保险、都邦保险等公司陆续进驻龙湾区。

2003 年，保费收入 4273 万元。2011 年，全年实现保险收入 1.90 亿元。其中，首年新单期交保费 4773 万元，比上年增长 36%；短期险保费 1590 万元，比上年增长 61%；给付赔款 555 万元。2016 年，实现总保费收入 33400 万元，累计赔款 1284.49 万元。

民间金融

境域民间金融业务，包括公民个人之间直接借贷，企业向社会借款和内部集资及社会上各种形式呈会、互助会、票据民间贴现等。民间金融为资助资金短缺者创业提供支持，但少数类似钱庄的间接融资和高利贷活动及"灵昆抬会"也暴露出民间借贷缺乏诚信和监管一面。

农村合作基金会　1988 年 6 月 7 日，永中镇合作基金会成立。1994 年 10 月，瑞安市银信投资开发公司成立。1999 年，撤销瑞安市银信投资开发公司，经营业务并入梅头信用社。1995 年 8 月至 1999 年 8 月，先后创办状元镇等 18 家村镇级农村基金会。资金募集为集体（企业）、个人参股。存贷利率分别为 0.8‰~1‰、1.2‰~1.5‰，每年分红 30%~40%。1999 年 8 月，农村合作基金会清理整顿，至年底，基金会自行清盘关闭。

担保公司　1999 年后，龙湾担保公司涌现。2011 年，积极引导广大企业及行业协会通过强强合作、互相担保等创新融资担保方式，组建优质企业互保联盟、行业协会担保基金会与优质企业互保基金会，抱团共渡难关。2016 年，区工商局注册温州恒利信用担保有限公司、温州嘉信投资担保有限公司龙湾分公司、温州瓯江信用担保有限公司、温州市汇发担保咨询有限公司、温州市斗志担保咨询服务有限公司。

小额贷款公司　2010 年，完成小额贷款公司华商小额贷款股份有限公司增资扩股工作，龙湾民间借贷开始走向阳光化和规范化的道路。2011 年，已开业的 3 家小额贷款公司均运行良好且又新获批组建 3 家，华商小额贷款公司贷款余额 7.44 亿元，累计 757 笔；振华小额贷款公司贷款余额 3.19 亿元，累计 301 笔；富际小额贷款公司贷款余额 2.03 亿元，累计 152 笔。

2016 年，积极推行民间金融组织涉稳信息网格化管理，建立 295 个网格 308 人的网格化模块。全年各小额贷款公司发放小额保证保险贷款 12 笔 655 万元。

第十三章　经济综合管理

　　1984 年龙湾区建立后，相继设立区计划经济委员会、物价局、统计局等机构，初步形成门类较全的综合协调经济管理体系。随着改革开放深入发展，逐步建立起与社会主义市场经济相适应的管理体制和运作机制，为健全完善龙湾投资环境，加快龙湾经济社会发展发挥重要作用。

第一节　计划管理

　　1984 年 12 月，区计划经济委员会建立。1996 年 11 月，更名为区计划与经济委员会。2002 年 2 月，区计划与经济委员会析为区发展计划局、区经济贸易局、区统计局。2005 年 8 月，区发展计划局更名为区发展和改革局。

计划编制

　　年度计划　自 1984 年起，每年编制国民经济和社会发展年度计划，内容包括国内生产总值、全社会固定资产投资、社会消费品零售总额、外贸出口交货值、预算内财政收入等项。

　　五年规划　自 1996 年起，编制国民经济和社会发展的五年规划 7 个。

　　"九五规划"（1996—2000 年）　力争 2000 年全区地区生产总值达

到61.83亿元，人均国内生产总值2.10万元。财政总收入力求达到4.74亿元。力争工业增加值44.29亿元，工业总产值176.23亿元。合成革产量占全国60%，水彩笔产量占全国的90%，争取成为全国最大合成革生产基地和水彩笔生产基地。争创国家科技中小型企业创新基金3家、省高新技术企业5家、市高新技术企业5家，争创省著名商标名牌3个、市名牌产品16个、省著名商标5个、市知名商标7个。力求农业增加值达2.4亿元，农业总产值达4.38亿元，农民人均纯收入达6912元。全社会消费品零售总额力求完成19.1亿元。争取引进外资企业96家，总投资1.5亿美元，实际利用外资力争达到5300万美元。全社会外贸出口交货值力争完成15.47亿元。

"十五"规划（2001—2005年）　力争2005年全区地区生产总值达到124.51亿元，年均增长16.3%。人均GDP力争由2001年的2745美元增加到4825美元，经济总量和人均GDP名列全市和全省前茅。财政总收入力求达到16.94亿元，年均增长25%。工业总产值争取达到392.07亿元，年均增长18.3%。力求获取中国制笔之都、中国不锈钢管生产基地、中国杨梅之乡、中国文蛤之乡国字号金名片及2个中国名牌产品、7个国家免检产品。固定资产投资力求投入127亿元，城市化水平提高到50%。外贸进出口总额力求达到6.60亿美元，年均增长28%；引进外资企业74家，合同外资1.67亿美元，实际利用外资8325万美元。争创"全国科技进步先进区"。人口自然增长率控制在7‰以内。城镇居民人均可支配收入增加到17858元，年均增长6.5%；农村居民人均纯收入增加到10008元，年均增长8.5%。城镇居民人均可支配收入高于全市平均水平，农村居民人均纯收入居全市首位。城镇和农村恩格尔系数要求分别降到32.4%和

36.7%。

"十一五"规划（2006—2010年） 力争2010年全区地区生产总值达到229亿元，年均增长13%；人均生产总值8000美元。财政总收入力求达到31亿元，全社会固定资产投资力求投入280亿元。外贸进出口总额计划13.86亿美元，争取实际利用外资2.36亿美元。城市化水平力求提高到60%左右。人才资源总量4万人以上，R&D经费占GDP比重3%，初中升高中比率97%，小学和初中入学率100%。新增劳动力平均教育年限13年；每千人医院床位数3.80张；人均体育活动面积1.20平方米；城镇登记失业率控制在3%以内；人口自然增长率控制在7.5‰以内；农村新型合作医疗参保率95%以上；城镇居民人均可支配收入26200元，农村居民人均纯收入14000元，年均增长8%和7%；农村恩格尔系数下降到32%；城镇人均住房面积40平方米。万元GDP综合能耗相对"十五"期末下降20%，主要污染排放量二氧化硫和化学需氧量相对"十五"期末下降15%。

"十二五"规划（2011—2015年） 力争到2015年，区本级生产总值达到500亿元，年均增长7%以上；人均GDP（按户籍人口计算）突破3万美元；城镇常住居民、农村常住居民人均可支配收入达到65000元、41000元以上，年均分别增长8%、9%以上，实现"四翻番"目标。一般公共预算收入年均增长6%，达到30亿元；限上固定资产投资达到490亿元左右，年均增长10%以上；出口总额年均增长5%左右；主要创新指标达到国家特色型高新区中等以上水平；确保完成上级下达的节能减排任务。

计划实施

"七五"规划至"十二五"规划总体执行情况良好。

"十二五"末，区本级生产总值是"十一五"末的 1.52 倍，年均增长 8.9%，人均生产总值突破 2 万美元，三次产业比重调整为 0.5:59.5:40。区本级财政总收入和一般公共预算收入年均分别增长 5.5%、10.4%。累计化解银行不良贷款 52.82 亿元。获批国家级高新区，新增高新技术企业 46 家，实现高新技术产业增加值 66.42 亿元。新增国家级研发中心 1 家、国家级重点实验室 1 家，建立院士工作站 3 家，新获国家专利授权 12755 件，创成省级创新型试点城区。

2016 年，区本级地区生产总值实现 384.40 亿元，财政总收入 39.5 亿元、一般公共预算收入 25.10 亿元，社会消费品零售总额 370 亿元，外贸进出口总额 24.60 亿美元，限上固定资产投资 1346 亿元，城镇常住居民人均可支配收入达到 48217 元，农村常住居民人均可支配收入达到 28855 元。创新能力稳步提高，获批成立国家级高新区和浙南科技城，创成国家知识产权试点区、省创新型试点城区。

第二节　统计管理

1984 年 12 月，统计工作由区计经委负责。1985 年 5 月，龙湾区开始独立向市统计局报送统计报表。1986 年 7 月，区政府成立计经委统计科。1997 年，计委统计科对外挂牌"龙湾区统计局"。2002 年 2 月，龙湾区统计局正式成立，

统计调查

专项调查　根据上级部署或本地需要，开展多项专项调查。其中有 1982 年、1990 年、2000 年、2010 年全国人口普查，1991 年第一次全国第三产业普查，1997 年、2006 年、2016 年全国农业普查，1995 年工业普查，2004 年、2009 年、2013 年经济普查，2010 年第二次全国 R&D 资源清查，逐步形成以农业、工业、能源、商贸餐饮业、服务业、劳动情况、固定资产投资、建筑业、综合、核算、科技、农村住户、城镇住户、工业品价格等专业定期报表为主，以人口、劳动力、平安建设等调查为补充的统计调查体系。

抽样调查　1985 年，开始农村住户抽样调查。2003 年，又开展城镇住户抽样调查，之后根据上级部署，陆续开展"两个收入"、劳动力情况"平安大巡防""平安龙湾"、生态环境质量公众满意度、改革公众满意度等社情民意抽样调查。2015 年，开展 1% 人口抽样调查。

普查

人口普查　第三次人口普查（1982 年）　普查标准时间：1982 年 7 月 1 日零时。永强片区 188345 人，其中男 98886 人、女 89459 人；状元、蒲州 35253 人，其中男 18507 人、女 16746 人；梅头 35872 人，其中男 18627 人、女 17245 人。

第四次人口普查（1990 年）　普查标准时间：1990 年 7 月 1 日零时。普查项目 21 项，其中按人填报 15 项，按户填报 62 项。普查结果，龙湾区 19982 户 80325 人。

第五次人口普查（2000 年）　普查标准时间：2000 年 11 月 1 日零时。普查表两种形式：短表 19 个调查项目，由 90% 的户填报；长表 49 个调查项目，抽取 10% 的户填报。普查结果，龙湾区 25548 户 89277 人。

第六次人口普查（2010 年） 普查标准时间：2010 年 11 月 1 日零时。采用长短表技术，抽取 10% 的户填报长表，其余的户填报短报。普查结果，龙湾区有常住人口 229198 户

2016 年 9 月 9 日，区农业普查员在田间地头调查 （区新闻中心供稿）

749303 人，其中区外流入人口 45.85 万人，占全区常住人口的 61.2%。

农业普查 第一次全国农业普查 1997 年始，历时 2 年多。普查 5 个镇、46 个行政村、17169 农户、25 个非农村住户类农业生产经营单位和 1115 家乡镇企业。

第二次全国农业普查 2006 年 12 月 31 日始，普查 5 个镇、5 个街道，147 个村级组织，69452 家住户，其中在农村居住一年以上的家庭户 67991 个。

工业普查 1995 年，开展全国第三次工业普查，查清 4500 家工业企业的产品生产、销售与库存，生产设备、生产能力、技术经济指标、原材料、能源消耗、财务状况、劳动情况等 16 个方面。

第三产业普查 1991—1992 年，第一次全国第三产业普查。普查单位数、从业人员、销售（营业）成本费用、销售税金、经营利润、固定资产原值、库存总量、社会商品零售总额等。

经济普查 2004 年，开展第一次经济普查。普查从事第三产业全部法人单位产业活动和个体经营户单位属性、就业人员、财务、生产经营、

生产能力、原材料和能源消耗、科技活动等。

统计管理

报表统计 龙湾建区后逐步建立统计报表制度。1990 年,主要专业统计表 159 种。1985 年 5 月始,开展农业、工业、商业、劳动工资水平、固定资产投资、综合平衡、物资等专业统计。

监测分析 1986 年、1987 年分别编制《龙湾区 1985 年主要统计资料》和《龙湾区 1986 年主要统计资料》。1988 年之后每年一鉴《龙湾统计年鉴(1988 年)》。此后,经常开展资料汇编工作。其中有 1991 年《龙湾人口》,1995 年《浙江省温州市龙湾区第三产业普查资料》,1996 年《温州市龙湾区 1995 年工业普查资料汇编》,1998 年《温州市龙湾区第一次农业普查资料汇编》,2002 年《温州市龙湾区第五次全国人口普查资料》,2003 年《温州市龙湾区第二次全国基本单位普查资料简要汇编》,2004 年《龙湾区二十年历史纪事(1984 — 2004 年)》《龙湾统计史册(1984 — 2004 年)》《龙湾二十年 1984 — 2004 年)》和《温州市龙湾区第一次经济普查资料汇编》,2005 年《温州市龙湾区统计局档案年鉴》等。2011 年,建立 85 个投资统计项目储备库,全区 643 个项目实行网上直报全覆盖,抽查建设项目单位 40 余个。为全区 600 余家工业、贸易、服务业企业出具统计数据认证函 400 余份;为各级领导提供调研文章 7 篇,分析材料 64 篇。构筑区统计局、街道统计信息中心、村居统计和企业统计四位一体的统计组织网络。建立和完善辖区统计人员资料库,核查名录库单位 7228 家,新增 2475 家,变更 1126 家,注销 455 家。2016 年,根据全区经济发展动态,深入开展分析研究,撰写《关于四众调查工作的实践与思考》《龙湾区城中村改造对规下工业抽样调查的影响及建议》《2015年龙湾区全面建成小康社会监测报告》等调研文章。参与高新区跨越发展进位升级实施方案编制，牵头研究国家级高新区核心指标提升事项，温州高新区获批 2015 年度全国火炬统计工作先进单位。

信息利用　每月编印《龙湾统计信息》。利用统计数据，对社会经济热点、难点问题进行分析；通过对经济运行现状、存在问题和原因等分析，提出建议。2011 年，撰写全区经济运行总趋势、经济发展水平及产业优化程度调研文章、统计分析、信息和动态 240 余篇。围绕节能降耗工作目标，对三大重点能源品种、四大高耗能行业和 119 家重点用能单位进行定期监测，及时把握全区规模以上工业能耗情况，撰写相关统计信息 12 篇，统计分析 3 篇，对节能进展缓慢地区和行业及时发出预警。2016 年，实时跟踪全区综合经济指标变动趋势，认真监测分析重点经济指标进展情况，撰写统计信息 230 余篇（区两办采用 17 篇，区主要领导批示 4 篇），建立浙南科技城综合指标数据采集监控评估体系。认真筛选区域内 117 家规模拟上工业、48 家限上贸易业和 18 家规上服务业企业主要经济指标变化和统计信息，顺利完成龙湾区"三新"统计国家试点区的调研工作任务。

第三节　物价管理

1985 年，设立龙湾区物价局。2002 年 1 月，物价管理职能划入龙湾区发展计划局。

商品价格

1984年，龙湾区加强价格调控。1989年后，逐步放开商品价格，以国家定价、国家指导价和市场调节价三种价格形式，实行物价的间接管理。2011年，在全区设18个价格监测点，每月10日、20日对九大类91个品种与居民生活密切相关的商品及服务价格实行监测。每周两次对液化气价

2009年10月30日，区第一期价格鉴证研讨会在滨海大酒店召开

格进行监测，每月一次对水泥、钢材等建筑材料价格进行监测，做好日常价格监测工作。及时启动应急价格监测方案，采取一日一测（多测）、走访经营户、加强监管等三项措施。2016年，完成36家行政事业性收费单位在"全国收费动态监管系统"网上申报、收费统计汇总和全区行政事业性收费分析。推进收费信息公开，重新整理核对行政事业性收费目录清单，实行动态管理。全年对55所民办幼儿园、民办学校收费标准实施备案管理。

监督服务

1984年，龙湾区设物价监督检查所，加强价格调控和监管。物价监督部门在每年元旦、春节、五一、中秋、国庆等节假日均组织力量开展专项物价检查工作。2005年始，对全区部分商品价格实施干预、调查、核定。2007年始，每月9日、19日监测40个监测点七大类34个品种价格，提倡明码标价和明码实价，加强收费项目的专项检查工作，受理各类价格举报、投诉和咨询，取消行政事业性收费许可证管理制度和收费验审制度，

实施行政事业性收费公示报告制度。2011 年，规范民办学校收费行为，审批 4 所新开办的民办小学学费、住宿费申请，重新核定龙湾中学学生公寓收费标准。开展春季开学收费专项检查，医院基本药物零差率及收费情况专项检查，涉农涉企收费专项检查，涉车行业收费专项检查，物业收费专项整治，商品房明码标价专项检查。全年，查处各类价格违法行为案件 10 件，经济制裁 166.64 万元。2016 年，全区设 29 个价格监测点，定时监测九大类 112 个与居民生活密切相关的农副产品、液化石油气、建材等价格。每月 10 日、20 日对粮油、蔬菜、肉禽蛋、水产品、副食品等价格进行监测，每周二对液化石油气价格进行监测，每月 20 日对水泥、线材等建材价格进行监测。每月在《今日龙湾》报刊发布一期菜篮子价格监测信息，通过政府信息公开网定期发布价格监测动态分析。

第四节　审计管理

1985 年 4 月 11 日，龙湾区审计局成立。

国家审计

2002 年 7 月，审计服务中心建立。先后开展财政预算执行审计、领导干部经济责任审计、金融审计、行政事业单位审计、固定资产投资审计和专项资金审计调查。2011 年，完成审计项目 20 个，在审项目 8 个，查出违规金额 537 万元，管理不规范金额 8464 万元。经审计处理应上缴财政 133 万元，核减工程造价 1200 万元。2016 年，龙湾区审计局完成审计项目 28 个（其中跟踪审计项目 11 个），查处违规金额 11146 万元，管理不规范金额 72521 万元。审计发现非金额计量问题 24 个，移送相关部门案件 5 件，移送金额 2980 万元。审计促进整改落实有关问题资金 6780 万元。

社会审计

1991 年 11 月，龙湾区成立审计师事务所。1993 年 2 月，成立温州市经济技术开发区审计师事务所。1996 年 6 月，成立区基建审计事务所。至 1998 年底，先后开展财务收支审计、经济责任审计、司法鉴证、基建工程预（决）算审计、工商企业注册资金验证、担任审计顾问和企业财务报表年检等服务项目 3500 多项，查证总金额 12.50 亿元。1999 年 12 月，温州经济技术开发区审计师事务所撤销。2000 年后，5 个温州市级会计师事务所在龙湾设置分所。2011 年，安排预算执行审计、政府性资金专项审计调查、温瑞塘河环境整治专项审计调查、地方政府性债务专项审计调查和区机关事务管理局财务收支审计。2016 年，对 7 个单位 8 位领导干部开展任期经责审计，涉及财政资金 28.38 亿元，查处管理不规范金额 3367 万元，并首次开展对社区书记的经责审计，并将审计发现问题移送纪检部门后立案处理。

内部审计

2005 年 12 月 9 日，龙湾内审分会成立。2006 年，对区教育局、区公安分局、基建项目招投标、预决算、区农村合作银行等开展内审，纠正违规金额 32 万元，提出建议被采纳 40 多条。2011 年，修改《龙湾区领导干部经济责任审计实施办法（试行）》，完善评价体系，实行客观公正的审计和评价，安排 10 个部门 13 位领导干部经济责任审计，对领导干部经济责任审计进行量化评价。2016 年，落实 62 家单位 68 位领导干部任前告知和年度报告等经济责任审计配套制度，并对7个单位8位领导干部开展任期经责审计；梳理财政50.6亿元收入、47.97亿元支出总规模，核实财政总会计7.46亿元资产负债；跟踪审计11个总投资额达103.9亿元的重点工程，逐项核对工程进度款18.73亿元，核减1.95亿元。

第五节　工商行政管理

1984年12月27日，温州市成立龙湾区工商行政管理局。1999年4月，更名为温州市工商行政管理局龙湾分局。2014年1月，龙湾区整合原食药监和工商部门机构、职能，组建龙湾区市场监管局。

登记注册

1987年，全区注册登记工商企业1113户，工商户从业人员占全区总人口的3%。2001年8月，行政区划调整，全区各类企业5366家、工商个体户14603户。2011年，全区各类市场主体总量8354户，其中私营企业6811户，新设立登记各类内资企业1412户，其中私营企业1344户，注册资本（金）18.54亿元，新增个体工商户6176户。2016年，新设各类市场主体8133户，在册各类市场主体48865户，其中企业14815户。

市场管理

1989—1992年，永中机床市场连续两届被评为"温州市级文明集贸市场"。2001年，被省工商局评为"浙江省一星级文明规范市场"。2003年被评为"浙江省区域性重点市场"。2006年12月，永中农贸市场通过三星级市场验收，并被评为"温州市文明集贸市场"。2008年，温州文化用品市场被授予"中国改革开放 30 年全国著名名牌市场"。2011年，全区各类市场主体总量 8354 户，其中私营企业 6811 户；新设立登记各类内资企业 1412 户，其中私营企业 1344 户，新增个体工商户 6176 户。大力培育市场主体，全年办理个转企 298 户，引导新办个体直接登记为企业 83 户。依托海城街道的水暖洁具产业，建成龙湾地区首个网商基地，拥有淘宝网商 200 余家，网商年销售额超亿元，成为国内最大水暖洁具网上销售基地。2016 年，永中所、蒲州所和海滨所分别创成省五星、四星和三星级规范化市场监管所。

商标管理

1987 年，企业商标注册 7 枚。2003 年，注册商标 1768 枚，其中省著名商标 4 枚、市知名商标 11 枚。2011年，新增中国驰名商标 1 枚，著名商标 5 枚，知名商标 6 枚。全区累计拥有 11800 余枚注册商标，其中驰名商标 21 枚（其中行政认定 4 枚），省著名商标 34 枚，市知名商标 54 枚，省专业商标品牌基地 5 个，市专业商

汤家桥农贸市场

标品牌基地 1 个。国家级"守重"单位 2 家，AAA 级"守重"单位 16 家，AA 级"守重"单位 39 家，A 级"守重"单位 109 家。2016 年，新增注册商标 1664 枚，全区商标注册数累计达 21300 枚，其中行政认定中国驰名商标 8 枚，省著名商标 54 枚，温州市知名商标 52 枚，省专业商标品牌基地 4 个，省级商标品牌示范企业 1 家，不锈钢行业协会、阀门行业协会集体商标 2 枚。

维权活动

1991年9月，成立龙湾区消费者委员会。2002年12月，建立龙湾区消费者协会。2011年，设立"12315"消费维权服务站，受理消费者投诉822件，举报663件，处理1482件，为消费者挽回经济损失45万元。组织"月月'3·15'"活动，启动生态消费教育"五个一"工程。2014年，成功塑造周小霞典型消费维权义工形象，先进事迹被中国消费者报等多家媒体报道。2016年，成立首个杨梅质量安全先行赔付基金，打造"集中式"汽车消费维权处理样板。全年受理各类投诉举报2310件，为消费者挽回经济损失980余万元，全年处理政务服务平台热线432件。

第六节　质量技术监督

2001年2月，温州市标准计量局龙湾分局改名温州市质量技术监督局龙湾分局。2004年6月，设立龙湾区特种设备安全监察队。2000年11月，从劳动部门划转特种设备安全监察职能；从经济计划委员会划转质量综合管理职能。2005年1月，从卫生部门划转食品生产加工环节的卫生监管职责，增加食品生产加工环节质量卫生的日常监督管理职能。设立温州市质量技术监督局稽查支队龙湾稽查大队。

计量管理

1984年2月，在全区推广国际计量单位制，采用千克秤。1985年，全区标准压力表、工作压力表、材料试验机等力值单位改制。1994年，推广使用电子秤。2008年，28家企业通过计量检测体系确认，其中省级确认3

家，市级确认 17 家。2011 年，对全区 27 家医疗卫生机构的计量器具和 22 家农贸市场的计量器具实施强制检定，强检覆盖率 100%。建立辖区医疗机构、眼镜店、液化气站、加油站、农贸市场等民生计量器具数据库，加油站、眼镜制配店、出租车计价器强检率达 100%。2016 年，龙湾区质监局落实计量实事专项资金 45 万元，购置检验电子秤 515 台，6 家农贸市场完成电子秤推广和应用，"四统一"管理模式覆盖率达 50% 以上。

标准化管理

1995 年，普查重点骨干企业产品执行标准情况 50 家。2000 年，建立瑶溪现代农业标准化示范园区。2011 年，推动爱好笔业主导制定 1 个行业标准，鸿升集团等 2 家企业参与制定 2 个国家标准，宏得利树脂等 2 家企业参与制定 3 个行业标准。帮助企业办理采标证书 11 张。全年备案企业标准 137 个，登记国家行业标准 109 个，废止企业标准 43 个。温州市科农果蔬专业合作社的黄瓜标准化生产项目获省级示范项目，温州市桃花岛畜牧专业合作社等 2 家单位获市级农业标准化示范项目。2016 年，

2011 年 3 月 3 日，龙湾区基层质监所举行挂牌仪式　（龙湾质监分局供稿）

推进标准备案制度改革，"自我声明公开"产品标准企业 165 家、产品 518 个，推动标准创新，12 家企业主导或参与制修订 13 个国家行业标准，其中 4 个国家标准为主导制订，为历年来主导制订国家标准个数最多的一年。

质量监督

1987年8月，龙湾区质量技术监督检验所成立。2005年，10个镇（街道）设立质监员，147个村设立协管员，15家重点企业设立质管员，34家食品企业设立质量管理员，持续开展质量监督和专项整治。2011年，结合龙湾区产业结构特点，开展对产品质量的监督抽查及专项整治。全年，检查企业商店1544家，立案查处案件219起（其中：万元以上案件93个），罚没款234.45万元。2016年，利用超声波脉冲测量阀门壳体壁厚，查处违法企业7家，检测钢管、阀门、紧固件、食品38种产品505批次，实地检查企业1440家，查处违法案件147起、罚没款162.7万元，绿色销毁罚没物标值21.2万元。

第七节　安全生产管理

1987年7月，龙湾区政府设安全生产委员会。2002年底，建立安全生产监察中队。2003年8月，建立安全生产监察大队；同年12月，组建安全生产监督管理局。2004年12月，升格为正科级行政一级局。

监督管理

2002年，出台《龙湾区安全生产职责暂行规定》，制订《龙湾区重特大事故应急处理预案》。2004年，制订《龙湾区安全生产委员会工作规则》《龙湾区重特大事故应急救援预案》。2005年，被温州市政府评为"温州市安全生产目标管理先进单位"和"铁网二号行动"先进集体"。2006年，被温州市政府评为"温州市安全生产目标责任制考核优秀单位和铁网三号行动先进单位"。2007年，被温州市政府评为"安全生产目标管理责任制考核优秀单位"。2008
年，被温州市政府评为"安全生产目
标管理责任制考核良好单位"。2011
年，实现各类事故总量、事故死亡人
数和事故直接经济损失三项指标"零
增长"目标。龙湾区被温州市政府评
为 2011 年度安全生产目标管理责任

2016 年 6 月 16 日，区安监局开展安全
生产月活动 　　　　（区安监局供稿）

制考核良好单位。2016 年，率先在"四区两市"制订区、街两级《安全
生产"党政同责、一岗双责"暂行规定》，行政处罚立案 145 起，行政罚
款 383.60 万元，取缔非法危化经营储存点 8 个。龙湾区连续四年被温州
市政府评为安全生产目标管理责任制考核优秀单位。

专项治理

1993 年起，陆续开展苯危害、矿山安全、煤气发生炉、危险化学品、
道路和水上交通、合成革、剧毒化学品、建筑施工、特种设备、冲压剪切
作业、"铁网行动"等专项治理。2011 年，发现隐患 23405 条，整改隐
患 20850 条，停产 117 家，关闭或取缔 143 家。检查企业（单位）8260 家，
查处非法违法行为 1.20 万条，关闭取缔 98 家，经济处罚 17 家，罚款 87
万元。2016 年，全面推进"四无"生产经营单位集中整治专项行动，全
年排查企业 13454 家，其中无证无照生产经营单位 2281 家，无安全保障
的生产经营合用场所 9209 家，无合法场所生产经营单位 3166 家，无环保
措施生产经营单位 2643 家；整治 3800 家，其中限期整改 1664 家，停产
整顿 115 家，关闭取缔 2021 家。

第十四章　中国共产党地方组织

龙湾建区后，中共龙湾区委贯彻党的路线、方针、政策，制定社会经济发展重大决策，为龙湾的发展创造良好的社会环境。坚持抓基层党组织建设，坚持以经济建设为中心，坚持物质文明和精神文明"两手抓""两手都要硬"方针，坚持中国共产党领导的多党合作和政治协商制度，坚持正确处理改革、发展、稳定三者关系，坚持抓好中心工作、统筹兼顾全面。各工作机构各司其职、同心协力，推进龙湾经济建设和社会各项事业发展。

第一节　历届区委

1984—2016 年，中共温州市龙湾区委历经第一至第八届，召开中共龙湾区第一至第八次代表大会，选举产生六届区委、区纪委。历届区委书记依次为孙成堪、王思爱、陈久忠、殷乐人、王祖焕、陈玲玲、王军、陈应许。历届纪委书记依次为夏爱华、何素凤、林建军、徐永敏、鲁爱民、张宏琴。

党代表构成

1987 年，中共温州市龙湾区委召开第一届党代会，选举代表。第一届党代表中初中以上学历占 98.81%；第六届党代表界别组成中工农栏人数已含专业技术人员、先进模范人物。第三届"党代表构成情况"资料缺失。

表 10 龙湾区历届中共党代表大会代表构成情况表

年份	届次	代表总数	妇女代表		界别组成							
					干部		工农		技术人员		先进模范	
			人数	%	人数	%	人数	人数	人数	%	人数	%
1987	一	121	13	10.7	45	37.2	34	28.10	17	14.1	–	–
1990	二	127	12	9.5	71	55.9	49	38.58	13	10.2	–	–
1993	三	151	–	–	–	–	–	–	–	–	–	–
1998	四	199	31	15.6	108	54.3	69	34.67	22	11.1	48	24.1
2003	五	219	35	16	131	59.8	–	–	86	39.3	–	–
2006	六	234	34	14.5	137	58.6	95	40.60	–	–	–	–
2011	七	194	57	19.4	119	61.3	75	38.66				
2016	八	229	78	34.1	116	50.7	62	27.07	45	19.7		

年份	届次	代表总数	界别组成				年龄结构		学历结构					
			军人		离退休人员				大专以上		中专、高中		初中以下	
			人数	%	人数	%	45岁以下	%	人数	%	人数	%	人数	%
1987	一	121	–	–	–	–	101	83.5	–	–	–	–	–	–
1990	二	127	–	–	–	–	81	63.8	–	–	–	–	–	–
1993	三	151	–	–	–	–	–	–	–	–	–	–	–	–
1998	四	219	2	0.9	2	0.9	151	69	141	64.4	–	–	–	–
2003	五	199	–	–	–	–	101	50.8	89	44.7	93	46.7	17	8.5
2006	六	234	4	1.7	2	0.9	–	–	159	68	–	–	–	–
2011	七	194	5	0.03			118	60.8	155	79.9	34	17.5	5	0.02
2016	八	229	5	0.22	1	0.04	143	62.4	193	84.3	31	13.6	5	0.02

历届党代表大会

第一次代表大会 1987年3月26—28日，中共温州市龙湾区第一次代表大会在驻温海军驻地礼堂召开，出席代表121人。大会听取和审议孙成堪代表中共龙湾区委所作《艰苦奋斗，勇于创新，加快龙湾社会主义现代化建设的步伐》报告，夏爱华代表区纪委所作《加强纪检工作，促进经济建设》报告，并通过两个报告的决议；大会选举产生中共龙湾区第一届委员会委员18人和候补委员4人；选举产生中共龙湾区纪律检查委员会委员11人。

第二次代表大会 1990年4月9—12日，中共温州市龙湾区第二次代表大会在状元娱乐中心大厅召开，出席代表127人，列席29人，特邀13人。大会听取和审议孙成堪代表第一届区委所作《求实创新，致力开发，为把龙湾建设成繁荣文明的新城区而奋斗》报告，夏爱华代表区纪委所作《严肃纪律，惩治腐败，保证我区治理整顿和深化改革的顺利进行》报告，并通过两个报告的决议；大会选举产生中共龙湾区第二届委员会委员23人和候补委员4人；选举产生中共龙湾区纪律检查委员会委员11人。

第三次代表大会 1993年3月21—24日，中共温州市龙湾区第三次代表大会在龙湾区政府召开，出席代表151人，列席24人，特邀9人。大会听取和审议王思爱代表第二届区委所作《把握机遇，加快步伐，为建设社会主义现代化新城区而努力奋斗》报告，何素凤代表区纪委所作《严肃党纪，惩腐倡廉，保证我区改革开放和经济建设的顺利进行》报告，并通过两个报告的决议。大会选举产生中共龙湾区第三届委员会委员25人和候补委员4人；选举产生中共龙湾区纪律检查委员会委员11人。

第四次代表大会　1998年2月18—20日，中共温州市龙湾区第四次代表大会在区文化娱乐中心召开，出席代表199人，列席20人，特邀4人。大会听取和审议陈久忠代表第三届区委所作《高举伟大旗帜，加快开放开发，把我区经济大区和现代化新城区建设全面推向21世纪》报告，林建军代表区纪委所作《加强党风廉政建设，深入开展反腐败斗争，为我区改革发展稳定清障护航》报告，并通过两个报告的决议。大会选举产生中共龙湾区第四届委员会委员21人和候补委员4人；选举产生中共龙湾区纪律检查委员会委员11人。

第五次代表大会　2003年3月5—8日，中共温州市龙湾区第五次代表大会在永兴文化中心召开，出席代表219人，列席46人，特邀15人。大会听取和审议殷乐人代表第四届区委所作《与时俱进，奋发有为，开创龙湾现代化滨海城区建设新局面》报告，徐永敏代表区纪委所作《与时俱进，开拓创新，扎实推进党风廉政建设和反腐败工作深入开展》报告，并通过两个报告的决议。大会选举产生中共龙湾区第五届委员会委员25人和候补委员4人；选举产生中共龙湾区纪律检查委员会委员15人。

第六次代表大会　2006年12月27—29日，中共温州市龙湾区第六次代表大会在永兴文化中心召开，出席代表234人，列席81人，特邀24人。大会听取和审议王祖焕代表第五届区委所作《坚持科学发展观，构建和谐社会，为加快建设现代化滨海新城区而努力奋斗》报告，鲁爱民代表区纪委所作《履行党章职责，服务发展大局，积极推进党风廉政建设和反腐败工作》报告，并通过两个报告的决议。大会选举产生中共龙湾区第六届委员会委员29人和候补委员6人；选举产生中共龙湾区纪律检查委员会委员 21 人。

第七次代表大会 2011 年 12 月 27—29 日 中共温州市龙湾区第七次代表大会在区文化中心召开。参加大会代表 242 人、列席 140 人。会议听取并审议中共龙湾区第六届委员会工作报告和区纪律检查委员会工作报告；并通过有关决议。大会选举产生中共温州市龙湾区第七届委员会委员 38 名、候补委员 7 名，区出席中共温州市第十一次代表大会代表 18 名，区纪律检查委员会委员 25 名。

第八次代表大会 2016 年 12 月 28—30 日 中共温州市龙湾区第八次代表大会在区文化中心召开。参加大会代表 229 人，列席 179 人。会议听取并审议陈应许代表中共龙湾区委七届委员会所作题为《突出转型主线，勇立发展潮头，为打造迈入全面小康社会标杆城区而努力奋斗》报告，张宏琴代表中共龙湾区第七届纪律检查委员会所作题为《坚守责任担当全面从严治党为打造 迈入全面小康社会标杆城区提供坚强纪律保证》工作报告。大会通过关于七届区委报告的决议和关于区纪委工作报告的决议。大会选举产生中共温州市龙湾区第八届委员会委员 38 人、候补委员 8 人，区纪律检查委员会委员 25 人，龙湾区出席中共温州市第十二次代表大会的代表 17 人。

第二节 重要决策

1988—2016 年，中共龙湾区委发挥核心领导作用，适时对事关全局性的问题作出重要决策并组织实施。其中重大的决策有：

1988 年提出"对外开放、对内搞活、自费开发"的决策。

1992 年 1 月提出"以开发工作为龙头，实施科技兴区、依法治区"的发展战略。

1994 年 2 月提出"开放兴区、开发富区、科技强区"战略。

1998 年 2 月确立"提升工业、优化农业、大力发展第三产业"思路。

2002 年 4 月提出"主攻三产、提升二产、优化一产，全面推进现代化滨海城区建设"战略。

2003 年 3 月提出"大力实施工业新型化、三产多元化、农业产业化"的发展战略。

2005 年 1 月决定"大力推进产业转型、建设转型、社会转型，全力推进经济社会发展新的跨越"。

2006 年 12 月决定实施"产业强区、城建亮区、文化育区、和谐立区"战略。

2009 年 1 月作出"加快转变经济发展方式，推进经济转型升级"的决定。

2011 年提出"抢抓机遇、锐意进取、奋力跨越"，为建设"三生融合·幸福龙湾"而努力奋斗。

2012 年提出"以科学发展观为统领，全面实施'六大战略'，开展破难攻坚七大行动"。

2016 年提出"加快打造温州科技创新中心、温州东部城市发展中心、温州东部综合交通中心、温州东部现代服务业中心、温州东部公共服务中心，打造全面小康社会标杆城区"的发展战略。

第三节　纪律检查

廉政教育

1984年以来，龙湾区纪委先后通过党性教育、党的基本知识教育、讲学习、讲政治、讲正气为主要内容的党性党风党纪教育等20余次活动，加强廉政教育。2011年，开展廉政建设知识竞猜、"优秀廉政党课和优

2016年7月7日，英桥王氏家风家训馆开馆　　　　　　　（李希赛/摄）

秀廉政文章"评选，播放廉政动漫视频及举办廉政书法美术展，组织开展"五治七律"回头看活动2次，印发《关于重申严禁公职人员参与非法民间融资活动的通知》，杜绝公职人员从事、参与非法民间融资等行为，维护社会稳定和金融市场正常秩序。2016年，充分挖掘优秀家风家训文化，开展"以严治家、廉洁齐家"主题教育活动，建成全市首个家风家训馆——英桥王氏家风家训馆。

党内监督

1984年以来，龙湾区纪委先后开展党政干部拖欠公款清理、党风综合治理、"两公开一监督"等监督活动。龙湾区各级纪检监察机关坚持从严治党，实践"四种形态"，严明纪律规矩，持续保持惩治腐败高压态势。2011年，建立区、街道、示范性社区"三位一体"的行政审批和电子监察系统，对11个社区服务事项实行网络审批和电子实时监管。规范街道

便民服务中心建设，将 26 个服务事项统一纳入到街道便民服务中心办理。完成全区村级"三资"和经济合同专项清理工作，设立街道"三资"信息电子触摸屏，"三资"监管工作实现动态化、信息化管理。建立龙湾区村务公开和民主管理网站，实现全区"三务"网上公开全覆盖。开展市级廉政文化"六进"示范点创建和农村党风廉政建设"评星晋级"创建，16个村被评为区级党风廉政"四星级村"。开展满意基层站所创建，基层站所党风廉政建设共管共建机制进一步完善。2016 年，建立各责任主体的责任清单、履责清单、负面清单等"三张清单"，向全区各单位派发主体责任和纪检监督责任季度工单等 5 类近 200 项任务事项。健全完善夯实主体责任，率全市之先推行"两个责任"履责全程纪实管理办法，全区 90家单位在网络云平台上传 3600 余条纪实，实现履责有依、尽责有痕、问责有据。严格执行廉政抄告制度，全年发放廉政抄告单 35 份。

案件审理与查处

1984 年以来，处理违纪党员（开除党籍、留党察看、撤销党内职务、党内严重警告、党内警告）多人。2011 年，全年全区共受理信访举报 374件，立案 54 件，处分干部 54 人；其中涉及科级干部 7 人，移送司法机关 5 人，挽回经济损失 180 余万元。2016 年，全区立案 197 起，结案 185 起，党政纪处分 185 起，移送司法机关 5 人。全年受理信访举报 142 件，按期办结 126 件，共立案 128 起，党纪处分 131 人。率全市之先完成农村基层作风巡察全覆盖。

第四节　组织工作

党员队伍建设

历年来，为加强党员管理教育，通过党校和党员电化教育网络，联合对党员进行基层党建、政策法规等教育，并通过定期考评，表彰优秀党员，以及处理违规违章党员，以保证党员队伍的先进性。2011年，以纪念建党90周年活动为契机，组织开展"红7月服务月""对照标准争先进、瞄准一流创标杆"活动。全区窗口单位和服务行业1849名党员，公开亮身份上岗党员1630人，创建党员示范窗口、示范岗位475个。征集基层党组织和党员闪光言行139例，被推选为省创先争优闪光言行候选对象9例，当选省级月度之星3例。全区有基层组织1031个、党员17471人。其中有党委11个、党工委14个、党组40个，党总支61个、党支部959个。非公有制经济单位有党委2个、党支部426个、联合支部32个，有企业党员2791名。全区建有党员服务中心12个，党员服务站（点）154个。2016年，落实党员组织关系、党代表和党员违法违纪、党组织按期换届、党费收缴、农村党员干部违建违排等专项排查清理工作。全区有基层党组织960个，党员15191人。其中，党委62个、党总支20个、党支部908个，区委派出工委7个，另有党组46个。全区96个行政村中，建有党组织129个，其中党委1个、党总支11个、党支部117个。

基层组织建设

1989年开始，通过建立和实行党员民主评议、党务例会制度等活动，推进组工建设。2011年，指导完成20个党建示范村创建工作，完成全区

147 个村党组织、村民委员会、村经济合作社和村务监督委员会的换届，选举产生新一届村党组织成员 498 人。单独组建非公企业党组织 145 个，联合组建党组织 8 个，覆盖全区 653 家企业。完成 200 个"两新"组织党组织集中换届选举工作，稳妥推进瑶溪党建全覆盖试点。2016 年，推出"党课 DIY""公益套餐""一月一主题"等创新载体，成立区党员志愿服务总站，加强"两新"组织党建。完善基层党建"五查五问五通报"月督查机制，组织村主职干部、市区派"第一书记"和农村指导员集中培训 204 人。实施"示范、达标、整转"三大行动，打造可看可学的示范村 20 个，成立党建联盟 6 个，村达标验收 70 个，软弱落后村整转 6 个。

年轻干部培养监督

1985 年以来，考察、推荐干部进入区委（府）两套领导班子和局级领导岗位多人。2011 年，推荐 50 名干部参加市级主体班次和省市专题研讨班 20 余期。举办区第四期科（局）级领导干部公共管理进修班和区第十期中青年干部培训班，30 余名科（局）级领导和 55 名中青年干部参加培训。牵头举办城乡统筹专题研讨班、区第二批新闻发言人培训班、区历史文化名城创建工作专题培训班，培训干部 100 余名。实行区属部门培训办班整合审批 46 期。为全区 477 名区管领导干部发放社区联系卡，委托社区监督联系。做好公务员考录工作，全年报名参加考试 1207 人，录用 20 人。2016 年，选派 49 名优秀年轻干部参与"对标学杭州"专项行动、第二批温州和第一批义乌新"百人计划"、宁夏回族自治区对口支援，以及温州市直部门、"两学一做""三改一拆"领导小组办公室等地方挂职（任职）锻炼。组织科（局）级领导干部进修班、中青年干部培训班 7 期，参加市级、城区主体班次培训 140 余人，参加区属部门培训 6000 余人。

第五节　宣传工作

思想政治教育

1984 年龙湾建区后，先后宣传《中共中央关于经济体制改革的决定》《中共中央关于社会主义精神文明建设指导方针的决议》、邓小平建设中国特色社会主义理论、《邓小平文选（第二卷）》《中共中央关于加强党的建设几个重大问题的决定》。2000 年后，结合"三讲"教育，开展"致富思源、富而思进"教育活动；围绕邓小平理论、"三个代表"重要思想，开展中共十六大精神的宣传、开展科学发展观、《中共中央关于构建社会主义和谐社会若干重大问题的决定》和中共十七大精神宣传等活动。2008 年，创新载体，推出十七大主题教育讲百场、素质提升及百业、和谐文化亮百点、综合整治打百战、换届选举夯百村、创业创新强百企、关注民生解百题、改革成果惠百姓等"八个百"活动。

2011 年，举办纪念中共成立 90 周年诞辰活动。2012 年以中共十八大召开为契机，开展的"百场文艺迎盛会""百个支部学报告""百堂党课讲精神""百名标兵谈体会""百篇征文话发展"系列活动。2013 年举办以"中国梦"为主题的中国特色社会主义宣传教育实践活动。2014 年的龙湾区建区 30 周年系列宣传活动。2015 年纪念中国人民抗日战争暨世界反法西斯战争胜利 70 周年系列宣传教育活动。

2016 年，全年举办学习习近平总书记系列重要讲话精神、科技创新、全国"两会"精神、意识形态等专题15个，在"理论中心组学习交流平台——学习在浙里"刊发学习信息共计128期，组织开展"大拆大整"大讨论活动、"三问自己·如何担当""十三五 树标杆 话担当"精品微党课比赛、"时代先锋——优秀共产党员先进事迹"巡回报告会等200余场。

理论学习

龙湾建区后，通过集中培训、专题辅导、学习原著、理论学习会、理论文章评选、和理论知识考试等形式，学习中共十三大至十八大重要文献和党的理论、路线、方针、政策。同时在全区党员中先后组织各种学习活动。

1986年后，先后举办哲学、法律基础理论知识、领导科学基础和现代管理宣传干部理论进修班。1991年，组织党员干部学习《毛泽东选集》（第二版）和《邓小平文选》。1993年，组织党员干部学习建设中国特色社会主义理论。1997年，开展以"三讲"为主要内容的学习活动。2002年，举办"三个代表"重要思想骨干培训班，千名志愿者组成9支小分队，分赴农村、企业、社区、学校宣传十六大精神。2004年，开展"龙湾改革开放20年"与"走进大罗山，瞭望大东海"大型图片展览，编发《理论学习》14期、《领导内参》16期；以"立党为公、执政为民"为主题，确定34个重点调研课题。2007年，推出百人备课、百场宣讲、万人解读、万人同唱"双百双万"活动。2008年，举办"滨海论坛"7次；编印《学习月报》8期。

2011年，开展纪念中共成立90周年立誓言教育、征文格言比赛、知识竞赛等十大系列活动；2013年，开展以"中国梦"为主题的中国特色社会主义宣传教育实践活动,组织"龙湾情·中国梦"首批市民宣讲团,在全区范围内举行"智行龙湾·中国梦"主题宣讲活动;2014年,开展《龙湾30年——我身边的故事》征文活动和龙湾30年辉煌成就图片征集活动,收到征文近400余篇、图片上千

2016年4月28日,龙湾区召开"两学一做"部署会　　（区新闻中心供稿）

张,出版《龙湾30年——我身边的故事》图书和《龙腾画册》。

2016年,结合"两学一做"学习教育,举办学习中央领导系列重要讲话精神、科技创新、全国"两会"精神、意识形态等专题15个,组织开展"大拆大整"大讨论活动、"三问自己·如何担当""十三五树标杆话担当"精品微党课比赛、"时代先锋——优秀共产党员先进事迹"巡回报告会200余场。

第六节　统一战线工作

多党合作和民主监督

1997年以来,龙湾区委统战部先后协助民革、民盟、民建、民进、农工党、致公党、九三学社成立基层组织,民主党派成员从最初的25人发展到302人。2007年后,又陆续成立龙湾区无党派联谊会、龙湾区网络界人士联谊会、新的社会阶层人士联谊会。龙湾区委统战部认真做好各民主党派协商会、通报会、座谈会,不断建立健全区委主要领导与民主党

派主要负责人谈心交友制度、民主党派与政府职能部门挂钩联系制度、特约人员制度和各民主党派负责人工作例会制度。2011年，以建党90周年、辛亥革命100周年为契机，以"重温历史、同心同行"为主题，开展统战知识竞赛、建党90周年征文比赛，召开"回眸光辉历程、共谋合作发展"统一战线各界人士纪念建党90周年座谈会。推荐区第四届政协委员260名（特别委员11名），其中党外人士159名，占总数的61.2%。在区"两会"期间，组织各民主党派、无党派人士代表和委员提交议案提案80余件；支持和组织民主党派、无党派人士围绕全区重点热点工作开展12个课题的社会调查活动，并由区委办下发《关于支持民主党派、无党派人士开展社会调研活动的通知》。编发《党派建言》刊物6期。2016年，出台《2016年政党协商计划》，更新领导干部与党外人士联谊交友约谈名单，建立党派、无党派直接向区委提出建议的直通车制度。成立全市首个由政府出资建设的"党外人士之家"和永中街道统一战线工作联络室。组织开展"五水共治""城中村改造""浙南科技城建设""环保工作"专项会议考察协商。拓展党外人士建言献策渠道，全年提交议案提案127件，形成区委重点社会调研课题成果26篇。做好民主党派在人大、政协的政治安排，在任曾任副区级领导7人，副科级34人。各民主党派向各级政协、统战部和民主党派上级组织反映社情民意信息281篇，其中，市政协采用153篇，省政协采用17篇、全国政协采用9篇，各民主党派上级组织采用273篇。

侨台港澳事务

1988年，龙湾区设置侨务办公室。2000年7月，更名外事侨务办公室。2002年2月，外事侨务办公室与区委统战部合署办公。1996年11月，区委统战部内设台湾工作办公室，与龙湾区人民政府台湾事务办公室合署办公（简称区台办）。1998年9月28日，成立龙湾区对台工作领导小组。2002年2月，台湾工作办公室与区委统战部合署办公。

　　1992年11月，接待台胞投资3000万美元的台湾泰庆皮革塑胶工业股份有限公司落户温州工业园区。1994年，台胞何朝育、黄美英捐资200万港元建造蒲州镇中心小学。1996年9月11日，又捐资800万港元扩建蒲州育英小学；同年11月，又捐资700万港元建造省内先进水平的温州育英学校（该校于1997年2月开工建设，1998年9月竣工）。2011年，实施基层侨联工作"123"工程，创建一个省级基层侨联工作示范点、两个"五好"基层侨联组织、3个社区侨联工作组织等载体。2016年，牵头组织并完成2016世界温州人大会龙湾分会，现场签订项目10个，总投资51.60亿元。开展对台推介会6场，海内外联谊活动10场，促成涉侨投资项目落地6个、台资项目落地7个，签署重点项目国际合作备忘录4份。

第十五章　龙湾区人民代表大会

　　自 1987 年召开龙湾区第一届人民代表大会第一次会议起，境域各片区人大代表始终统一参与各种活动。龙湾区人民代表大会制度在历史发展过程中，民主与法制逐步健全，工作与制度日臻完善，人民代表大会政务活动更趋民主化、法制化，促进了全区经济、社会、文化等各方面的健康发展。

第一节　区人代会　区人大常委会

区人代会

　　1987 年 5 月至 2016 年 2 月，龙湾区人民代表大会历经 7 届。各次会议听取、审议政府工作报告，审查、批准国民经济和社会发展计划，审查、批准财政预算和决算报告，听取、审议常委会工作报告，听取、审议法院工作报告，听取、审议检察院工作报告，选举区机关领导人员和市人大代表，并通过相应决议。

　　历届一次会议举行时间：第一届 1987 年 5 月 26 日至 5 月 30 日，第二届 1990 年 4 月 22 日至 4 月 25 日，第三届 1993 年 4 月 8 日至 4 月 12 日，第四届 1998 年 3 月 15 日至 3 月 20 日，第五届 2002 年 2 月 19 日至 2 月 24 日，第六届 2007 年 2 月 5 日至 2 月 9 日，第七届 2012 年 1 月 6 日至 1 月 9 日。七届人大常委会主任依次为林志森、金德汉、殷乐人、王祖焕、周赞。

区人大常委会

1983 年 4 月，龙湾区人民代表大会设立常设机构人民代表大会常务委员会（简称人大常委会）。人大常委会由主任、副主任和委员若干人组成，处理常委会重要日常工作。常委会会议由主任会议拟出议题，提请常委会全体会议决定。人大常委会会议一般每两个月举行一次。常委会会议听取和审议人民政府及其组成部门、人民法院和人民检察院的工作报告以及有关议案。

第二节　主要工作

决议决定

主要包括每年一次的财政预算计划调整，确定区人代会召开日期，区人代会代表议案的审议结果，人事任免事项，设立选举委员会，确定代表名额，接受区人大代表、区人大常委会组成人员、区长、副区长、法院院长和检察院检察长等辞去职务请求，确定代区长、代院长、代检察长，确定五年规划目标纲要和远景目标，普法规划，人代会通过的专项决议执行情况等；其中第一届决议 2 项、决定 8 项，第二届决议 0 项、决定 17 项，第三届决议 1 项、决定 21 项，第四届决议 9 项、决定 25 项，第五届决议 9 项、决定 29 项，第六届决议 5 项、决定 12 项，第七届决议 6 项、决定 25 项。2011 年 3 月 21 日，龙湾区六届人大常委会第三十次会议作出龙湾区行政区划调整的决议。3 月 29 日，区六届人大常委会第三十一次会议作出设立"龙湾慈善日"决定，确定每年 5 月 13 日为"龙湾慈善日"。5 月 25 日，区六届人大常委会第三十二次会议作出关于建立龙湾区人大常委会状元、瑶溪、沙城、天河、灵昆、星海街道工作委员会的决定；作出同意温州民科基地天城北园吹填造地及市政基础设施和永兴安置标准厂房采取 BT 模式建设的决定。9 月 22 日，区六届人大常委会第三十五次会议作出关于进一步加强法制宣传教育的决议。11 月 21 日，区六届人大常委会第三十六次会议作出设立龙湾区全民健身登山日的决定，确定每年 11 月的第二个星期六为龙湾区"全民健身登山日"。2016 年，常委会通过《关于批准龙湾区 2015 年度区本级财政决算的决议（草案）》《关于同意将土地一级开发的政府购买服务资金列入年度财政预算的决定（草案）》《关于同意将城中村改造项目融资列入年度财政预算的决定（草案）》《关于开展第七个五年法治宣传教育的决议》《龙湾区经信局、区人力社保局、区体育局、区工务局、区温瑞塘河管委会等 5 个重点审查单位 2017 年部门预算草案》《关于龙湾区第八届人民代表大会代表资格审查报告》等决议、决定。

视察检查

龙湾区人大常委会组织一届视察调查 3 次；二届视察调查 4 次；三届视察调查 18 次；四届视察调查 18 次；五届视察调查 34 次；六届视察调查 19 次；七届视察调查 21 次。2011 年，

2016 年 3 月 10 日，区人大视察时尚商圈建设　　（区人大办公室供稿）

区人大常委会组织环境保护、温瑞塘河综合治理、文明城市创建、大气污染防治法贯彻实施情况等视察。在专项视察工作中，坚持上下联动工作机制，相互协调配合。2016年，区人大常委会组织时尚商圈建设情况、重点工程建设情况、区食品安全审议意见整改落实情况、浙南科技城建设发展情况、"大拆大整"工作等视察。

审议监督

区人大常委会审议监督工作，主要包括每年一次听取审议代表大会上"一府两院"工作报告以及常规性工作报告，国民经济和社会发展计划、财政预算、财政决算报告和审计报告。一届执法检查3次；二届执法检查2次；三届执法检查5次；四届执法检查11次；五届执法检查30次；六届执法检查12次；七届执法检查15次。

区人大代表督查蓝田化工园区污水管网整改工程　　　（区人大办公室供稿）

2011年，有计划、有步骤地开展职业病防治法、义务教育法等贯彻实施情况的执法检查，并针对发现的问题提出审议意见，加强跟踪监督。配合市人大开展档案法、劳动合同法等执法检查，促进相关法律法规在龙湾区的贯彻实施。2016年，区人大常委会组织开展防洪法、大气污染防治法、残疾人保障法贯彻实施情况、2015年国民经济和社会发展计划与2016年国民经济和社会发展计划草案执行情况、6个城中村改造项目融资和政府性投资项目安排情况、食品安全工作情况、农产品源头管理、民办教育综合改革情况、城市精细化管理、环境保护法执法检查审议意见落实情况、贯彻实施大气法总体情况和《龙湾区大气污染防治实施细则（2014—2017年）》落实情况、"五水共治"工作审议意见落实情况等执法检查。

议案建议

历届龙湾区人民代表大会动员代表撰写议案建议，在区政府办分解建议承办单位的基础上，召开建议集中交办会，将议案建议落实到各单位办理，要求承办单位做到主要领导负责、专人办理，并及时向代表作详细热情的答复，提高代表建议办理质量和水平实现从"答复型"向"落实型"转变。2011 年，区六届人大五次会议收到建议、批评和意见 105 件，全部办结，满意率 100%。其中《关于加快我区"退二进三"步伐的议案》《整治"四小车"加强城市管理议案》列入区人大常委会审议议题，9 件重点建议由区政府领导领办，常委会领导督办。2016 年，收到代表 10 人以上联名提出的议案 8 件，收到代表提交的建议、批评和意见 118 件。确定 6 件为重点建议，龙湾区人民政府负责办理 103 件，温州浙南沿海先进装备产业集聚区（经济技术开发区、瓯飞）管委会负责办理 23 件。6 月底，126 件代表建议全部办理完毕并答复代表，并组织代表对建议办理情况进行评议。

第十六章 龙湾区人民政府

　　1984年12月建立龙湾区后，历经2001年8月温州市辖区行政区划调整、2011年4月龙湾区行政区划调整、2012年温州市管理体制调整和2015年7月灵昆街道划归洞头区管辖，形成龙湾区现有管辖现状。1987年5月至2014年12月，龙湾区人民代表大会历七届。历届人大会议议程均于第一次会议期间选举产生区人民政府正、副区长。历届人大会议闭会期间，政府领导人员时有调整变动，并经人大常务会议讨论、通过、任职。龙湾区人民政府始终以"高效、务实、廉政、为民"的目标，坚持以经济建设为中心，加快改革开放步伐，率先发展民营经济；在市场、法治、责任和服务等方面，转变政府职能，推进政府机构改革，走出一条独具区域特色的经济发展道路。

第一节 重要施政纪略

建区初期（1984年12月—1987年5月）

　　1984年12月，龙湾建区后，坚持以经济建设为中心，加快改革开放步伐，率先发展民营经济。

区政府第一届期（1987 年 5 月— 1990 年 4 月）

贯彻执行"积极扶持、合理规划、正确引导、加强管理"方针，深化改革开放。1988 年，开展国营、集体企业股份制试点。1989 年 6 月，推进企业兼并、产权转让，组建企业集团。

区政府第二届期（1990 年 4 月— 1993 年 4 月）

坚持深化改革，扩大开放。1990 年 5 月，国有企业实行新一轮承包、股份、租赁、中外合资、合作经营。企业内部进行人事、劳动、工资分配制度改革，实行干部聘任制、劳动合同制、岗位技能工资制和待业、养老金保险。

区政府第三届期（1993 年 4 月— 1998 年 3 月）

抓住 20 世纪期末发展机遇，把握改革、发展、稳定最佳结合点，初步形成皮革、精细化工、机械、铸造、塑料制品、服装、鞋类、眼镜、紧固件等优势行业。全面实施"三五八"质量系统工程和名牌兴业战略。

区政府第四届期（1998 年 4 月— 2002 年 5 月）

提高工业园区集聚能力，形成人造革、服装、不锈钢、皮鞋、民用电器、食品机械、水暖洁具、化工、制笔、陶瓷等十大支柱行业。完成市辖区和区内行政区划调整。推行科教强区战略。

区政府第五届期（2002 年 5 月— 2007 年 2 月）

以科学发展观为统领，以加快发展为主题，实施"主攻三产、提升二产、优化一产"发展战略。

区政府第六届期（2007 年 2 月— 2012 年 1 月）

出台"拓市场、保增长"30 条意见和经济转型升级"3+X"等系列扶持政策，开展工业基地建设大会战和企业服务年活动。

区政府第七届期（2012 年 1 月— 2017 年 2 月）

全面实施"投资驱动、产业转型、都市构建、生态优先、文化引领、民生和谐"六大战略，同步推动经济、社会、政府转型。

第二节　法制工作

文件审查清理

1996—2006 年，审查规范性文件草案 185 件。2008 年，清理规范性文件 19 件，其中保留 10 件、废止 8 件、修改 1 件；制定、审查以区政府名义制发的规范性文件 21 件。2011 年，审核规范性文件 17 件，审查各类非规范性文件、政府法律合同 16 件，清理有关征地拆迁的行政规范性文件 10 件。2016 年，出具合法性审查意见书 39 份，向区人大、市法制办备案 23 件。完成上一轮行政规范性文件全面清理后建议修改的规范性文件 4 件。开展全区重大行政合同备案统计两次，按照市标准对龙湾区行政机关合同清理、备案一次，审查合同 31 件，共涉及合同标的 36 亿元。

行政复议应诉

1996—2006 年，办理行政处罚行为（限期治理、行政关闭等）11 件。2007 年，收到行政复议申请 17 件，办理 12 件，其中终止 5 件，维持 7 件。解答区政府工作部门法制机构提出有关复议工作业务咨询 65 次。2008 年，收到行政复议申请 17 件，受理 17 件，审结 12 件，其中维持 6 件、撤销 1 件、确认违法 1 件、驳回 2 件、终止审理 2 件。2011 年，收到行政复议申请 20 件，主动撤回申请 8 件，受理 12 件。其中维持原具体行政行为 11 件、经调解后撤回 1 件。全年涉及区政府行政应诉案件 3 件；民事应诉 2 件，办理区政府作为被申请人的行政案件 2 件。2016 年，收到行政复议申请 72 件，主动撤回行政复议申请 2 件，受理 70 件；结案件 54 件，其中维持原具体行政行为 26 件，撤销原具体行政行为 15 件，确认具体行政行为违法 1 件，调解和解（终止）5 件，驳回复议申请 6 件，不予受理 1 件。全年代理区政府行政诉讼应诉案件 28 件（上期结转 11 件），其中胜诉 14 件，在审 14 件，其中行政复议后应诉 4 件，胜诉 4 件。区政府各部门行政诉讼案件 67 件，结案 67 件，其中败诉 11 件。

行政执法监督

1996—2006 年，组织《中华人民共和国行政处罚法》等 16 个法律、法规执法检查。2007 年，审查重大行政处罚案件 432 件，在各界聘请执法监督员 10 名。2008 年，申领执法证件 73 个，年审 658 个，注销 7 个。2011 年，监督检查执法部门 9 个，评查案件 48 个。落实重大行政处罚案件的备案审查制度，备案审查重大行政处罚案件 1500 余件。全区 23 个部门网上办理行政案件的 1233 起。2016 年，注销行政执法证 35 个，变更行政执法证件 90 个，现有有效执法证件 751 个（不包括部委证件）。完善行政执法监督制度，制定《龙湾区政府特邀行政执法监督员工作规则》。分季度对安全生产、劳动保障、卫生行政、水利四个重点领域进行专项督查。推行"双随机"抽查制度，集中评查全区 30 个行政执法部门案卷 130 个。登记备案 10 个部门重大行政处罚决定 750 余件。

第三节　行政审批

2002年7月，设立区行政审批管理办公室。12月，成立龙湾区行政审批服务中心，建立统一办事大厅。

审批服务

2002年7月，启动第二轮审批制度改革，审批事项削减30%，审批时限压缩三分之一左右，减少审批事项152项，减幅36.5%，缩短审批时限35.5%。2008年，出台《龙湾区建立镇级便民服务中心实施方案》，受理审批事项41671件，办结41535件。其中即办件21288件，承诺件提

2002年12月30日，龙湾区行政审批中心成立仪式举行

前办结19347件，平均每个工作日受理168.03件，办结167.48件。2011年，变预审为直接审批限时办结，高效审批320个建设项目，批复投资总额1756425.41万元。清理规范全区39个职能部门515项即办事项。梳理确定26项服务事项下放到街道便民服务中心。2016年，创新审批方式，办理审批事项18万余件。保留行政审批事项542项，其中行政许可事项216项，行政确认事项55项，年检17项，审批性备案97项，其他审批权103项，审核转报54项。

改革创新

2002年，"串联式"改"并联式"，在全市率先推出联合审批制。

实行服务内容、办事程序、申报材料、审批依据、承诺时限、收费标准"六公开"服务；实行即办件、退回件、补办件、承诺件、联办件、上报件"六件"管理；实行一般事项直接办理、特殊事项承诺办理、重大事项联合审批、上报事项帮助办理、控制事项明确答复"五制"办理。2005 年，建立龙湾区行政审批服务网，实行办理结果公开和示范文本公开。2008 年，便民服务中心统一机构设置、统一服务形象、统一运行模式。实时监控部门窗口 23 个、审批事项 222 个，其中许可事项 131 项，非许可审批事项 91 项。2011 年，完成两轮 20 多个相关职能部门，222 项事权对接的承接落实工作。2016 年，坚持"放、管、服"三管齐下，持续深化行政审批制度改革，推进简政放权，创新审批方式，办理审批事项 18 万余件。

第十七章 龙湾区人民政治协商会议

区政协把握团结和民主两大主题，履行"政治协商、民主监督、参政议政"三大职能，通过召开会议议政协商、精选课题调研视察、选择部门开展民主监督、服务基层反映社情民意等多种形式，助推龙湾区经济社会健康发展。

第一节 区政协委员会 区政协常委会

区政协委员会

1998—2016 年，中国人民政治协商会议龙湾区委员会（简称区政协）共经历四届。每届各次会议均听取并审议区政协常委会工作报告、提案工作报告、讨论政协重大工作并作出决定，委员作大会发言，并列席龙湾区人民代表大会。

区政协历届一次全体会议举行时间：第一届 1998 年 3 月 15—19 日，第二届 2002 年 5 月 19—23 日，第三届 2007 年 2 月 4—8 日，第四届 2012 年 1 月 5—8 日。各届一次会议均举行换届选举，选举主席、副主席、秘书长和常务委员会委员。历届政协主席依次为：朱文松、诸松华、徐国信。

区政协常委会

政协常务委员会在全体会议闭会期间主持日常会务。常务委员会由主席、副主席、秘书长和常务委员组成，其候选人由参加政协各党派、团体、各民族和社会各界人士协商提名，经全体委员会议选举产生。政协常委会一般每季度举行一次，会前由主席会议拟订会议议程等事项，提请常委会决定。

第二节　主要工作

专题协商

区政协参与区委重点工作和区政府重大项目建设的联系督查，对龙湾区重大决策和重要问题，以专题形式提出可行性意见建议，有效实行协商议政。

1998—2008年，龙湾区政协一届一次全会至三届二次全会期间，大会发言52人次（不含书面）；2009—2116年，三届三次全会至四届五次全会期间，大会发言59人次（不含书面）。2011年，龙湾区政协三届五次会议（全委会会议）印发大会发言材料50余篇，5位委员在会上作发言。就龙湾区划调整工作、"六城联创"活动、提案办理情况等议题进行专题协商，为科学合理地推进区划调整、促进龙湾经济社会发展、增强提案办理实效建言献策。2016年，龙湾区政协制订并公布《2016年度协商计划》，发挥政协的集体优势，提炼57条具有代表性的意见建议报区委区政府领导参阅。全年围绕道路综合整治、农产品质量与安全问题、"特色小镇"

建设等内容，召开常委会专题协商 1 次、主席会专题协商 1 次、各专委会对口协商 12 次。

调研视察

区政协围绕各时期中心任务、重点工作和群众关注的社会热点、难点问题，组织调研和视察活动，形成调研报告和视察报告，为区委、区政府决策提供参考，或转化为相关部门的工作措施。

2013 年 1 月 7 日，龙湾区政协委员开展视察活动　　　　　（区政协办供稿）

1998—2008 年，龙湾区政协组织委员开展专题调研和视察活动 45 次，形成调研报告 20 件。2011 年，围绕区委、区政府中心工作，就龙湾区金融生态环境状况、综治网格化管理实施情况和现代物流体系建设等课题开展村庄整治、残疾人无障碍设施建设、专业市场建设、城市中心区建设、文明城区创建等多个专题开展调研视察 10 次，形成调研视察报告 7 篇。2016 年，区政协围绕"城中村"改造、库区移民后期扶持工作、宗教场所聚集建设与管理等工作开展专题调研，针对工作中存在的薄弱环节提出意见建议。全年共向区委、区政府提交调研报告 5 篇。

提案办理

提案是政协参政议政的重要形式。区政协对收到的提案，及时进行归类整理，明确承办职责，落实办理单位，并会同区府办召开提案交办会议，及时将提案送交给有关部门办理。落实重点提案领办、督办工作机制，确保提案办理时效。

1998 年 3 月至 2008 年 3 月，龙湾区政协共召开 11 次全会，收到委员提案 1551 件，经审查立案率达 89.6%，提案办理满意率 99.5%。2011 年，收到委员提案 208 件，审查立案 186 件，提案办理满意率办复率 100%。2016 年，收到意见建议 185 件，经审查立案 178 件（并案后 169 件），占总数的 96.2%；区党政主要领导及其他党政领导领办重点提案 11 件，区政协班子领导督办，全部提案得到妥善解决；全年提案办复率 100%，委员满意率 93.5%。

反映社情民意

2005 年始，区政协制订《加强和反映社情民意信息工作的若干意见》，开展每位委员每年反映一条信息活动，《进一步引导我区建筑业发展》《加快温州大道建设》《社区卫生服务：带农村卫生院走出困境》《瑶溪至茶山上山公路建设原规划影响自然景观》等社情民意得到重视和采纳。2011 年，龙湾区政协召开社情民意信息工作培训会，邀请市政协相关科室负责人给与会的特邀信息员讲解授课。全年向市政协报送社情民意信息 46 篇，多篇被国家及省、市政协采用，社情民意信息工作获全市政协系统一等奖。2016 年，注重发挥政协委员、特邀信息员、信息联络员队伍作用，广泛收集社情民意。全年编发《区社情民意》专刊 7 期，上报市政协 44 篇，采用 16 篇，1 篇被省政协采用并得到省级领导批示。

文史工作

先后编辑出版《龙湾文史资料（第一辑）》（2001 年 7 月）、《龙湾文史资料（第二辑）》（2004 年 12 月）、《龙湾老物件》（2005 年 12 月）、

《龙湾老建筑》（2006年12月）、《巍巍大家》（2008年2月）、龙湾历代书画集《千年墨迹》（2009年）、《龙湾武术》（2010年）、《龙湾民俗》（2011年12月）、《龙湾老行当》（2012年）、《龙湾老街巷》（2013年）、《龙湾老桥梁》（2014年）、《龙

浙江省第一届"兰亭奖"龙湾分赛区中小学生书法大赛现场

湾老城堡》（2015年）、《龙湾老地方》（2016年），形成独具风格的龙湾"老"字号系列丛书。2007年4月，区政协、区文联和《温州日报》副刊部共同举办"龙湾历史文化名人评选"，评出龙湾历史文化名人15位。2007—2014年，组织参加浙江省第一届"兰亭奖"龙湾分赛区书法大赛。2014年组织开展"治水治气"书画摄影比赛活动。

第十八章　民主党派　群团组织

　　龙湾建区以来，各民主党派、工商联成员主动参政议政，参加中共龙湾区委、区政府及部门组织的各种活动，并根据自身特点，发挥自身优势，开展扶贫助学、义诊，送教下乡等社会服务活动。区总工会、团区委、区妇联、区文联等人民团体围绕党和政府各项中心工作，开展众多活动，维护各自代表群体的合法利益。

第一节　民主党派

中国国民党革命委员会温州市龙湾区总支委员会

　　组织沿革　1997年9月13日，龙湾民革支部成立，主委高仁义。2001年5月，永强片区民革党员并入龙湾，高仁义继任主委。2004年12月9日，民革龙湾支部升格为民革龙湾总支，主委高仁义。2008年5月27日，民革龙湾总支换届，王晓东当选为主委。2013年7月27日，民革龙湾总支换届，张雪梅当选为主委。

　　履行职能　1998年3月，主委高仁义当选区政协副主席。

　　2011年，在市人大会议上提交的《关于建立高技能人才信息数据库的建议》等3篇建议，被评为市人大重点建议。2012年，高明章获致公党浙江省委会"'同心行动'组织工作先进个人"称号。2014年，《关于振兴中小企业实体经济稳健发展的建议》被市人大十二届四次会议列为1号议案。2015年，民革龙湾基层委获民革全国宣传思想理论工作先进集体。2016年，社情民意信息《我国建筑，防雷工程市场混乱，收费畸高亟待完善行业规范》《扩大建筑业抵扣范围，切实减轻中小建筑企业纳税负担》被全国政协、民革中央采用；《疫苗冷链运输监管不可"断链"》被中共温州市委统战部、民革中央采用。

中国民主同盟温州市龙湾区总支委员会

组织沿革　1997年10月，建立民盟龙湾支部，周筱云任主委。2000年9月20日，民盟龙湾支部升格龙湾区总支，至2011年5月总支换届三次，周筱云均当选为主委。2015年7月3日，民盟龙湾区总支在第四次盟员大会上，更名为民盟龙湾基层委员会，郑银凤当选为主委。

履行职能　《要求在机场路文化路口设人行横道线或人行天桥》议案被区人大评为1999年度优秀议案。《依托山水路桥，提高龙湾城建品位》、周鼎如《加强文化建设，创建文化名城》获2001年区政协优秀大会发言奖。季星莲《尽快解决东片居民饮用水问题的建议》被评为区政协优秀提案。《关注失地农民，全面实现小康社会》等13个提案入选2004年民盟温州市委《参政议政文稿汇编》。2008年，《对开发和保护好温州生态园的几点建议》被评为政协温州市委会九届二次会议重点提案。2011年，在市、区"两会"上，提交提案议案23件（市人大17件、市政协6件）。《加强我市中小企业社会化服务体系的建议》被市政协评为重点提案，《全力打击"两抢一盗"犯罪，构建平安和谐社会》被区政协评为优秀提案。2016年，承担区重点课题《龙湾区新居民子女教育现状调查和对策研究》、申报课题《浙南科技城打造人才特区的调查研究》《挖掘区域特色，提升规模档次打造多元体系的城市夜市经济》分获中共龙湾区委统战部优秀调研成果二、三等奖项。《成立失足未成年人服务中心，让涉嫌犯罪未成年人真正回归社会的建议》获 2016 年度区政协优秀提案，陈金杰、李辉星获民盟省委 2016 年先进个人称号。

中国民主建国会温州市龙湾区支部委员会

组织沿革　1997 年 6 月 28 日，民主建国会龙湾开发区支部委员会成立。2000 年 11 月 28 日，民主建国会龙湾开发区支部委员会更名为民建温州市龙湾区支部，胡益仁当选为主委。2005 年 1 月，民建龙湾支部届中调整，柯尔克任主委。2006 年 6 月 12 日，柯尔克继任主委。2010 年 12 月，民建龙湾支部升格为民建龙湾总支，张积敏当选为主委。2015 年 6 月 19 日，民建龙湾总支更名为民建龙湾基层委员会，张积敏当选为主委。

履行职能　2005 年，主委柯尔克就龙湾失地农民问题接受电视台专题采访，其中有关社会主义新农村建设提案被写入区政府工作报告。2014 年，调研课题《关于我省城镇低效用地再开发的建议》被民建浙江省委会采纳为 2015 年省两会政协团体提案；《科学有效推进"五水共治"工作的建议》被采纳为 2015 年省政协提案，并作为市政协民建市委会集体大会发言材料、民建界别集体提案。2015 年，民建龙湾基层委被民建省委会评为先进基层组织，张积敏被民建中央评为民建全国先进会员。2016 年，完成《加快龙湾东片道路建设及滨水绿化提升、推进生态宜居城市化进程的建议》专题调研报告，向民建市委会提交《关于推进浙南科技城内各类平台建设的建议》等 3 篇调研报告。《关于设立废砂处置消纳点的建议》获中共龙湾区委统战部 2015 年度龙湾区党外人士优秀社会调研成果一等奖，《关于进一步加强截污纳管助推"五水共治"的建议》等 3 篇调研文章分获民建市委会 2015—2016 年度优秀调研成果三等奖和优秀信息成果优秀奖。

中国民主促进会温州市龙湾区支部委员会

组织沿革　1997 年 11 月 20 日，民进龙湾区支部成立。2002 年 3 月 18 日至 2011 年 5 月换届（三次），陈敏均任主委。2011 年并当选为区政协副主席。2014 年 4 月 18 日，民进龙湾总支换届，曹丹艳当选为主委。2015 年 8 月 26 日，民进龙湾总支更名为中国民主促进会温州市龙湾区基层委员会，曹丹艳当选为主委。2016 年，民进龙湾基层委有会员 38 人。

履行职能　2000 年，《关于净化校园周边环境建议》被区政协评为年度优秀提案。2006 年，《全力推进精品名牌战略，加快我市经济发展》和《关于减少道路重复开挖、翻修的建议》分获市、区人大优秀议案。2011 年，《关于加强过程控制，全方位保障食品安全的建议》作为在市政协大会上的发言。《关于在龙湾区各农贸市场、菜市场建立食品安全检测室的建议》被评为 2011 年区政协优秀提案。2012 年，《浅谈民主党派的界别作用》在省人民政协理论研究会 2012 年会暨第四次理论研讨会上获三等奖。2013 年，"助学助教·奉献爱心——龙湾民进结对共建活动"获民进浙江省委会 2012 年度基层组织活动经典案例好点子奖，王成福获"民进中央宣传工作先进个人"称号，《浅谈民主监督"平民四度"的把握与控制》获省人民政协理论研究会 2013 年会三等奖。2014 年，民进龙湾总支被民进省委授予"2014年度民进浙江省委会优秀基层组织"称号。2016年，开展以"龙湾区基础教育短板提升对策研究"和"探索构建全民治水大格局的调研"为主题开展"龙湾民进调查研究月"活动。3月8日，组织开展影视文化产业调研。

中国农工民主党温州市龙湾区支部委员会

组织沿革　2004年9月29日，农工民主党龙湾支部委员会成立，金叶道为主委。2014年5月23日，农工党龙湾区支部换届，金叶道当选为主委。

履行职能　先后向区政协提交《依法行医的堵与疏》《整合资源，加大力度，推进社区卫生服务中心》大会发言稿。《让每朵花儿都绚丽绽放》被中央教育科学研究院评为全国一等奖。2008年，《关于外来人员文化生活问题的建议》和《龙湾区养老状况的分析与思考》被列为重点提案。2010年，农工党龙湾支部被农工党省委授予2007—2009年社会服务工作先进基层组织称号。2011年，向区政协提交大会发言材料5篇，《抓好重点打好龙湾文化三张牌》被作为大会口头发言文章。2015年，农工党龙湾基层委被农工党中央授予先进基层组织称号。2016年，《关于在空港新区大力推广钢结构住宅建筑的建议》获评区政协优秀提案。

中国致公党温州市龙湾区支部委员会

组织沿革　2000年9月7日，致公党温州市龙湾区支部成立，至2005年12月支部换届（二次），吴永龙均任主委。2010年6月25日，支委会换届选举。高明章当选主委。2015年6月26日，致公党龙湾支部升格为基层委员会，高明章当选为主委。2016年，致公党龙湾基层委总人数34人。

履行职能 《关于温州文化趋向的调研》等获市、区两级中共统战部门调研文章三等奖及区政协优秀征文。2002年后，向市、区两级人大、政协会议提交大会发言3篇。2008年，致公党温州市龙湾区支部提交《充分发挥我区优势，吸纳外资，促进新龙湾经济和谐发展》《建设新农村要和发展新文化相结合》等2篇调研文章。2011年，致公党龙湾支部获致公党浙江省委会党派工作创新奖。2014年，调研课题《专业市场和电商融合发展，促进实体经济转型升级》被致公党温州市委会转化为温州市政协大会发言材料之一。2016年，致公党龙湾基层委《关于加大对龙湾时尚商圈投资，打造温州精品工程的建议》获龙湾区政协2016年度优秀提案。

九三学社温州市龙湾区支社

组织沿革 1998年1月，九三学社龙湾区直属小组成立，高雍和任组长。9月，升格为支社，高雍和任主委。2006年1月支社换届，陈继远任主委。2011年支社换届，陈继远继任主委。2015年6月29日，支社升格为基层委员会，陈继远当选为主委。

履行职能 1998—2005年，龙湾支社区政协大会发言13人次，提交区政协大会发言材料19篇，提案41件。2005—2016年，九三学社龙湾基层委员会连续11年被九三社市委评为"宣传信息先进集体"。2011年，在区政协会议作题为《大干快上早日建成现代化滨海山水新龙湾》《尽快规划建设龙湾公共交通体系》大会发言，提交大会书面发言材料10篇和提案15件，《加快发展龙湾专业市场》获优秀提案奖；提交社情民意信息38篇，其中全国政协采用3篇，省政协采用3篇，市政协采用7篇，九三学社中央采用 3 篇，九三学社省委采用 13 篇，中共浙江省委统战部采用 5 篇；2013 年，《国五条细则应在执行中补充完善》社情民意信息获中央领导批示，并跻身社中央四个"2013 年度信息工作特别贡献奖"之列。2016 年，《上下同心，助推浙南科技城建设》获市政协优秀提案。上报信息 14 篇，被九三学社市委采用 14 篇，被九三学社省委采用 9 篇，被市政协采用 1 篇。《信念的芬芳——我为温州发展做什么》获评市委统战部"我为温州发展做什么"主题征文比赛三等奖。

第二节　群团组织

龙湾区总工会

建区以来，共召开五届区工会代表大会。2008 年，有基层工会 3925 家、工会会员 7.90 万人。2016 年，有街道工会组织 6 个，系统工会组织 7 个，社区工会组织 20 个，村级工会组织 112 个，行业工会组织 13 个，全区基层工会组织 2177 个，会员 24.40 万名。

区总工会常年开展文化技术教育，协调劳动关系，推行"双保"合同制度，关注工人劳动保护，检查企业安全生产，组织工人参加民主管理，创建和谐企业，帮助解决职工困难等工作，维护职工合法权益。同时开展劳动竞赛，评选劳动

2016 年 6 月 22 日，龙湾区职工才艺擂台赛现场　　　　（叶晓东/摄）

模范，组织岗位练兵、技术比武和文娱体育活动，激发职工投身于社会主义现代化建设中去。

2011年，龙湾区总工会组织第四届职业技能比武大赛，参赛职工268人，内容涉及7种职业（工种）。开展第二届区级劳动关系和谐企业评选活动，3家企业获省级劳动关系和谐企业称号，7家企业获市级劳动关系和谐企业称号，10家企业被龙湾区委、区政府命名为第二届区级劳动关系和谐企业。开展2009—2010年度劳模评选，评出劳动模范20名、模范集体10名；温州民科基地（龙湾）开发建设指挥部总工程师曾国海获"全国五一劳动奖章"。在行业性、区域性工资集体协商工作中，701家企业签订集体合同，惠及职工8.26万人。建成市级"三位一体"职工文化乐园示范单位3家，普通职工书屋56家，省、市级职工书屋4家，"职工电子书屋"30家。2016年，龙湾区总工会开展包含三大主题、8大竞赛的"争先树标杆、建功十三五"主题劳动竞赛。实施职工蓝领成才工程，培训技能职工1582人。实施"职工双百技能晋升助推计划"，92名职工实现初升中、中升高技能级别晋升。搭建"龙湾区高级能人才群英会"平台，组织10余名高技能人才开展交流学习。深入挖掘"劳模育才班"运行模式，培育技能职工120名。组织各级"工人先锋号"单位、劳模志愿服务队开展"先锋志愿行"服务下基层活动。率全市之先推出各级劳模享受人才公寓入住的优惠政策。评选"龙湾区十佳职工平安巡防志愿服务队"10支和"龙湾区优秀职工平安巡防志愿服务队"40支。开展"送宣传进企业强意识、送专家进企业强服务、送培训到园区保安全、送清凉给职工强保障、送义诊惠职工保健康"为主题的"五送安全进企业"活动，参与企业

292 家，惠及职工 14710 人。

共青团龙湾区委员会

1985 年 1 月，共青团温州市龙湾区委员会建立。共召开九届团代表大会。2016 年，全区有青年 9.50 万名，基层团委 40 个，团总支 1 个，团支部 1037 个，基层团工委 32 个，非公企业团组织 519 家，新社会组织团组织 32 个；团员 3.7 万名，专职团干部 95 名。

团区委成立区青年创业就业服务中心，开展青年农民科技知识培训和"千校百万"外来务工青年培训。启动"成功创业计划"，实施"青年企业家素质提升工程"，培养造就优秀青年企业家队伍。深化"成功创业计划"，培育创新创业复合型人才。全

龙湾 37° 青年创业公寓 （余平 / 摄）

面启动青年文明号创建工作，开展服务外来务工青年群体系列活动。深化志愿者注册制度，开展"参与文明创建，争做注册志愿者"服务系列活动。深化农村精神文明建设，促进青年文化可持续发展。开展"爱心总动员——让大家共同关心下一代"区"五老"进校园、青年新媒体文化引领、青年创业创新服务、新青年下乡等活动。

2011 年，团区委开展以"凝聚共识、青春同行"为主题的、活动内容丰富的第八届青年文化节。开展以"魅力社团展风采，青春校园育人才"为主题的中学生社团文化节。开展学唱一首爱党歌曲、了解一个党史故事、观看一部红色影视剧、参观一个革命纪念地、了解党的一个新成就、寻访

一位优秀党员等"六个一"活动，评出"好青年"147 名，"四好少年"30 名、"红领巾示范校"19 所。举办第四届"泰昌杯"职业技能比武大赛。开展 2011 年度青年文明号申报创建工作，创成青年文明号区级 12 家、市级 8 家。强化青年志愿者注册招募，在册志愿者 3.50 万人。成立龙

2011 年 4 月 21 日，龙湾区五四运动 92 周年纪念大会暨"十大青年红歌手大赛"现场 　　　　　　　　　（团区委供稿）

湾区中学生联合会。开展"红领巾示范校"考核评比和"特色中队"评比。2016 年，召开共青团龙湾区第九次代表大会。开展"青年共话大拆大整"讨论和"大拆大整"百米长卷绘最美温州等活动。开展龙湾区纪念五四运动 97 周年暨"青春领跑敢担当，助力发展做标杆"主题系列活动。开展网络青年交友联谊、"智慧团建"文化普及、"悦享青春——品书会"和"青年速度与激情"等为主要内容的青年文化活动。继续做优"龙湾创业实战营""创意求职大赛"等品牌项目，建立创业项目库，举办青年创业路演 10 场。组织 50 多支"新青年下乡"服务队伍与街道、社区、农村文化礼堂形成校地共建合作，实现"点上结对"服务。做强 10 个"青年之家"平台功能，引入新合源等社工组织入驻各级平台，全年开展公益培训、心理辅导等社会化服务活动 200 余场。

龙湾区妇女联合会

1985 年 1 月，龙湾区妇女联合会成立，共召开六次妇女代表大会。区妇联有街道妇联组织 6 个，区、街道两级专兼职妇联干部 22 名；村妇

联组织 2 个、妇代会组织 94 个；机关单位妇委会 47 个。至 2016 年，市级"双学双比"生产示范基地 6 个，"巾帼文明示范岗"102 个，其中国家级 3 个、省级 16 个、市级 26 个、区级 57 个；区级文明家庭 30887 户，家长学校（家教指导中心）119 所，

2016 年 12 月 7 日，龙湾区举行家庭文化节颁奖仪式 （区妇联供稿）

其中市级以上示范家长学校（家教指导服务中心）27 所，区级示范家长学校 30 所。

区妇联常年组织全区妇女开展"双学双比""巾帼建功"、创建文明家庭、平安家庭、学习型家庭、绿色家庭、素质教育、"巾帼扶贫"、争当廉内助、创办妇女学校、农函大以及评选"三八红旗手"、文明示范岗、巾帼示范村等活动，激发广大妇女积极投身于社会主义现代化建设中去，培养其建立和谐社会、和谐家庭的意识。区妇联还举办多项惠及妇女儿童权益的实事，促进妇女儿童身心健康。区妇联把保障妇女儿童权益列为重要工作。

2011 年，区妇联颁布实施《龙湾区"十二五"妇女儿童发展规划》。开展"巾帼文明岗""十佳创业女能手""双十佳岗位女能手""双十佳岗位女能手提名奖"和"妇字号"农家乐评选活动。举办"我心向党巾帼增辉"征文和"关爱母亲，靓我塘河"摄影作品评选活动。开展巾帼志愿者国际家庭日服务活动。全年接待妇女群众来访来信来电 123 件，做到件件有落实。年内，区妇联获省实施妇女儿童发展规划先进集体、省"平安

家庭"创建活动先进集体称号。2016 年，召开龙湾区第六次妇女代表大会。广泛开展巾帼文明岗"微笑服务行动""服务 G20 巾帼在行动""惠民暖心，最美服务"等服务活动百余场。成立婚姻家庭服务中心，组建资深律师、心理咨询师、婚姻家庭咨询师、社会工作师和人民调解员等 12 人跨专业的服务团队，受理各类事项 35 件。联合区公安分局成立家庭暴力伤情鉴定中心，全年开展三八维权周、"6·26"禁毒日、"11·25"反家暴周等三大主题宣传活动 50 场，12338 妇女维权热线接听接访 33 起，信访处理率 98%。

工商业联合会

1999 年 11 月，区工商联（总商会）成立，共召开五次会员代表大会。2016 年，龙湾区工商联共有会员企业 2526 家，下设 6 个基层商会（永中商会、蒲州商会、海滨商会、永兴商会、状元商会、瑶溪商会），6 个行业协会商会（物流商会、食品商会、网吧协会、印刷协会、针头协会、网络经济企业联合会），3 个异地分会（北京龙湾企业商会、上海分会、杭州分会）、1 个联谊会（新生代企业家联谊会）。

参政议政 1999—2008 年，向区政协交提案 197 件、调研文章 4 篇，调研课题《全区阀门行业发展报告》通过区政协常委会向区政府提交专题建议案，获 2008 年度全市工商联系统参政议政优秀成果一等奖。2011 年，陈金明关于《加快海城街道传统产业改造提升的建议》被列为区人大重点建议；陈进富《关于提倡文明简朴，节俭办丧事的建议》被列为区政协重点提案，联合调研文章《关于推进内外龙湾人互动发展的调查与思考》获评 2010—2011 年度全省工商联优秀调研成果奖。2016 年，龙湾区工商联提交提案 19 件，其中重点提案 2 件，团体提案 2 件；《关于加快推动工业经济发展》获市工商联参政议政成果二等奖。年内，区工商联获评 2016 年度全省工商联系统先进单位。

2008 年 9 月 25 日，区工商联民生扶助基金举行 2012 年度非龙湾籍员工高考子女助学仪式　　　　（区工商联供稿）

交往合作　区工商联组织会员企业参加全国民营企业交易会、浙江省民营企业科技洽谈会、百名海外博士浙江行活动，组织会员企业参加意大利、尼泊尔等国及山东、江苏、河南、成都、上海、澳门等地在温州举办的招商会、恳谈会。2003—2004 年，接待 20 多批外地工商联（商会）考察团，并与姜堰市商会、德清县商会、启东市商会、昆山区商会结为友好商会。鼓励会员赴江苏宜兴参加"长三角"县（市、区）工商联工作联谊会。组织企业参加第二、三届国际轻工商品博览会、亚洲博鳌论坛、首届中国民营企业国际人才、智力（温州）交流大会。2011 年，区工商联举办政银企恳谈会，组织企业代表参加全区中小企业座谈会。落实"公益互助基金"方案；配合"红色接力"活动，搭建民企二代传承交流平台。2016 年，龙湾区工商联协助区政府成立中小企业应急转贷资金，累计运转 202 笔、12.50 亿元。组织企业家举办多层次资本市场对接会，开展"金融服务进民企"活动。率全省之先联合检察、公安、法院、司法成立联络室（服务站）开展司法联合助企活动，帮助企业解决劳资纠纷 351 件、708 人、591 万元。

文联

1999 年 11 月，龙湾区文学艺术界联合会成立。共召开两届会员代表大会，有团体会员 9 个，即文学、摄影、书法、美术、音乐、舞蹈、诗词、朗诵、民间文艺协会，个人会员 638 人。

区文联常年配合区委宣传部，结合文艺创作，编辑《我为跨越做什么》《张璁文化研究》《龙湾文献丛书》《龙湾历代诗词选》《龙湾旅游画册》《情系龙湾》等书籍，举办文化艺术节，大型文艺晚会、文艺广场表演、书法巡展、张璁 530 周年诞辰学术报告会与学术研讨会等活动，创作文艺精品和富有地方特色的文艺节目。

2011 年，召开龙湾区文联二届八次全体会议。承办龙湾区纪念建党 90 周年诗书画作品展。举办"颂党恩、跟党走"诗词吟诵会。编纂出版《明人明事——浙南明代区域文化研究》《永嘉场文丛》《大罗山历代诗文集》《江南》杂志明代文化研讨会特刊，及《我看龙湾》《环溪诗集》《矛盾》等专著。80 余件书法作品在全国、省、市重大书展中展出或获奖，其中摄影作品《迎来风雪展千姿》《青云唤千峰》获中国第十届国际摄影艺术展银牌奖、优秀奖；舞蹈《暖》获浙江省幼少儿舞蹈大赛创作表演金奖；木雕《文姬思汉》获中国（东阳）木雕竹编工艺美术博览会银奖。2016 年，举办龙湾区首届"罗峰奖"全国非虚构散文创作大赛。设立首个全国

2016 年 11 月 9 日，龙湾首届"罗峰奖"全国非虚构散文创作大赛颁奖典礼现场
（叶晓东／摄）

性文学类创作大赛专项资金，启动资金 25 万元，每两年举办一次。7 月，面向全国征稿，共收到来自全国 20 多个省、市参赛作品 282 篇。举办龙湾区首届书法文化艺术节暨"释然天放"——第二届千人书法展演、百幅书法精品惠民活动。举办"不忘初心继续前进"纪念红军长征胜利 80 周年文艺晚会。启动龙湾区"一协会一礼堂"文艺牵手行动。创作文艺精品累计获各类国家级、省级重大赛事奖项 300 件，其中区文联永电合唱团获第十三届中国国际合唱节成人女声组银奖，广播剧《永昌之魂》获"中国广播剧研究会专家奖金奖"，邱朝剑获第九届全浙书法大展最高奖"沙孟海奖"，《牧羊图》获 2016 第十一届中国东阳木雕竹编工艺美术博览会特等奖。

龙湾区千人书法展演全景图 　　　　　　　　　　　　　　　　　　　　（江国荣／摄）

第十九章　法制　军事

　　1984年建区后，建立温州市公安局龙湾分局、人民法院、检察院和司法行政机关。以平安龙湾为目标，以全力维护社会稳定为重心，破解社会管理重点难点问题，夯实综治基层基础工作。坚持"从严治警""科技强警"，为创建"平安龙湾"发挥应有作用。

　　龙湾为海防前沿，驻防温海军某部和武警边防支队。本章军事以记述和平时期人武部工作为主。1985年3月23日，龙湾区人民武装部成立，下辖蒲州、状元、龙湾、瑶溪、龙水5个乡镇和海洋渔业公司、东山陶瓷厂共7个基层人民武装部。1986年6月，龙湾区人武部划归地方建制。2001年8月，区划调整，区人武部辖5个镇、5个街道人武部。

第一节　司法行政

　　龙湾政法系统以平安龙湾为目标，以全力维护社会稳定为重心，着力破解社会管理重点难点问题，不断夯实综治基层基础工作，有效维护社会稳定。公安、法院、检察和司法行政机关坚持"从严治警""科技强警"，为创建"平安龙湾"发挥应有作用。

公安

1985 年 3 月 8 日，成立温州市公安局龙湾分局。1993 年 12 月，建立温州市公安局经济技术开发区分局，与龙湾区公安分局实行两块牌子、一套班子，合署办公。2002 年 8 月，温州市区区划调整，龙湾区公安分局设置 10 个派出所。

2009 年 11 月 10 日，龙湾区公安指挥中心大楼举行开工仪式（区公安分局供稿）

刑事侦查　龙湾区公安分局陆续开展治安大清查、缉逃专项斗争、破大案、严打等专项活动。2003 年，发生命案 28 起，破获 26 起，破案率 92.9%。2011 年，发各类刑事案件 8637 起，破获 3370 起，其中"两抢"案件发 763 起，入室盗窃案件发 1958 起，打击处理 2086 人，查结治安案件 2280 起；追捕各类逃犯 744 名。2016 年，全年接报各类警情 31479 起，刑事＋治安类案情 20183 起，刑事发案 3853 起，破结刑事案件 1050 起，治安处罚 2989 人。命案发 7 起破获 7 起，命案破案率达 100%。

经济侦查　针对不法分子在经济领域的作案日趋增多，而且往往涉案金额比较大的情况，强化经济犯罪打击力度，陆续开展打击经济犯罪专项行动。1997 年，受理经济案件 21 起，立案侦查 6 起，逮捕移送起诉 1 人，取保候审 5 人，挽回经济损失 193 万元。2011 年，全力开展打击银行卡犯罪"天网"专项行动、打击侵犯知识产权及制售伪劣商品"亮剑"专项行动。全年受理各类经济犯罪案件 63 起，立案 57 起；破获案件 57 起，抓获犯罪嫌疑人 81 人；刑拘 40 人，取保 69 人，逮捕 12 人，移送起诉 89 人；

抓获网上逃犯 34 名。查处国务院批办的郑珠菊非法经营案，妥善处置民间借贷风波引发的多起涉稳事件。2016 年，立各类经济犯罪案件 37 起，破 39 起（其中，年前案件 17 起），案件移诉 38 件 58 人，挽回经济损失 3600 万元。"老赖"上网追捕 76 人，抓获 49 人。恶意逃废债案件查破 18 起，其中，境外逃犯抓捕 2 人。摧毁各类侵财团伙 27 个，侵财犯罪嫌疑人移诉 491 人，五年以上判决 12 人，高财对象刑拘 22 人，通信网络诈骗案发案 960 起。

消防工作　1984 年 12 月，龙湾建区后，在区公安分局设消防科，设状元中队。1994 年，龙湾区组建消防大队。2001 年，温州市区行政区划调整，瓯海区永中消防中队划归龙湾大队。龙湾区消防大队辖状元、永中两个中队。2010 年 6 月 3 日，龙湾区综合应急救援大队成立。2012 年 3 月 2 日，温州市消防支队龙湾区大队更名为温州市公安消防局龙湾区分局。

龙湾区公安分局通过消防宣传和落实消防安全责任制及经常性检验监督实施消防管理。1996 年 2 月 19—20 日，扑救温州石油公司状元油库特大火灾。2011 年，深化消防安全责任制，全年接警出动 617 次，出动警力 8070 人次；出动各种消防车辆 1185 辆次，抢救被困人员 89 人，疏散人员 157 人；抢救财产 1507.8 万元。是年，发生火灾事故 44 起（立案调查数据），死亡 0 人，直接经济损失 293.21 万元。全区火灾各项指标实现

2009 年 11 月 9 日，龙湾区全民消防宣传教育启动仪式举行　（区消防分局供稿）

"三个零增长"，是近三年中火灾亡人最少、火灾形势最稳定的一年。1月，龙湾区消防大队被市委、市政府授予"模范公安基层单位"称号。2016年，接警出动556起，出动消防车辆1140辆次，出动警力7073人次，抢救和疏散被困人员143人，保护财产价值5224万元。全区发生火灾331起，直接财产损失2155万元，受伤1人，未发生1起亡人事故。年内开展两类场所（居住出租房、合用场所）综合治理、"五大重点领域"消防安全整治、"百日攻坚"专项行动、今冬明春火灾防控等工作，相继开展"护航""祥和""铁网""净雷"等系列专项行动，检查单位10326家，发现隐患13691处，责令整改5330起，行政处罚486家，责令"三停"87家，临时查封246家，拘留139人。

　　治安管理　　龙湾建区后，逐步建立健全人防、物防、技防相结合的治安防控体系，开展治安案件处理、查处传播淫秽录像案件、查处赌博案件，陆续开展"亮剑""迅雷"专项整治行动和以禁赌为重点的"除六害"（即卖淫、嫖娼、赌博、吸毒、种植毒品、制作传播淫秽物品）专项治理活动。2011年，落实社会治安重点地区挂牌整治制度，重点整治市级治安乱点2个、区级治安乱点（复杂地段）7个，整改检查存在消防安全隐患酒店31家，集中整治学校及周边治安综合治理20次。状元街道银华小区、响动岩住宅小区、永中街道永上移民村、沙城街道七三村安全小区、海城街道

2010年10月19日，区平安创建夺牌冲刺誓师大会暨百日治安大巡防开巡仪式现场
（区公安分局供稿）

颐乐锦园，通过市公安局住宅区封闭式建设和安全防范考核验收。建成视频监控点 1040 个，视频监控点续费 444 个。按数字城管监控建设要求，划拨村级巡防建设专项资金 100 万元共享视频监控 426 个。2016 年，认真开展"平安大巡防""平安创建干部入户问计于民""平安妈妈入户送平安""大手拉小手平安校园"等宣传创建民情恳谈会 200 多场，征集平安创建意见 233 条，平安妈妈入户 7 万多户。将 60 个部门、35 个基层站所纳入网格化管理，全年共受理信息 65850 条、办结 65850 条，流转 773 条，被市级表彰 46 条。开展重大矛盾纠纷排查化解，排查、化解矛盾纠纷 4123 件，省级挂牌重大矛盾纠纷 1 件，市级挂牌重大矛盾纠纷 3 件，开展夜巡夜查 79 次，排查企业 141 家，超市、餐饮店等 115 家。在"平安大巡防"活动中，建立专业巡防队伍 49 支 320 人，企业巡防队 166 支 1328 人，群众巡防队伍 103 支，平安志愿者登记造册 30800 人，开展活动 166 次。全年共接报各类警情 31479 起，同比下降 9.2%，其中盗窃案件 6890 起、"两抢"警情 83 起，分别同比下降 15.9%、21.7%。

禁毒工作 1994 年，区公安分局接手境域禁毒工作，查获毒品交易团伙成员 5 人，缴获海洛因 15 克。2008 年，在全市公安机关禁毒工作考核中各项指标名列第二。2011 年，建立易涉毒娱乐场所"黑名单"，加大涉毒场所整治查处力度，全面深化缉毒破案、毒品管制、堵源截流、禁吸戒毒工作，全年，查获涉毒案件 709 起，摧毁贩毒团伙 12 个，移诉毒品犯罪嫌疑人 185 人，查处吸毒人员 667 人，缴获各类毒品 4025 克。2016 年，以"春雷"专项行动为主要载体，缉毒破案成效明显，打击成效列全市同类地区前列。全年共抓获毒品犯罪嫌疑人 126 人，移诉 118 人，破获 3 人以上团伙 13 个；查获吸毒人员 499 人次，完成强制隔离戒毒 128 人，美沙酮维持治疗 42 人。开展毒品种植踏查行动 15 次，无非法种植毒品原植物事件，保持毒品原植物"零种植""零产量"。认真开展禁毒宣传预防教育工作，组织禁毒宣传大型活动 5 场，参观禁毒预防教育基地 12 场，制作分发禁毒宣传资料与禁毒级纪念品 30 万余册（份），利用 LED 播放禁毒宣传广告和视频 500 余条，受教育群众 30 万余人。

检察

刑事检察　1996—2007 年，龙湾区检察院共受理和批准逮捕 6486 人，审查批准和决定逮捕 6184 人，不予逮捕 302 人。2008 年，立案监督工作连续 3 年被评为全省先进。2011 年，突出加强对抢劫、抢夺、盗窃"两抢一盗"案件的打击，共批捕 698 人，起诉 789 人。2016 年，龙湾区人民检察院批准逮捕"黑拐枪""盗抢骗""黄赌毒"等危害公民人身财产安全和妨害社会管理秩序犯罪嫌疑人 522 人，提起公诉 964 人。对初犯、偶犯、轻微犯罪、未成年人犯罪等落实宽缓刑事政策，依法作出不批捕决定 251 人，作出不起诉决定 143 人。

职务犯罪侦查与预防　2003 年，查处贪污贿赂、渎职侵权、挪用公款等职务犯罪线索 24 件，立案查处 12 件 12 人，其中贪污贿赂 5 万元以上大案 9 件。2011 年，立案侦查涉嫌贪污贿赂案件 8 件 14 人，其中贪污案 2 件 7 人，受贿案 1 件 1 人，挪用公款 3 件 3 人，行贿 2 件 3 人，挽回经济损失 560 余万元。2016 年，立案查处职务犯罪案件 11 件 11 人，其中，贪污案件 3 件 3 人，受贿案件 1 件 1 人，行贿案件 3 件 3 人，挪用公款案件 2 件 2 人，滥用职权案件 2 件 2 人。

控告（申诉）检察　2002年，接待群众来访276人次，受理群众来信174件，受理举报线索63件，其中自查案件5件。2011年，采取领导包案、下访、回访等措施，妥善处理涉检信访案件，及时解决群众合理诉求。全年受理来信52件，来访41件70人，涉检信访零进京零去省，将检察环节的矛盾纠纷化解与社会大调解工作体系相对接。2016年，推进涉法涉诉信访改革全年受理来信来访243件，办理刑事申诉案件13件。推进落实矛盾纠纷化解、执法办案风险评估、检察长接待、选择检察人员预约接访等制度，开展释法说理，从源头上预防涉检信访。深化未成年人刑事检察工作，完善"捕诉监防一体化"工作模式，加强对涉罪未成年人法律援助、回访帮教，促其早日回归社会。"引入专业力量挽救帮教涉窃未成年人案"获评浙江省检察机关未成年人司法保护精品案例。

法院

刑事审判　2002年，受理636件，审结626件。2011年，受理刑事案件1249件，审结1159件；判处罪犯1524人，其中判处五年以上有期徒刑203人。审结抢劫、绑架、强奸等严重暴力犯罪和黑恶势力犯罪案件150件236人。审结贪污、贿赂、渎职案件8件10人。对272名情节较轻、有悔罪表现的被告人依法适用缓刑、管制或单处罚金刑罚。充分保障刑事案件被告人的辩护权，为197名符合条件的被告人指定辩护人。

2016年，审结刑事案件1595件，判处罪犯1983人。加强对涉黑、涉恶等案件证人人身保护，证人出庭作证24人次。完善市区危险驾驶案件集中机制审理，与公安、检察、司法局联合出台《轻微刑事案件快速办理机制实施细则》，建立相对集中的提起公诉、集中开庭、简化文书制作、简化庭审程序办案模式，审结此类案件 574 件，平均审理天数 6.58 天。

民事审判　2002 年，受理 2732 件，审结 2667 件。2011 年，受理民商案件 3265 件，审结 2693 件，分别比上年上升 50.7% 和 28.1%。审慎审理劳动争议、人身损害赔偿、婚姻家庭等涉及民生案件 842 件。开展诉调对接工作，驻法院人民调解室成功调解案件 165 起，涉案标的 3200 万余元。简化人民调解协议的司法确认程序，确认人民调解案件 67 件。2016 年，成立家事审判合议庭，设立专门家事审判庭、调解室、心理咨询室、亲情教育室，建立离婚案件诉前调解机制，引入家事纠纷人民调解委员会参与调解，审结家事纠纷案件 278 件，调解 83 件。开展家庭暴力人身保护试点工作，发出人身安全保护裁定 10 份。全年审结民商事案件 6749 件，同比上升 4.4%。

行政审判　1998 年，龙湾区人民法院设立行政审判庭。2006 年，受理行政案件 94 件，审结 75 件，原告申请撤诉 31 件，维持行政机关决定和裁定驳回起诉和诉讼请求 39 件，终结、移送等其他方式处理 5 件。2011 年受理一审行政案件 33 件，审结 36 件，相对人主动撤诉 8 件，和解撤诉率 22.2%。与区政府联合出台《关于建立龙湾区府院联席会议制度的通知》，充分保障行政和司法的良性互动，推动社会管理创新。与行政机关召开座谈会 8 次，为行政机关依法行政提供指导。做好行政诉讼简易程序试点，适用简易程序 2 件。2016

龙湾区人民法院巡回审判庭
（区人民法院供稿）

年，修订完善裁执分离实施办法，协调国土部门非诉执行积案清理工作，审结非诉行政案件 3535 件，裁定准予执行 3387 件，裁执分离 401 件。建立行政机关负责人不依法出庭应诉，行政机关不及时反馈司法建议，不执行法院生效裁判公告机制，行政机关负责人出庭应诉率居全省前茅。全年审结行政案件 69 件，同比上升 228.6%。

第二节 军 事

兵役

2008 年，龙湾区结合征兵由普通青年为主转为高校毕业生为主的政策调整。2011 年，超额完成新兵征集任务，新兵总体质量较好。龙湾人武部被省政府、省军区评为 2010 年度征兵工作先进单位。2014 年，完成新兵征集任务，连续保持 29 年无责任退兵，被南京军区评为"征兵工作先进单位"。2015 年，被省政府评为 2015 年度征兵工作先进单位称号。2016 年，开展"征兵宣传走进

新兵入伍 （区人武部供稿）

校园走进社区"活动，适龄青年登记完成率 100%，位居全市第一。利用信息平台大数据助力征兵工作，完成省军区赋予龙湾区征兵体检信息化管理系统网络版建设试点任务。8 月 14 日，中央七套军事频道晚间新闻对龙湾区征兵政治考核指数分析平台进行专门报道。9 月 8 日，《中国国防报》

一版、《解放军报》新闻客户端分别以"大数据助力征兵考核"为标题进行专门报道。年内，龙湾区超额完成征兵任务，大学生比率71.2%。

民兵

区人武部开展基层民兵"三落实"（组织落实、政治落实、军事落实）工作，逐步改善民兵装备，并采用集中保管模式保管。2006年，龙湾区人武部顺利完成各镇（街道）9个专业民兵的训练任务，成绩均在良好以上。2011年，组织民兵应急分队训练及轻武器实弹射击。开展民兵整组工作，通过编组，民兵组织重点分队的退伍军人比例占67%，专业对口率80%以上，在岗率85%。动员民兵参与全区省级文明城区创建。组织民兵2次参加植树造林活动；

组织民兵参观洞头女子民兵连纪念馆　　　　　（区人武部供稿）

组织民兵180余人，3次参加山林救火。2016年，龙湾区人武部视情依预案进行拉动演练，组建民兵情报信息员队伍，并统合龙湾区公安、安监、应急、防汛等16家单位力量，搭建信息联侦联动跨区域、跨领域协作平台，军地联合建立网军队伍。在民兵整组工作中，逐个点验10个街道、区直机关、4个企业等16家单位。将龙湾区无线电协会部分分员吸收到基干民兵队伍。夯实后备力量规范化建设，开展评星挂牌活动，以100%达到"三星"标准为目标。推进应急力量"四队"建设，按照准现役连队标准和"模块化、车载化、野战化"要求，全区和各街道均抓好1支民兵应急分队建设。

国防教育

龙湾区人武部把全民国防教育作为武装工作的重要形式和内容。2006年，以《中华人民共和国国防教育法》颁布五周年、第6个全民国防教育日为契机，开展《中华人民共和国国防教育法》知识和书画比赛活动，邀请国防大学战略研究所王宝付教授作国内外形势报告，组织有关领导参观部队官兵内务和军事课目表演。2011年，深化社区、村（居）、企业国防教育工作，3次组织民兵、青少年学生参加第三届"全国道德模范"评选、"十大时代先锋"评选、第十二届"全军学习成才标兵"评选。全年被军内外报刊、网络录稿195篇，其中中央级5篇、军区级44篇、省级43篇、市级103篇。2016年，结合纪念建党95周年、长征胜利80周年，广泛开展以"传承红色基因，延续红色血脉"为主题的国防宣传暨第十六个全民国防教育日活动，组织区机关、街道、党员干部、群众等参观龙湾区的炮台山、永昌堡等省级国防教育基地。开展地方党政领导"军事日"活动和国防形势报告会；在集团企业武装部深入开展"创生产价值、增企业效益、建民兵功业"活动，推动军民融合发展。

人民防空

龙湾区人防办利用广播、电视、报纸、展览、广告等形式，每年开展"人防宣传周"活动，通过发送人防报、进行警报试鸣、发放宣传资料等形式开展宣传，增强群众防空意识和国防

2010年5月27日，龙湾区七大重点项目举行集体开工奠基仪式现场

（龙湾城市中心区供稿）

观念。在 10 个镇（街道）建立以"一把手"为组长，人武部部长、城建副镇长（副主任）为副组长，文教卫、城建办、人武部工作人员为组员的人防工作领导小组，加快人防队伍建设建设。

2016 年 2 月 2 日，全省规模最大的单建掘开式平战结合地下兼顾人防工程——龙湾区 F 地块大型兼顾人防工程建成投用

第二十章　人事　民政　劳动保障

　　1985 年 4 月，龙湾区劳动人事局建立后，通过引进科技人才，择优录用干部，接受分配大中专毕业生和军队转业干部，培训教育、专业技术职务评聘、智力引进流动及推行岗位目标管理责任制等，加强人事人才工作，发挥人事部门职能作用。同时做好劳动者的就业再就业，劳动与社会保障工作。1987 年实施社会保险制度改革，形成涵盖城乡企业、机关事业单位的农村养老保险、基本医疗保险、工伤保险、生育保险等社会保险体系。2008 年，建立公积金制度，保障职工的住房需求。

　　龙湾建区以来，民政工作坚持"以人为本，为民解困"宗旨，发放伤残军人、"三属"（烈士家属、病故军人家属、牺牲人员家属）、复员军人的抚恤金，安置退役士兵，构建最低生活保障制度，保障困难居民的基本生活救助，加强地名、民间社团、殡葬、婚姻登记管理，促进社会稳定和经济发展。

第一节　人　事

　　行政事业单位机构设置及人员规模由区机构编制委员会核定。1997年以前，行政事业单位从业人员基本来自大中专毕业生的统一分配和军队转业干部的安置。其后，除军转干部采用双考安置方式及政策性安置人员外，逐步改用公开招考录用方式。

人事管理

1984 年以后，先后实行岗位培训、学历培训、更新知识培训和公务员在职培训。1991 年，实行行政人员"德、能、勤、绩"工作实绩考核。2011 年，加强公务员日常管理。严格凡进必考制度，全年共招录公务员 22 人。组织办理公务员登记审核 113 人，任职 117 人，转任 113 人，辞职 3 人，办理 7 名 2010 年军转干部的公务员过渡手续。2016 年，审核办理公务员登记 22 人，公务员转任 47 人；开展职务职级并行工作，晋升正科级 20 人，晋升副科级 86 人。

1989 年，实行专业技术人员继续教育制度。1986 年，实行专业技术职务任职资格评定。2011 年，评审初定专业技术人员 535 人，完成 230 名初、中、高级专业技术人员的资格审查、报批工作。2016 年，事业人员 4345 人。办理事业人员流动手续 80 名，聘用合同备案 586 人；核准事业单位岗位设置 50 家，岗位 897 个，完成专技人员聘任和管理人员岗位变动 558 人；办理专业技术人员资格初定、审核 975 人。

人才培养

1991—2008 年，表彰三轮专业技术拔尖人才。2008 年，筹集人才专项资金 210 万元，落实首批科技人才公寓 30 套。评选区第四轮专业技术拔尖人才 6 名、优秀青年专业人才 10 名。组织 5 次 92 家企业外出参加各类招才引智活动，招聘人才 380 人，引进各类高层次人才 150 名；至 2008 年，全区有市级"新世纪 551 人才" 24 名。2011 年，积极实施"580 海外精英引进计划"，引进 9 名海外精英，3 人获"雁荡友谊奖"，位列全市第一。2014 年，龙湾被列为

全省首批 16 个海外高层次人才创业创
新基地之一。2016 年，在北京、上海、
杭州、广州（深圳）、成都等地成立"龙
湾区人才工作联络站" 5 个；获市政府
"雁荡友谊奖" 2 人；龙湾区被列为全
省首批 16 个海外高层次人才创业创新
基地之一。

2013 年 11 月 9 日，龙湾区组织参加温
州民营企业高层次人才洽谈会

（区人才办供稿）

第二节　民　政

地名管理

1986 年 11 月，设地名办公室。1991 年，成立龙湾区地名管理委员会。

1989 年 8 月，出版《龙湾区地名简志》。2011 年，累计命名道路 109 条，
建筑物名称 32 处，设置路牌 158 个，门（楼幢）牌 829 个，核发门牌证 1746 本。
整理、更新地名数据库，入库道路 1467 条，建筑物名称 73 个，其他 1052 条，
共 2592 条。2016 年，推进地名普查工作，收录各类地名 3502 条，拍摄多
媒体照片 9563 张，涉及条目 3500 条，形成 1:50000 地名普查工作图 8 幅；
标准化处理地名 53 条，设置地名标志 3709 条；规范地名名称命名申报程序，
完成地名申报 15 处，新增道路路牌 86 个，发放门牌证 1772 本。

民间组织管理

1984 年建区后，龙湾区社团登记工作由民政部门主管，依法对社团及其
分支机构的成立、变更、注销登记备案，对其活动进行指导、检查、监督。

2008年，社团和民办非企业单位成立和注销登记入驻龙湾区行政审批窗口。2011年，办理民办非企业单位名称预登记119件，成立登记17件，撤销58家，注销23家；社团成立登记9件，撤销1件，注销1件。全区社会组织组建党组织数56家，组建率23%。开展社区社会组织调查，全区登记有532家基层社会组织，完成64家社团2010年度"小金库"复查工作。2016年，加快政府职能转移，向8家社会组织购买5家单位14项职能，购买金额115万元；开展公益创投工作，收到创投项目20个，评审12个，10个项目获2~4万元资助；加快社会组织信用代码证书换证工作，换证率达100%。

殡葬管理

1984年建区后，龙湾推行殡葬改革，治理青山白化，禁止出大殡、大操大办等铺张浪费、丧葬陋习。先在城市实行遗体火化，1999年5月，全面实行遗体火化制度。以公路沿线、交通要道、集镇附近的坟山作为绿化重点，推行坟山绿化，建造园陵式公墓。2009年，全年治理"三沿五区"视线范围内私坟3000余座，治理率达50%以上。建成生态墓地7座，生态墓地行政村覆盖率达80%以上。全年处理丧事大操大办和出大殡26件。2011年，检查356户丧户，查处违规办丧26起。调查各类坟墓49698座，"青山白化"累计治理率84.4%。全面实行殡葬基本服务项目免费办法，免除基本殡葬费用70余万元。2016年，龙湾区民政局率先在浙江省开展无人机地毯式巡查。上半年检查办丧出殡487户，查处违规31起。实行殡葬基本服务免费，全年减免殡葬基本服务费967人、628550元。

残疾人救助

1985年，龙湾区在尚未建立残疾人领导机构的情况下，由区民政局专人负责残疾人工作。1991年5月14日，区"残联"组织成立后，开展捐款助残、康复助残、教育助残、就业助残、扶贫助残、文体助残和维权助残等活动。2009年，抓好残疾人基本生活保障、托（安）养、安居、培训、助学、助明、助听、助行、助智、就业等十大重点工程。春节期间，各级领导及社会各界人士慰问特困残疾人280余名，发放慰问品、慰问金28万元。区残联获浙江省2009年度县（市、区）实施残疾人共享小康工程优秀单位称号。2011年，制定龙湾区残疾人事业"十二五"发展规划；区残联获浙江省残疾人工作先进单位、温州市"十一五"期间残疾人工作先进集体等称号。2016年，发放困难残疾人生活补贴1399人，重度残疾人护理补贴1918人，累计发放补贴1126万元。持证残疾人全部纳入城乡居民基本医疗保障体系，个人缴费部分全部由财政给予补助；城镇残疾职工参加基本养老、医疗、失业、

2009年7月8日，龙湾区残疾人托养中心揭牌成立

工伤等保险达100%。开展残疾人意外伤害保险，持证残疾人购买人身意外保险3781人、18.90万元，残疾人获理赔37人、9.96万元。

赈灾救济

1984年建区后，龙湾区以防为主、防救结合，灾前检查防范，灾时全力抢救，灾后及时赈济，并予以资金、物资等扶持。1994年8月21日，17号台风在永强和梅头之间登陆，省、市、区下拨特大自然灾害补助费

500 万元。灾后开展赈灾募捐 528 万元。2011 年，将海滨街道蓝田村原水闸大楼改造成 1233 平方米救灾仓库。累计救助 651 人次、153.32 万元，救助流浪乞讨人员 12 名，救助困难对象 3279 人次、327 万元。全年发放慰问金 320 余万元，慰问物资 75.60 万元。2016 年，全年支出困难群众临时救助资金 189.80 万元，惠及群众 547 人次。救助五保、低保、特困、重点优抚对象、患重点疾病等 667 余人次、423 余万元。协调财政落实 400 万元原始基金，登记成立公募型基金会"龙湾区救急难基金会"。创成国家级、省级综合减灾示范社区各 2 处。建成龙湾中学生命安全教育体验馆，开展防震应急演练，成为龙湾区防灾减灾宣传体验重要基地。

慈善事业

1984 年建区后，龙湾区逐步完善社会保障机制，扶助社会弱势群体。开展五保供养、低保扶贫、慈善食堂、资金募集与管理等活动。2003 年 7 月，龙湾区慈善总会成立。2009 年，全年有 573 家企事业单位、6133 人次参加慈善捐赠活动，募得善款 885.42 万元。其中"慈善一日捐"募集善款 784.64 万元、"定向捐"募集善款 78.35 万元、"冠名捐"募集善款全部到账。全年支出善款 751.83 万元，4796 位困难人员及家庭获慈善救助。2011 年，广泛募集慈善资金，认真开展救助活动。依靠"一日捐""定向捐""冠名捐""约定承诺捐"等多种募捐方式，募得善款 1378.09 万元。

2006 年 9 月 30 日，慈善一日捐活动现场
（区慈善总会供稿）

全年共有 422 家机关、企事业单位，79 个村级集体经济组织，2480 名机关、事业单位干部职工和社会各界爱心人士参加慈善捐赠活动。2016 年，"慈善一日捐"活动募集善款 541.52 万元。在原有 37 个各类"基金"基础上新增"龙湾区妇女儿童关爱""农商行互助""永昌一小红领巾""潘罗敏慈善艺术""品苏品慈善爱心""日行一善"等基金捐。全年募集善款 1604.49 万元。救助支出善款 1062.7 万元，1957 位困难人员及其家庭受益。

第三节　劳动与社会保障

劳动保障

劳动就业和管理　2008 年，新增就业岗位 6823 人，完成计划的 112%；下岗失业人员再就业 877 人，完成计划的 110%；就业困难人数 257 人，完成计划的 143%；发放再就业优惠证 16 个。城镇登记失业率控制在 1.3%，净增失业保险人数 6662 人；农村低保劳动力就业 487 人，完成年初计划的 124%。全年核发失业保险待遇 105.32 万元；全年核发失业人员生活困难补助金 37.2 万元，高校毕业生实习岗位补贴 51 人 15.3 万元，职业技能培训补贴 27.2 万元；职介市场登记求职 83000 人，实现就业 12163 人，就业培训中心组织各类培训班 61 期，培训 5516 人。其中技能资格证书培训 3165 人，专项资格证

永中街道职业技能培训登记
（永中街道供稿）

书培训 1639 人，岗位合格证书培训 329 人。依托社会力量，培训 800 多人，完成农村劳动力转移培训 384 人次，完成初、中、高级职业技能鉴定 6224 人（次）。2011 年，全年新增就业 8533 人，失业（下岗）人员再就业 1157 人，困难人员就业 312 人，净增失业保险人数 5252 人，核发失业保险待遇 249.7 万元、2642 人次，城镇登记失业率控制在 1.8% 以内。全年市场内实现就业 1.32 万人。2016 年，龙湾区人力社保局贯彻落实各项就业优惠政策，发放各类就业补贴 195.29 万元，发布各类就业岗位信息 11.3 万条，实现对接就业 1.23 万人，新增城镇就业 8670 人，帮助失业人员实现再就业 932 人，困难人员实现再就业 319 人。培训农村电商 467 人，扶持农村电商创业 267 人，实现农村电商创业带动就业 1520 人。

劳动仲裁和监察　1987 年，龙湾区争议仲裁委员会成立。2007 年 6 月，建立劳动仲裁院，为温州第二家，并在永中、沙城、海滨三个镇（街道）设仲裁办事处和各镇（街道）劳动管理所。2008 年，处理劳动争议案件 1362 起，涉及金额 2448.80 万元，其中区本级受理 249 起，涉及金额 1090.05 万元；受理投诉举报案件 2631 件，结案 2580 件，结案率 98%，追回被拖欠工资 1045 万元，涉及农民工 8149 人；办理行政处罚案件 49 起，罚款 40.24 万元；办理行政处理案件 3 起，涉及金额 19365 元；处置群体性劳资事件 21 起，涉及劳动者 700 多人，涉及金额 150 多万元。2011 年，加大劳动监察工作力度，全区 4071 户企业的劳动合同签订率达 96%。全面推动劳动监察两网化建设，全年受理投诉举报案件 1419 件，结案 1390 件，结案率 98%；追回拖欠农民工工资 1654 万元，涉及农民工 5059 人。全年主动检查用人单位 1872 家，办理行政处罚案件 25 起。集中"春暖行动""春苗行动"等专项检查活动 7 次，对 5133 家企业实施年度书面审查。优化信访办理程序，全年接待劳动仲裁调解咨询服务 7600 余人次。落实劳动争议前置预防和前置调解工作，全年受理劳动争议案件 1145 件，涉案金额 3291 万元。加强企业欠薪倒闭逃匿风险管理，受理 693 起因企业停产引发职工索要经济补偿的仲裁申请 856 万元；事中加大事件处置力度，受理群体性劳资纠纷 48 起、3554 人，为群体性失业企业员工发放失业金 62 万余元。2016 年，龙湾区人力社保局在蒲州街道试点探索"社会治理＋互联网"框架下欠薪预警工作机制，全年受理与处置化解劳动争议举报投诉案件 689 件，涉及劳动者 6445 人，涉案金额 9517.87 万元；妥善处置欠薪群体性事件 46 起，涉及劳动者 2620 人，涉案金额 4472.86 万元。受理劳动争议案件 814 起，涉案金额 8809.68 万元，结案 765 起，按期结案率 94%，调解 621 起，调解率 81%。区本级劳动人事争议人民调解委员会调解各类劳动人事争议案件 40 件，补偿、赔偿金额 85.2 万元。向法律援助咨询者发放工会维权咨询卡 130 余张，劳动仲裁工作连续 5 年获评省级先进。

社会保障

1987 年，龙湾区启动社会保险制度改革。2008 年，参保企事业单位 3479 家 63077 人，其中参加企业基本养老保险单位 3297 家 56853 人（含个体和自由职业者 12321 人）；参加医疗保险单位 1757 家，参保 63654 人，足额支付医疗保险费用；参加城镇居民医疗保险 54833 人（含参加未成年人医疗保险和新型农村合作医疗人员）；参加工伤保险单位 3397 家 123843 人，支付 1185 人次 688.9 万元；参加生育保险 3332 家 40793 人，支付待遇 754 人次 469.9 万元；参与被征地农民基本生活保障 82 个村、

73842人。2011年，全区参加企业职工基本养老保险单位5097家，参保10.27万人；189家单位参加机关事业养老保险，参保6827人。全区参加基本医疗保险单位4125家，参保13.89万人。其中城镇职工基本医疗保险参保7.4万人，城镇居民基本医疗保险

社会保险服务大厅
（摄于2004年5月）

参保6.48万人。全区126个行政村参加被征地农民基本生活保障，参保90973人；全区参加城乡居民社会养老保险7.44万人。全区共有25.07万人参加新型农村合作医疗，占应参保人数的100%，占农业户籍人口数的92%。2016年，龙湾区人力社保局运用全民参保登记成果，加大劳动保障监察书面合同审查工作力度，开展社保精准扩面，养老、医疗、工伤、失业保险实际新增人数分别为13115人、4697人、5371人、1447人，超额完成市对区考绩任务。新增市民卡2.80万张，城乡居民大病保险参保人数达16万人。加快机关事业单位养老保险制度改革，区175家机关事业单位全部纳入浙江省机关事业养老保险信息系统，并完成机关事业养老保险和职业年金清算。引导被征地基本生活保障制度人员转入职工基本养老保障，办理4751起。降低工伤保险、生育保险、失业保险平均费率，降低职工基本医疗保险住院统筹单位缴费比例，减轻企业负担5399万元；审核企业稳岗补贴申请1649家，发放稳岗补贴1287.58万元。

第二十一章　教育　科技

　　龙湾自古重视教育，历来科甲绳绳继继，人才辈出。1984年建区后，义务教育发展迅速。20世纪90年代末，实现浙江省首批教育强区和全国"两基"工作先进区目标。至2016年，全区等级幼儿园在园幼儿覆盖率95.74%，义务教育等级学校比例94.4%，实现公办普高、省特色示范学校全覆盖。

　　建区后，科技管理机构逐步健全，科技投入不断增加。科技进步、技术创新和科技成果的产业化进程快速增进，推动龙湾区经济建设和社会各项事业的发展。

第一节　教　育

　　龙湾区以高标准实施义务教育和实施素质教育为重点，坚持教育面向现代化、面向世界、面向未来，深化教育改革，优化教育结构，改善办学条件，全面提高教育质量和办学效益，促进各类教育协调发展。

基础教育

　　学前教育　1985年，全区共有各类幼儿园19所，在园幼儿863人，专任教师27人。1995年，各类幼儿园54所，在园幼儿2036人，专任教师 70 人。2011 年，全区有各类幼儿园 131 所（含临时办园点 31 所），其中公办幼儿园 8 所、民办幼儿园 123 所，在园幼儿 2.47 万人。3~5 周岁幼儿入园率 97.5%，镇中心幼儿园建园率 100%。等级幼儿园在园幼儿覆盖率 80%。全区累计有省一级幼儿园 3 所、省二级幼儿园 8 所、省三级幼儿园 51 所。出台《温州市龙湾区学前教育三年行动计划》，扶持民办幼儿园健康优质发展。创办区第八幼儿园、区第九幼儿园 2 所公办幼儿园。2016 年，各类幼儿园 69 所，其中公办幼儿园 11 所（12 个园区），民办幼儿园 58 所。幼儿入园 15539 人，幼儿入园率达 99%，其中在公办幼儿园就读幼儿 3729 人，占 24%。全区有省一级幼儿园 5 所，省二级幼儿园 8 所，省三级幼儿园 44 所，全区等级幼儿园比例达 91.3%。等级幼儿园在园幼儿 14877 人，覆盖率为 95.7%。街道中心幼儿园建园率为 100%，其中公办 5 所、民办 1 所。

小学教育　1985 年，全区小学 41 所，在校生 10234 人，教师 237 人。2008 年，小学 41 所，在校生 33317 人，教师 1602 人。2011 年，全区公办小学 36 所，一年级新生 132 个班、5743 人；在校小学生 3.79 万人，其中新居民子女 2 万人。2016 年，龙湾区小学在校生 33704 人，初中在校生 9862 人，区第二外国语小学招生投用，创办区少年艺术国际学校，永兴一

1986 年 6 月，在龙湾区举行首届中小学生田径运动会
（区档案局供稿）

小、永昌三小等"新优质学校"。

初中教育　1985 年，全区初中 4 所，在校生 2385 人。2006 年，初中 22 所，在校生 15714 人。2011 年，全区初中新生 95 个班、3766 人；初中毕业生 3895 人，升入高中 3837 人，升学率 98.5%。义务教育阶段适龄少年儿童入学率、在校生巩固率、毕业率均达 100%。全区三类残疾儿童 37 人，入学率、巩固率均为 100%。义务教育阶段学生免收课本费 93278 人次，约 966.3 万元；爱心营养餐资助 42.5 万元。2016 年，初中在校生 9862 人，适龄少年儿童入学率、在校生巩固率、毕业率均达 100%。初中毕业生 3077 人，初中升高中升学率达 98.2%。义务教育等级学校比例达 94.4%，省义务教育标准化学校比率达 95%，中考成绩连续 9 年位居全市各县（市、区）之首。创成区第二实验中学"新优质学校"。

普通高中教育　1987 年 7 月，创办温州市第十五中学，是龙湾区唯一的省级重点中学；建校初期是一所完全中学，1999 年，学校合并重组，温十五中由原来的完全中学转变成为一所普通高中。学校先后被评为省三级重点中学、全国学校体育卫生工作先进单位、省二级重点中学，1993 年学校获得"浙江省文明单位"荣誉称号，连续 13 年通过复评。2006 年，全区有普通高中 3 所，在校生 9647 人。温十五中通过省二级重点中学评估验收，龙湾中学通过省 A 级普高办学水平评估验收。2011 年，龙湾区普高一年级招收新生 58 个班、2486 人，高

龙湾中学　（摄于 2006 年 5 月 19 日）

中阶段在校生8082人。初中升高中升学率98.5%，普高优质教育资源比例为68.9%。2011年高考重点上线188人，本科上线762人，高考总上线率75.7%，比2010年提高3.4%。2016年，龙湾区有普通高中5所，在校生4924人，高考总上线率为87.5%。龙湾中学、永强中学分别创成省一、二级特色示范高中，实现公办普高、省特色示范学校全覆盖。普高课改不断深化，继续推进高中精品课程建设，新增省级精品课程3门、市级精品课程7门，龙湾中学成功申报省化学学科培育基地。

职业教育

1989年，龙湾区职业技术学校1所，在校生72人。2008年，龙湾区职业技术学校4所，在校生2022人。2011年，全区职业高中3所，其中公办职业高中1所、民办职业高中2所，在校生2700人。招收新生997人，其中提前招收录取的学生757人。全区"双师型"老师56人，双师型比例63.5%。做好中职专业结构调整，做大做强主体专业。区职高学生参加高职院校的单考单招考试，上线率80%，创历史新高。2016年，龙湾区职业技术学校在校生1395人，学校创成省级新型农民培训基地、省创业基地、省中职教育德育基地获"省美丽学校"称号。学校与新疆生产建设兵团等签订合作协议，每年为"一带一路"建设提供200位技术型人才，为沿线职业学校提供20人次师资培养和交流。

成人教育

1988年，龙湾区有成人学校5所，在校生750人。1997年，创办温州越秀学校，前身为永中高级中学。2011年，全区农村预备劳动力培训任务400人，落实培训人员465人，超额完成任务；配合区属各部门开展各类成人教育培训，全年培训 7756 人，全区 10 所街道社区学校培训 55010 人次。2016 年，实现市等级社区学校 100% 全覆盖，永中街道学润成人文化技术学校创成省级现代化成人文化技术学校。创成"汤和文化"特色基地、"民办学历、技能提升"特色基地、"孝道文化"特色基地、"幸福学堂·老年教育"特色基地等一大批特色品牌。全年，双证制培训 432 人、脱盲 381 人、妇幼培训和家政培训 1534 人。

民办教育

2006 年，全区拥有民办幼儿园 76 所，民办民工子弟学校 7 所，民办职高 2 所。龙腾幼儿园和小康爱绿幼儿园被评为市示范幼儿园，越秀学校和沙城高中被评为市级重点中学。2011 年，实现龙湾教育的"双腿"走路。全区有 91 所民办幼儿园、14 所民工子弟学校、5 所民办普通高中、2 所民办职业高中。70% 的民办幼儿园评为省三级、二级幼儿园，艺术学校被评为省级艺术特色学校，越秀高中、沙城高中被评为市级重点高中。市中通国际学校（小学部）与市实验小学合作办学（挂牌市实验小学新城校区），瓯江学校（小学部）与市建设小学合作办学，创办了立夫外国语小学。2016 年，龙湾区各类民办学校 64 所，其中幼儿园 58 所、初中 1 所、九年一贯制学校 3 所、普高 2 所。区教育局下拨民办教育专项奖补资金 275.5 万元、政府购买服务资金 1333 多万元，走在全市前列。试点学校教师人事代理 66 人，事业保险 57 人，企业保险 122 人。成功引进温州市私立第一实验学校新城分校项目，全年完成投资 5020 万元。温州道尔顿小学落户龙湾，成功引进上海欧顿教育等优质教育品牌。

第二节 科 技

龙湾区全面实施创新驱动发展战略，加强科技平台建设，完善科技创新体系，加大高新技术企业、科技型中小型企业培育力度，推动以企业为主体的知识产权创造和运用工作，科技竞争力不断提升。

科技开发

2001 年，出台《龙湾区科学技术奖励办法》。2003 年，龙湾区科技进步综合评价排名全省第三、全市第一。2011 年，举行温州·龙湾科技创新成就展暨政校银企对接会，现场签约 10 家。温州市长丰人造革有限公司攻克科技难题，使树脂中 DMF 含量从 60% 降到 10%，成为世界 500 强企业宜家集团的长期供应商。2016 年，龙湾区科技进步综合变化水平居全省首位。全区高新技术产业产值 141.74 亿元，同比增长 10.1%；高新技术产业增加值 31.46 亿元，同比增长 12.4%。龙湾区被省委办公厅、省政府办公厅授予 "2015 年度市县党政领导科技进步目标责任制考核优秀单位"，区科技局被省科技厅授予 "浙江省 2013—2015 年全省科技工作先进集体"。

科技项目 2000 年，科技经费 154 万元，占财政总支出的 2%。2006 年，科技经费 1664 万元，占财政总支出的 3.5%，安排二期科技发展计划项目 79 项，其中重大项目 7 项、安排经费 290 万元，重点项目 21 项、安排经费 224 万元，获 "国字号" 项目 15 个，其中国家火炬计划项目 8 个，国家重点新产品项目 7 个，年销售额超亿元高新技术企业 10 家。2011 年，发动企业申报国家级项目 40 项、省级项目 13 项、市级项目 96 项。为 25

家中小企业提供两期科技贴息贷款4500万元。全年为34家科技企业提供贷款6550万元。新增国家级科技项目15项、省级科技项目8项，获省级以上科技经费425万元。2016年，立项区级科技发展项目40项，申报省级科学技术奖4项，获批市级科学技术奖5项，组织验收国家火炬计划项目1项，国家创新资金项目29项。

高新技术产业　2006年，全区科技型企业150家，其中国家级高新技术企业6家、省级29家、市级37家、区级53家，省级科技型中小企业23家，年销售额超亿元高新技术企业10家。2008年，全区民营科技企业300多家。通过省级高新技术企业研发中心验收认定5家，全区累计验收认定

红连文创园外景　　（区宣传部供稿）

的企业研发中心33家。2011年，引进中国科学院固体物理研究所与龙湾区共建先进金属材料研发中心，新增省级科技研究开发中心4家、市级7家。2016年，新增高新技术企业14家、省级科技型中小企业71家、市科技（创新）型企业86家，新增省级重点研究院1家、省级研究院1家，市级企业技术研究开发中心6家。红连·薪火工坊创成温州首家国家级众创空间，创成省级众创空间2家、市级众创空间6家，"文昌创客社区"获批温州首家众创社区；培育国家级企业孵化器1家、省级3家、市级5家。浙江温州海洋农业高科技园区通过省级评审验收。

专利成果　2006年，安排知识产权和专利工作专项奖励经费50万元，

专利申请 351 件，专利授权 217 件。2011 年，省知识产权局正式同意龙湾区创建省级知识产权示范区。新增省级专利示范企业 1 家，市级 8 家。全年专利申请 1918 件，授权量 1488 件，其中发明专利 85 件，比上年度增长 50% 以上。龙湾区万人占有专利申请数和授权数连续 4 年在全市各县（市、区）排名首位。2016 年，全年全区专利申请 3563 件，专利授权量 2293 件，其中发明专利申请和授权量分别达到 762 件和 315 件。全区有国家知识产权优势企业 3 家，省级专利示范企业 16 家、市级专利示范企业 53 家；有国家知识产权管理体系认证企业 8 家。

科技普及

1992 年 10 月，成立温州市龙湾区科学技术协会。10 个镇、街道相继成立镇、街道科协及企业科协，拥有一支 500 多人的科协志愿者队伍。

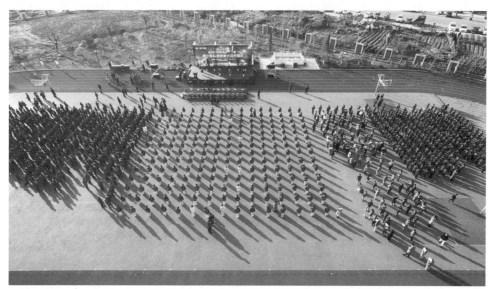

2016 年 12 月 16 日，龙湾区第 21 届青少年科技创新大赛开幕式举行 （江国荣/摄）

2008 年，全区科协系统有行业协会 37 个，学会 4 个。全区建有科普阅览室 5 个，科普教育基地 4 个，各镇（街道）社区、企业建有标准画廊 33 个。年内，永中街道蔬菜科技示范园区胡立元、灵昆镇九村水产养殖户薛立华被省科协授予省级农村科技示范户称号。2011 年，全面加强各类科普阵地和各项设施建设，全区拥有三面翻电子科普画廊 1 处，标准画廊 43 处，LED 科普画廊 3 处，建有村级科普图书室 26 个。创建和复评科普示范基地 12 家，创成温州市科普示范单位 3 家，创成第七批浙江省基层科普示范单位 1 家。2016 年，龙湾区有街道科协 6 个，区属学（协、研究）会 4 个，非公企业科协 19 家，科普画廊 55 座，科普图书室 30 个，信息员 39 人，科普志愿者 300 多人，温州市龙湾永强水电站、温州市开源水产养殖有限公司分别被命名为市级科普教育基地和市级农村科普示范基地，温州市璋川农副产品专业合作社被评为 2016 年温州市"科普惠农兴村计划"先进单位。

第二十二章　卫生　体育

龙湾于20世纪50—80年代，各乡镇已建立卫生院，基本形成城乡网略、专业配套、中西医并重的医疗预防体系。建区后，健全三级网略，建立防疫站、妇幼保健所、中心卫生院，医疗卫生事业快速发展。2016年，区卫生计生和国卫巩固在温州市考核排名第一。

建区以来，龙湾体育产业逐渐发展，体育竞技水平不断提升，惠及全民的健身公共服务体系依次构建，体育事业全面协调发展。至2016年完成413人次国民体质检测，国民体质合格率保持在92%以上。

第一节　医疗卫生

龙湾以维护人民健康为中心，坚持预防为主、以农村和基层为重点、中西医并重、依靠科技与人才，保基本、强基层、建机制，转变卫生发展方式，促进卫生事业与经济社会协调发展，提高境域人民群众的健康水平。

1985年2月，龙湾区卫生局建立。1999年，状元医院更名为龙湾区中心卫生院。2002年，区划调整后，永强医院改名龙湾区第一人民医院，龙湾区中心卫生院更名龙湾区人民医院。

医疗机构

1984 年龙湾建区后，逐步建立健全区级、镇（街道）级和社会办医疗机构网络。2006 年，全区有公立医疗机构 16 家，其中区级医院 2 家、卫生院 10 家、公共卫生事业单位 4 家。民办医疗机构有个体诊所 91 个、村卫生室 200 个、社区服务中心 10 个，社区服务站 24 个。2011 年，全区有区级医院 2 家、卫生监督机构 1 家、疾控机构 1 家、妇幼保健机构 1 家、社区卫生服务中心 9 家、卫生所 1 家、民营专科医院 7 家、社区卫生服务站 48 家、村卫生室 203 家、个体诊所 53 家、医务室 2 家。全区拥有编制床位 982 张，各类在编卫生技术人员 651 人，其中执业医师 240 人、执业助理医师 55 人。全年门诊 127 万人次（不包括诊所和个体卫生室）。全区医疗卫生支出 7134.84 万元。年内，区卫生监督所被评为市、区级基层群众满意单位，龙湾区第一人民医院通过二甲医院复评。2016 年，全区有公共卫生事业单位 3 家，区级医院 2 家（其中区人民医院和状元街道社区卫生服务中心合署办公），社区卫生服务中心 6 家，民营医院 7 家，门诊部 32 家，社区卫生服务站 27 家，村卫生室 76 家，个体诊所 99 家，医务室 5 家，卫生所 1 家。全区拥有医生 795 人，千人医生数 3.49 人；护士 687 人，千人护士数 3.01 人；实有床位 687 张（民办医院床位数 377 张），千人床位数 3.01 张，龙湾区卫生计生和国卫保持在温州市考核排名第一，实现三连冠。

表 11　1984 — 2016 年龙湾区医疗机构基本情况表

年份	卫生机构数（个）	医院	卫生院	床位数（张）	职工人数		卫生技术人员数（人）	医生数（人）
					医院	卫生院		
1984	9	–	5	42	–	42	110	20
1985	11	–	5	42	–	42	121	25
1986	11	–	5	42	–	42	123	27
1987	9	–	5	58	–	58	142	28
1988	9	–	5	58	–	58	147	38
1989	9	–	5	54	–	54	147	42
1990	10	–	5	57	–	57	167	45
1991	10	–	5	81	–	81	165	43
1992	13	–	5	95	–	95	172	53
1993	8	–	5	85	–	85	169	56
1994	8	–	5	85	–	85	191	46
1995	8	–	5	67	–	67	191	46
1996	7	–	5	66	–	66	123	54
1997	7	1	4	149	100	49	131	61
1998	7	1	4	149	100	49	149	68
1999	7	1	4	149	100	49	141	56
2000	7	1	4	149	100	49	147	61
2001	17	2	12	463	200	243	397	180
2002	17	2	12	547	338	209	417	191
2003	19	2	12	556	338	218	442	239
2004	20	3	12	657	418	218	611	314
2005	19	2	12	558	340	218	455	240
2006	16	2	10	558	340	248	463	251
2007	16	2	10	570	340	230	490	252
2008	15	2	9	589	340	245	505	251
2009	14	2	9	561	614		511	242
2010	14	2	6	561	760		651	295
2011	11	2	6	429	756		670	314

续表:

年份	卫生机构数（个）	医院	卫生院	床位数（张）	职工人数		卫生技术人员数（人）	医生数（人）
					医院	卫生院		
2012	11	2	6	429	756		670	314
2013	11	2	6	429	960		816	332
2014	11	2	6	439	330	109	874	358
2015	11	2	6	310	300		916	377
2016	11	2	6	310	300	0	899	377

医疗服务

龙湾建区后，加快医疗事业发展步伐。2006年，在药物降价、器械限价的情况下，全区卫生系统2006年业务收入达10400万元，重新核准登记医疗机构317家。2011年，创成省级规范化社区卫生服务中心4个、市级标准化社区卫生服务站5个。稳步推进乡村一体化管理，全年改扩建村卫生室149个，新建村卫生室7个，巡回医疗点2个，村级医疗机构基本型一体化管理率18.8%，紧密型一体化管理率9.2%。参加新型农村合作医疗250653人，占应参保人数99.9%。2016年，龙湾区各街道社区卫生服务中心总诊疗人次68.86万人次，医疗收入5177.5万元，门诊收入5137.3万元，门诊均次费用74.61元。完善国家基本药物制度，药品收入3601.45万元，群众就医少支出药费1573.56万元。

妇幼保健　1987年，创建龙湾区妇幼保健所。1999年12月，区疾控中心与区妇幼保健所合并为区预防保健中心合署办公。2003年9月，龙湾区预防保健中心又分设为龙湾区妇幼保健所和龙湾区疾病预防控制中心。

2006年，规范《出生医学证明》发放管理，与温州市妇幼保健院建立绿色通道，全年建卡2754人，建卡率95.8%。2011年，发放农村孕产妇住院分娩补助 1417 人，农村妇女增补叶酸项目叶酸发放 2753 人次。婚前检查 4831 人次，开展妇幼"三项筛查"，全年新生儿疾病筛查率 96.2%，新生儿听力筛查率 95%，产前筛查率 35.9%。2016 年，成立龙湾区妇幼保健计划生育服务中心，率先实现妇幼规范化保健门诊全覆盖。建立 6646 名孕产妇保健健康电子档案、9094 名儿童电子健康档案。连续 7 年保持孕产妇零死亡率，5 岁以下儿童死亡率 4.2‰、新生儿死亡率 1.6‰；免费婚前医学检查人数 3955 人，"国免"项目检查 1342 对，孕前优生检查目标人群覆盖率达 94.3%。

公共卫生

卫生监督与监测 1985 年，建龙湾区卫生防疫站。2000 年，卫生监管执法改由区卫生监督所承担。

2006 年，全区共报告法定传染病 19 种 2529 例，总发病率为 361/10 万，继续处于历史较低水平。2011 年，开展手足口病、麻疹等传染病监测和防治，全区共发现法定传染病 3990 例（包括温州市经济技术开发区），发病率 558.35/10 万，无甲类传染病报告，无重大疫情发生。2016 年，全区报告法定传染病 16 种 1981 例（不包括 HIV 感染），总报告发病率为 398.12/10 万；创成健康社区、单位、食堂、餐厅、学校等健康支持性环境 20 家；率先通过市级规范化疾控机构创建验收；接种国家免疫规划疫苗

2014 年 12 月 1 日，区妇幼保健所、区疾控中心等单位在状元文化公园开展第 27 个"世界艾滋病日"广场宣传活动

133236 剂次。

爱国卫生运动　1985 年，成立龙湾区爱国卫生委员会。2004 年，通过省爱卫会验收，创建一批市级卫生先进单位和先进卫生村。1995 年，通过省级灭鼠先进城区验收。1997 年，通过省级灭蟑先进城区验收。2003 年，通过省级灭蝇先进城区达标并验收，通过此后每 5 年达标复查考核验收工作。2006 年，投入 200 多万元，填埋露天粪坑 60 处，开展清除鼠洞、寻找鼠痕迹工作，完善防鼠设施及药物供应，达到全国爱卫会规定的灭鼠标准。2011 年，加快国家卫生城市创建步伐。全年全区共清理垃圾 29783 吨，清除卫生死角 126 处，清运垃圾 2095.70 立方米；完成医改农村卫生厕所改厕任务 300 户，卫生户厕普及率 96%。2016 年，创成省级卫生村 1 个、市级卫生村 2 个、市级卫生先进单位 2 家，省级卫生村累计达 21 个，市级卫生村累计达 52 个，卫生村创建率达 76%；创成健康促进金牌学校 2 家，银牌学校 1 家，铜牌学校 2 家；创成市级健康促进医院 1 家，健康社区、健康单位、健康食堂、健康餐厅 14 家。

第二节　体　育

区体育工作被省、市体育局多次评为群众体育先进单位、体育宣传工作优秀单位、体育场地普查工作先进集体称号称号。

1985 年 2 月，成立区文化教育体育局。1989 年 5 月，体育局从区文化教育体育局析出，建立区体育运动委员会（三个牌子、一套班子合署办公）。1997 年 7 月，更名区体育事业发展局（与教育局合署办公，两个牌子、一套班子）。2002年4月，龙湾区体育事业发展局单列。贯彻落实《中华人民共和国体育法》和《浙江省全民健身条例》，以增强群众体质和丰富群众文体生活为目的，广泛开展各项体育活动，全区体育工作呈现出良好发展态势。

体育设施

龙湾建区后，加大对全区体育设施投入力度。至2008年，全区拥有羽毛球、游泳等十几个体育项目，经营性体育场所200多家，年接纳群众健身消费近8万人次。2002年，温州国际网球中心一期工程在龙湾建成投入使用，填补区域无大型体育公共设施空白。2011年，创成省级体育强镇1个（海城），省级农村体育俱乐部1个（海城邱宅村），市级农村体育俱乐部5个，市社区体育俱乐部1个，省老年人体育俱乐部1个（状元老年人体育协会）。争取省、市、区

温州国际网球中心（区新闻中心供稿）

资金189.50万元，建成省级小康体育村11个，完成为民办实事体育项目44个，全民健身苑点35个，室外灯光篮球场5个，乒乓球场5个，龙舟基地1个，体育主题公园39个和国家级登山健身步道1条。2016年，全区有公共体育场馆1个，业余体校1所，各类公共健身设施295个。投资600余万元，建成瓯江路、市民广场、河滨公园等重点地段塑胶健身步道3.40千米，建成18个健身苑点及多功能社区运动场、室内健身房，改建草坪门球场各2个，修复登山健身步道6条；投资120余万元，建设状元

公园 1 千米百姓步道和灯光篮球场，户外拓展轮滑场、笼式足球场各 2 个，将状元公园建成全市首个面积近万平方米，可同时开展 15 个体育活动项目的综合性主题公园。全区常住人口人均体育场地面积达 1.7 平方米以上。全年新建省小康体育村提升工程 8 个；新增体育场地面积 29.8 万平方米以上，同比增长 50%。

群众体育

1984—2008 年，龙湾区先后被评为国家、省全民健身服务月先进组织单位、浙江省老年体育工作先进集体，市群众体育工作先进集体。2011年，成立龙湾区太极协会、南拳协会、自行车协会、龙舟协会及海城铜钟武术健身会所，先后开展元旦（全市）网球双打公开赛、端午民间划龙舟等20 余项活动。2016 年，6 个街道通过省级体育强镇的检查验收，完成 413人次国民体质检测，举办 18 项大型群

2011 年 11 月 12 日，龙湾区举行首届全民健身登山日活动 （区体育局供稿）

体赛事，惠及 10 万人次。全区网上注册各级社会体育指导员 1422 人，注册数名列全市前茅。创成省级社区体育俱乐部 4 个，山强体育发展有限公司创成省级少年体育俱乐部，瑶溪街道黄山村创成省村级体育俱乐部，创成温州市区星级健身示范点 30 个，状元、海滨率先完成"1+5"创建工作。

体育竞赛

建区以来，共举办七届全民运动会。2016 年 3—11 月的龙湾区第七届运动会设 24 个大项、245 个小项比赛，并首次尝试在赛事中以购买服

务的形式委托第三方举行。

　　重大比赛（国家级以上比赛）成绩：1996年3月，意大利国际柔道邀请赛（罗马），李爱月获铜牌。1996年，全国女子柔道赛，李爱月获48千克级冠军。1997年4月，第八届全国运动会女子柔道预赛暨全国锦标赛，李爱月获初中男、女组团体亚军。1997年7月，第八届全国运动会柔道比赛，李爱月获女子48千克级银牌。2006年3月，第三届（香港）国际武术大赛，区武协南拳分会获2枚金牌、4枚银牌、2枚铜牌。2006年10月，第二届世界传统武术节，区武术协会获4枚金牌、8枚银牌、7枚铜牌。2008年，全国短式网球比赛，获1枚铜牌。2014年，全国青少年网球比赛，获男子单打和双打双项冠军，创温州市参加全国网球比赛最好成绩。2015年，全国以上比赛，获全国冠军4枚，全国第一届青运会，获银牌1枚，省级赛事，获金牌6枚、银牌11枚、铜牌11枚。2016年，洲际比赛3项，获金牌5枚、银牌1枚，其中，王璐瑶夺得亚洲气步枪锦标赛个人、团体项目双冠王，打破世界青年纪录，成为龙湾区建区32年来首个破世界纪录的冠军；郑展获温布尔顿网球青少年双打亚军，成为"浙江第一人"，陈正武代表中国参加在宁波举行的2016年中日韩国际友好举重比赛，获得男子105KG+级别金牌3枚。参加国家级赛事6项，获金牌10枚、银牌4枚、铜牌4枚，创历史最好成绩。

第二十三章　精神文明建设

　　龙湾区紧跟党中央，紧扣区委、区府工作主题，大力培育和践行社会主义核心价值观，统筹推进城乡精神文明建设，公民道德建设，未成年人思想道德建设和精神文明创建取得明显成效。

　　1995年5月，成立区精神文明建设指导委员会，同年7月，更名为区精神文明建设委员会办公室。2007年，增设创建指导科、未成年人思想道德建设科。

第一节　社会公德培育

公民道德建设

　　1992年，开展千名志愿者劝诫不文明行为，创建文明社区活动。永中罗东锦苑社区获全国青年文明社区称号。2004年，出台《关于进一步加强未成年人道德建设实施意见》和《关于进一步加强和改进未成年人思想道德建设任务分解表》；蒲州街道蒲江

2012年7月8日，龙湾区首届公民道德教育公益论坛闭幕　　（叶康远/摄）

社区被评为"温州市绿色社区"。2011 年，结合"六城联创"活动，推进省文明城区创建和"两无三化"工作；组织开展"我们的节日——清明节、端午节、中秋节""庆中秋迎国庆促和谐"主题活动，龙湾共有 5 人获第三届市道德模范或提名奖，占全市四分之一，是历年来人数最多也是全市最多的县（市、区）。评出"第二届区道德模范"10 人、"第二届龙湾区道德模范提名奖"10 人。承办"温州市第三届道德模范基层巡讲"龙湾报告会。2012 年，评选出 33 家第十五批区级文明单位和第五批服务示范点。2013 年，"两无三化"成绩在全市实现三连冠。2014 年，龙湾区获"浙江好人"称号 6 名，"温州好人"称号 11 名，数量居全市之首。2015 年，全区获得"中国好人"称号 1 人、"浙江好人"称号 6 名，市级道德模范及提名奖 3 名，"温州好人"称号 23 名，共计 33 名，是 2014 年入选人数的 194%。2016 年，全年开展"道德六进""核心价值观六进"系列活动 90 余场。连续 3 天举办第五届公民道德教育公益论坛。以"我们的节日"为主题，开展"春节公益行""元宵邻里欢""清明文明祭""端午颂家风""中秋汇爱心""重阳齐祝寿"等传统节日主题活动。建设温州首个家风家训馆——英桥王氏家风家训馆，拍摄制作《风清气正七百年》宣传片。开展家风家训"挂厅堂、进礼堂、驻心堂"三进活动，举办龙湾区优秀家风文化研讨会、"写家规、晒家训、树家风、传美德"暨纪念"5·15"国际家庭日和"最美家庭"和"最美家风"选树等系列活动，吸引 1102 户家庭参与。将近两年新涌现的 31 名"龙湾好人"事迹编印成书，在全区 6 个街道举行先进事迹巡回报告会。全年共向上级推荐好人 43 名，共涌现出中国好人候选人 1 名、浙江好人 2 名、温州好人 14 名。

未成年人思想道德建设

2005年，召开未成年人道德建设经验交流会，成立未成年人家庭教育指导中心。2008年，开展"党在我心中，传统文化进校园"活动，并落实未成年人思想道德建设十件大事。2011年，"两无三化"考评累计得分833.64分，名列温州市三区第一名。2015年，成功承办温州市2015年"童心向党"歌咏展演暨龙湾区"迎七一"歌咏比赛；组织开展春泥计划"缤纷夏（冬）日"、弘德夏令营等系列主题活动；开办"弘德"国学班、"童蒙养正"经典诵读班等公益性经典诵读班；举办"诵读中华经典，唱响中国梦"经典诗文朗诵会、"4·23世界读书日"系列活动；为11个社区（村居）"春泥书屋"捐赠未成年人图书6000余册；全区未成年人思想道德建设测评居全市第一。2016年，推进社区"春泥计划"精品工程建设，打造市级未成年人优秀阵地20个，各具特色的社区未成年人活动中心29个，"春泥乐园"31个；成功承办

龙水社区未成年人活动中心

（区委宣传部供稿）

由中国未成年人网主办的"美丽乡村　精彩中国"2016年全国乡村（城市）学校少年宫国庆献礼作品展，区文明办获评全国乡村（城市）学习少年宫作品展览活动优秀组织奖；未成年人思想道德考核继续位列全市第一。

第二节　群众性精神文明创建

　　龙湾建区后，开展群众性精神文明建设。2008 年，获省级文明镇 2 家，市三星级文明镇 2 家，市二星级文明镇 1 家，区级文明镇 1 家，区级文明村 36 个。2010 年，配合省级文明城区创建和"六城联创，开展"我与文明同行"主题活动，12 月，获全国、省、市、区级文明单位（文明示范点）224 家，其中，第四批全国创建文明单位 1 家，省级文明单位 13 家，市级文明单位 41 家，区级文明单位 161 家，获市级文明服务示范点 12 家；区级文明服务示范点 22 家，获省级文明镇 3 家，市三星级文明镇 1 家、市二星级文明镇 2 家、市一星级文明镇 1 家；永中街道罗东锦苑社区获省级文明社区；获区级文明村 41 个。2011 年，通过省文明城区创建测评组的考核验收，获"浙江省文明城区"。2012 年，状元街道被评为浙江省文明街道，区地税分局、区消防分局、龙湾中学、区会计核算中心等 4 家单位被评为浙江省文明单位。2013 年，开展联创百日攻坚大会战行动，"两无三化"成绩在全市实现三连冠；幸福社区创成率居全市第二，13 家单位获市级文明单位称号。2014 年，龙湾区被浙江省精神文明建设委员

2016 年 9 月 12 日，龙湾区举行"礼让斑马线　文明伴我行"文明交通主题实践活动启动仪式

（团区委供稿）

会办公室命名为浙江省示范文明城区。2015年，获省级示范文明城区称号，助推温州市顺利创成全国文明城市，龙湾区获温州市全国文明城市突出贡献奖。2016年，制定出台《龙湾区道路"路长制"实施方案》《龙湾区城市管理"治乱"专项行动宣传方案》《龙湾区城市管理"治乱"专项行动督查方案》等配套文件，全区基本实现"年底明显提升"的既定目标。出台《"践行五大行动，打造文明标杆"主题活动的实施意见》《"礼让斑马线，文明伴我行"文明交通主题实践活动实施方案》，开展礼让斑马线系列主题实践活动、"文明餐桌"行动示范食堂互学互评活动。建立"文明龙湾"微信公众号，打造"文明新风"公益广告长廊，城区文明指数测评位列全市第二。

第二十四章　文化艺术

龙湾区居民自古崇文尚乐，史称"永嘉尚礼文"（清光绪《永嘉县志·风土》）、"自昔文风为两浙最"（明弘治《温州府志·风俗》）。约在新石器时代晚期，龙湾先民创造龙岗山文化，留下辛勤劳动和英勇斗争的历史，形成了古堡、名人、民俗和书法等鲜明地域特色文化。

第一节　文物古迹

龙湾区历代遗存文物古迹较为丰富。至 2016 年，有全国重点文物保护单位 1 处（永昌堡），浙江省重点文物保护单位 1 处（国安寺塔），温州市重点文物保护单位 4 处、龙湾区文物保护单位 15 处、龙湾区文物保护点 33 处。有馆藏各类文物 3000 多件。

境内文物古迹遍布山陬海隅，有龙岗山遗址、茅竹岭古道、龙湾炮台等古遗址 15 处；杨乡衡故居、皇岙张氏古宅、环一朱氏老屋等古民居 8 处；上岸桥、诸募桥、横塘桥等古桥梁 10 处；王净墓、王德墓、王氏七派坟等古墓葬 13 处；石胜观摩崖造像、半山摩崖题刻、尖刀岩摩崖题刻等碑志题刻 8 处；汤和庙、张璁祖祠、福圣寺等古代寺观宗祠 9 处。以及国安寺石塔、忠烈塔和拦路牌坊等古塔牌坊。

永昌堡

永昌堡

位于永中街道新城村，是浙江省现存唯一一座由民间自发兴建的私家抗倭城堡，历经400多年。明初，温州沿海频遭倭患。嘉靖三十七年（1558）11月，为保家卫国，王叔果、王叔杲兄弟筹集白银7000两创建永昌堡，至第二年冬筑成。清顺治十八年（1661）迁界时毁坏，乾隆年间修复。2001年8月，列入第五批全国重点文物保护单位。现存遗址主要有古城墙、谯楼、王氏宗祠、士大夫祠、都堂第等古建筑30余处。

永昌堡城呈长方形，厚实坚固。南北长757米，东西宽449米，周长2412米，城墙高5.8米，基宽4米。城堡设城堞口908个，空心敌台12座，突出城墙3米多，部分敌台设上下二层，上层为瞭望孔、雉堞，可瞭望、射击、存薪。城堡开有水陆各4门，东"环海"、南"迎川"、西"镇山"、北"通市"，建有谯楼。门为青砖结构，设有门闸二重防护。环海门上建有环海楼，因"环海为池，适揽朝宗之会"而名，占地 700 平方米；附建瓮城、二重城门，内有暗道、炮孔，北东南方安置火炮，为永昌堡规模最大城楼。通市门上建有通市楼，因直通集镇都市而名，占地 50 平方米；设有闸门二重防护。门上建有谯楼，三间歇山顶，砖木结构，东边靠城墙设有石板阶梯 27 级。至今保存完整。

王氏宗祠　位于堡内上河西北角，坐西朝东，王氏八世祖澈，于明嘉靖二十一年（1542）建，占地 13 亩，建筑面积 6670 平方米。牌坊为旧物，四柱，花岗岩结构，坊上镌"王氏宗祠"，为王澈所书。宗祠大堂约 250 平方米。清光绪三十年（1904）至 1994 年 5 月，宗祠为私塾和小学校舍。

士大夫祠　俗称上川祠，位于堡内上仓浃西首，坐北朝南，为王氏九世祖王叔杲明万历四年（1576）建，占地 12 亩，建筑面积 2446 平方米，为叔果、叔杲兄弟家庙。二门上方有明万历钦赐"士大夫"祠匾。民国36—37 年（1947—1948），祠内兴办农业中学。中华人民共和国成立后，曾于一段时间作粮库和猪牛栏。

都堂第　位于堡内御史巷 1 号。明隆庆年间（1567—1572）建，为时官都察院金事都御史王诤故居。占地1456 平方米。都堂第被专家称作"典型的明清东南沿海水乡人家布局"。2002 年 5 月，由意大利普拉托省牵头，联合法国巴黎市和西班牙阿利坎特市，

永昌堡都堂第

选择温州作为合作城市向欧盟申报"亚洲城市项目"，修复都堂第。

右司马第　位于堡内洞桥底 40 号。明万历四十四年（1616）建，为王叔果、王叔杲故居。坐西朝东，二进两厢合院式，占地 2168 平方米。建筑风格为江南水乡传统民居院落，今基本保存完整。

国安寺石塔

位于瑶溪街道皇岙村国安寺前。宋元祐五年（1090）至元祐九年（1094）建。楼阁式青石仿木结构，平面呈六边形，九层实心，高 18.60 米。台基用长方形条石铺就，周边雕刻"九山八海"纹，塔身每层面为青石板，上浮雕佛像 1062 尊，分两排驾坐于壶门内莲花座或须弥座上，并雕有身光和垂幔。斗拱粗壮，拱瓣清晰。塔刹早毁。1987 年，落架大修时恢复。

龙岗山遗址

位于瑶溪街道永胜村龙岗山脊，范围约 1500 平方米。历年出土石器有柳叶形石镞、穿孔石斧、石矛等，均经通体精磨；陶器有夹砂红陶、泥质红陶、黑皮陶、印纹硬陶等。器形有釜、瓿、钵、壶、罐及纺轮；拍印纹饰有篮纹、直条纹、纺织纹、云雷纹及曲线纹。据出土器物特征，上限在新石器晚期，下限至战国时期。1992 年，被列为温州市第三批重点文物保护单位。

茅竹岭古道

位于瑶溪街道白楼下村茅竹山，全长约 493 米。南宋末年建。是 77 省道开通前永强至温州陆上主要通道。古道中段平山寺西侧

茅竹岭古道　（李希赛/摄）

原有三开间山顶路亭，称"穿心路廊"，现改为砖混建筑。明王瓒所谓"便止亭"，即指此址。

宁村所城

位于海滨街道宁村。明洪武二十年（1387），信国公汤和建。城周1500多米，设有陆门4座、水门1座，城门附近置兵房。城内开辟十字街市，凿有七星河，与城外护城河相通，四门外均设吊桥。南门外至东门外辟地数十亩为练兵教场，设有演武厅。清朝时城内常驻兵士1100多名。20世纪60年代初，四周城墙尚在，东门保存完整城门和魁星阁。20世纪末毁圮。

王瓒读书处遗迹

位于永中街道丰台村、双峤村交界处，占地约3300平方米，为明王瓒中进士前读书场所。2004年修复，由门台、两厢、正厅组成合院式书院。背靠读书岩，由三组巨岩连成，其中一块刻有"王瓒书院"四字，莲池尚存。

龙湾炮台

龙湾炮台

位于瑶溪街道龙湾村龙湾山，原名温标右营龙湾炮台，始建于清光绪九年（1883），与乐清磐石"镇瓯炮台"隔江对峙，是近代温州军民抵御外侮的重要江防设施。炮台依山而筑，由三个炮堡组成。炮台平面呈椭圆形，坐南朝北，南北直径40米、东西60米，四周墙壁高3米、厚2米，南向出入。门楣嵌楷书阴刻"龙湾炮台"石匾。炮堡内呈腰鼓形，内设弹药库。中堡设阿姆司钢炮。东堡、西堡各设平安来福炮三尊。炮眼由内向外逐渐扩大，平面呈扇形。抗战时遭日本战机轰炸，仅存围墙、炮孔、台门及石额。

梅头寨城

位于海城街道后岗。初为巡检司城，明洪武五年（1372）构筑。洪武二十年（1387），巡检司迁东山，改为寨城。嘉靖三十八年（1559）至嘉靖四十五年（1566），瑞安知县余世儒、朱霈倡议增筑。万历年间，知县章有成再次修筑。城周1332米，高5米，有五城门，二水门。窝铺12座，块石构筑，内径500米。20世纪50年代初拆除。

半山摩崖题刻

位于瑶溪街道龙岗山南坡。明嘉靖、万历年间镌，为英桥王叔果、王叔杲兄弟遗迹。"华阳洞"题刻，在华阳洞上部巨岩上，字径0.29米，楷体横书。"华阳洞诗碑"，在华阳洞中，洞高2米，诗碑高0.53米、宽0.9米，行草直书刻《山居纪旧》《辟华

摩崖石刻　　　　　（江国荣／摄）

阳洞成》诗二首，末署"明万历丙戌重阳日西华山人书"。"罗阳洞天"题刻在"华阳洞"前溪涧南边岩壁上，字朝北，字径宽 0.25 米、高 0.36 米。楷书阴刻。末署"明嘉靖庚子春勒"篆书。"龙岗"二字，在华阳洞西隔涧龙岗山背上，长 1.24 米、宽 0.94 米，行草横书。又有"修竹厨""山高月小""云静渊澄""濯缨"等题刻，均在华阳洞附近岩壁上。1985 年，被列为温州市第二批文物保护单位。

汤和庙

位于海滨街道宁城村十字路头。原名东瓯襄武王汤公庙，清时改称汤和庙。明嘉靖七年（1528）始建。坐北朝南，七间三进木结构建筑。照壁至大殿建于嘉靖七年，后殿为清乾隆年间（1736—1795）扩建。大殿通面宽 17 米，全庙通进深 62.50 米。1989 年修复。

汤和庙

张璁祖祠

位于永中街道沧河村东岸。原在三都普门堂东，明嘉靖三十七年（1558）毁于倭患。万历年间，浙江巡抚胡宗宪檄永嘉知县发币银重建于今址，又称一品家庙。清顺治十八年（1661），迁界毁。康熙三十二年（1693）重建。祠五间两进，砖木结构。前厅、正厅、廊庑、月台、甬道保存完好。正厅重檐悬山顶，天井中月台、甬道均用长条石横铺。原有牌坊、照壁、圣旨亭、东西仪门及头进，均已毁。现牌坊、照壁已复原。占地 4000 平方米，建筑面积 1665 平方米。为温州市重点文物保护单位。

平山禅寺

位于白楼下村茅竹岭山坪。清嘉庆元年（1796）始建，因寺在茅竹岭坪而名。寺依山而建，一直保持清代建筑风格。前有石碑二通：一刻于清嘉庆六年（1801）十二月"奉宪勒碑"，巴哈布撰。一刻于清咸丰三年（1853）十月，庆廉撰书。

龙岗寺

位于瑶溪街道永胜村龙岗山背，始建年代不详。寺以东南侧摩崖题刻"龙岗"而名，占地面积约4380平方米。1978年，当地石匠邵南京在此陆续兴建寺庙。建筑沿中轴线依次为天王殿、圆通殿、大雄宝殿、五百罗汉堂、地藏王殿共五进，与两厢廊、围墙围合而成，为龙湾规模最大的宗教文化建筑。

王瓒家庙

位于永中街道殿前村李浦路。宋淳熙年间（1174—1189）始建，原在九甲监桥之北（今永兴街道南桥北村福善寺）。明初王氏族人徙居李浦，复建家庙于雁泽桥之西。嘉靖时迁建于此，明末毁于台风。清初重建。家庙坐西朝东，三进二院木结构。平面布局呈纵长方形，东西长53米，南北宽35米，建筑占地面积1855平方米。正厅通面宽11.50米，通进深12.86米，梁架、柱础、天井、月台、左右厢廊等，仍保存明代原构风貌。前厅石牌楼已毁，1997年复原。2003

王瓒家庙

年，被列为龙湾区重点文物保护单位。

第二节　非物质文化遗产

国家级"非遗"名录 1 项：汤和信俗，2008 年列入，属民俗类。

浙江省"非遗"名录 6 项：拼字龙灯舞，2007 年列入，属传统舞蹈类；玻璃银光刻，2007 年列入，属传统美术类；张阁老传说，2007 年列入，属民间文学类；龙湾撞歌，2009 年列入，属传统音乐类；温州南拳（龙湾），2012 年列入，体育游艺与杂技类；郑家园麦麦酒酿造技艺，2016 年 11 月列入，属传统技艺。

温州市"非遗"名录 21 项：摆古典，2008 年列入，属民间文学类；龙湾参龙，2008 年列入，属曲艺类；龙湾鼓词，2009 年列入，属曲艺类；灵昆十字绣，2008 年列入，属传统美术类；龙湾民间壁画，2008 年列入，属传统美术类；龙湾镶嵌漆画，2008 年列入，属传统美术类；龙湾彩塑，2008 年列入，属传统美术类；龙湾古建筑木雕，2008 年列入，属传统美术类；龙湾糖塑，2009 年列入，属传统美术类；龙湾寺前街学林馄饨，2008 年列入，属传统技艺类；永嘉场海盐晒制技艺，2008 年列入，属传统技艺类；龙湾竹编，2008 年列入，属传统技艺类；陈十四信俗，2008 年列入，属民俗类；张璁祭祀，2008 年列入，属民俗类；龙湾吹打，2008 年列入，属传统音乐类；永兴鼓板亭，2008 年列入，属传统音乐类；大若岩香会（胡公爷班），2009 年列入，属民俗类；永嘉场迎娘家龙船，2009 年列入，属民俗类；龙湾石胜观道教音乐，2009 年列入，属传统音乐类；龙湾南拳，2009 年列入，属体育游艺与杂技类；英桥王氏祭祀，2010 年列入，属民俗类。

第三节　民俗文化

龙湾民俗文化具有明显屏山襟水的地域特色以及钟灵毓秀与底蕴丰富的历史特征，显示生存环境逼仄又求生愿望特别强烈的龙湾先民向善向上、崇文尚礼的精神追求与勤劳勇敢、筚路蓝缕创业的精神民俗。

汤和信俗

主要活动为宁村汤和庙会。《明史·汤和传》载："嘉靖间，东南苦倭患，和所筑沿海城戍，皆坚敌，久且不圮，浙人赖以自保，多歌思之。"嘉靖年间，宁村驻军 1175 名，是宁村第一代居民。其后裔缅怀汤和功德，家家设"宁村所主汤和公之位"神位祭祀，奉汤和为保护神。嘉靖四十年（1561）前后，倭寇平定后，宁村每年农历七月十五举行"汤和出巡"和"教场祭鬼"仪式，形成永嘉场全民公祭活动。"鬼节"遂演绎为宁村的"汤和庙会"。"汤和庙会"主要是巡游和祭鬼。活动自 7 月 13—17 日，持续 5 天。13 日，背"路经牌"；14 日，"符司爷"扫街；15 日汤和神像出巡。16—17 日演戏两天，庙会宣告结束。

古时的巡游活动主要瞻仰祭拜汤和，悼念普施倭难亡魂。当代，其内容到形式均有发展。内容在单纯崇拜汤和、悼念亡魂时，

一年一度的宁村所城节目表演

揉入时代新意。2006年"抗战胜利70周年"，巡游中运用标语与化妆节目，教人重温国难家仇。2007年传统"扬善惩恶"节目中，增"八荣八耻"和"反腐倡廉"内容。形式，融进现代歌舞表演艺术成分。2008年6月，"汤和信俗"被列入第二批国家级非物质文化遗产名录。

永嘉场拼字龙灯

拼字龙灯以竹木为骨、画布为皮，不同者龙头龙尾与龙身截然分开。灵活多变，"舞蹈构图"，将祈盼"神龙赐福"千秋心声，具体化解为"天下太平""人口太平""上元大吉""光天化日""代天行化"20个字，在龙灯飞腾滚舞中显示出来。每条龙灯由"头站"和舞龙队两部分组成。"头站"即仪仗队，严肃隆重，一杆高10多米、宽0.50米，顶端挂一对灯笼。舞龙队除龙头龙尾外，龙身9档（古为7档），每档长1米，用竹篾编成空圆形，直径0.40米，龙皮总长25米。每档1人，头尾共11人，若有打龙珠，加1人，两套人马约30人，外加乐

拼字龙灯

队的鼓、大锣、小锣、大钹、小钹各1人。龙灯正月初一出村巡游，主要对象是本村出嫁女儿家与上代宗亲，兼顾其他村庄，基本游遍永嘉场所有村庄。至元宵节后"圆香"活动结束。

拼字龙灯起源有二说：一说，清康熙二十二年（1683），朝廷"迁界令"废除，永嘉场人重建家园后，拼字龙灯是人们备尝离乱之苦后，祈盼天下太平、安居乐业。又一说，明嘉靖年间，当地人给张璁祝寿，造拼字龙灯，

以示祝贺。20 世纪 50 年代，拼字龙灯活动式微，"文化大革命"结束后，传承最有特色的是宁村的拼字龙灯习俗。2007 年，被列入第二批浙江省非物质文化遗产名录。

正月抬佛

"抬佛"即神像出巡，祈求地方平安吉庆。神像出巡时庙会唱词演戏，商贩云集，挨家招朋邀友，合地欢腾。主要活动有：正月初十永昌堡抬地主爷、郑老爷，正月十四、十五下垟街（七甲）抬佛，正月十六状元"铲桥佛"，正月二十七梅头会市。

闹元宵

元宵闹花灯是龙湾新春佳节的"压轴戏"。主要有：海城灯市，明清时"海城灯市"是《永嘉场十七景》之一。邑人"万人空巷迎庙会，十里堰堤闹元宵"的诗句，描绘的就是当时的节庆场景。中华人民共和国成立后，海诚灯市停止。石浦大龙，"大龙"是特大特长龙灯。头大如稻桶（高 3 米、长 4 米、宽 2 米），重 250 千克，需 10 人抬。尾长 4 米、径 1 米，重约 150 千克，需 8 人抬。身为 18 档，每档长约 1.20 米、径 0.60 米，1 人 1 档。布裹身，彩鳞斑斓，全长 100 多米，由 100 多人抬着逶迤前进。该习俗相传已有 400 余年。中华人民共和国成立后，石浦大龙巡游停止。1978 年改革开放后恢复。1986 年、1993 年和 2005 年举办 3 次。2005 年始，因春节休闲时间变短，迎大龙放花灯

1995 年正月初七，状元镇闹元宵

（胡建芬／摄）

占用村中大量劳动力，故 2005 年改为正月初一始，初五结束。

张阁老传说

温州有"讲一世张阁老，晓勿得张阁老姓张"的民谚，嘲笑人对最普通事物的愚昧无知；"张阁老当官，带携一省"，称赞张阁老桑梓情深。张阁老名张璁（1475 — 1539 年），三都普门（今永中街道普门村）人，明嘉靖内阁首辅。张阁老在温州、丽水、台州等地民间流传许多轶事和掌故，民间搜集整理出版有《张阁老的故事》《张阁老故事专辑》《张阁老传说》等，共搜集民间传说（故事）108 个。

庙会戏

龙湾各村多有一年演一次戏（以祝寿为多）的习俗，以感谢神灵"庇佑"，祈求来年福祉，一般演戏 3 天以上。土改前有庙产土地可供开支，土改后赖善男信女乐助，1978 年改革开放以后主要由企业家赞助。演戏前有祭祀仪式。开演要"打八仙"，接

沙城沧宁村华光庙庙会戏

着是"三句戏"，以后是"正本"，剧终称"团圆"。最后一夜"团圆"时有"关老爷洗台"，一饰关公演员先持大刀舞遍全台，以"破煞驱邪"，然后众人推开台中央活动台板，以示戏已演毕。演戏时，四方商贩云集，故庙会戏又称"会市"。

生育习俗

永嘉场民间世代相承，产妇生孩子后，娘家要送麦麦酒。用北枣、乌豆、

枸杞等食材浸泡的老酒，以给孩子的妈妈滋补调养，俗称之为"妈妈酒"，后以谐音改为"麦麦酒"，一直沿用。麦麦酒又称"月子酒"，是妇女做"月里"的营养酒。郑家园麦麦酒酿造始于清嘉庆年间，至今已有200多年的历史。据《横山郑氏宗谱》记载，白水郑氏十四世郑尚徵（1768—1835），于清嘉庆年间，采撷世代相传制酒技艺，建立制酒作坊，在永嘉场老城开设郑家园酒坊，制作经营麦麦酒。经过五代传承，到十八世郑仁熄时在永嘉场天柱寺风景区开设"太白酒家"，再到二十世郑振晓传承和创新了麦麦酒的酿造技艺。后来，麦麦酒不再由产妇独享，已成为温州世代传承、男女皆爱的味觉记忆。

第四节　民间文艺

境内群众传承至今的主要的文艺形式有撞歌、鼓词等。

龙湾撞歌

明代已盛此俗。至20世纪50—60年代，还较为流行，青年男女聚会，常以撞歌助兴。

撞歌即斗歌。区域流传"撞歌撞、撞歌撞、撞歌撞着个放牛郎"的歌谣。撞歌主要是牧童斗唱歌谣。明朝姜准撰《岐海琐谈》有"儿童结伙踏歌，一唱百应，遇别伙歌者，与之较胜"的记载。20世纪上半叶，是流行永嘉场丰富社会生活情趣的润滑剂。撞情怀，有牧童牧牛自找乐子的斗歌，有田间农夫随缘酬唱，青年男女"打情骂俏"的斗歌。撞海鲜，唱："何乜头大味最鲜？何乜头大在水边？何乜头大生条刺？何乜头大尾巴长？"

对："黄鱼头大味最鲜，阑胡头大在水边，'发鱼'头大生条刺，带鱼头大尾巴长。"撞古人，唱："夜底寻来日底寻，找你姆儿对古人，别的古人沃（都）弗对，三国唐朝少撞二三个。"撞酒兴，唱："三横一直本是王，这杯酒你不喝完，讲弗爻。"对："三横一直也是丰，这杯酒不喝到底，也讲通。"你一句我一句，直到对方服输罚酒了事。撞歇力，在田间唱撞歌解乏。

龙湾鼓词

龙湾莲花源于南宋绍兴年间（1131 — 1162），龙湾鼓词盛行于晚清，均为群众喜闻乐见的民间说唱艺术，配有通俗曲艺音乐。清末产生于永嘉场的"十八本头"，作者不详，流行于温州曲艺界，词目有《阴阳镜》《柳松亭》《荷花阁》《三摘葡萄》《九曲明珠》《三卖桃娇》《八幅罗裙》《十八滩》《寒雪争梅》《思乡文》《节孝文》《四官诰》《双婚悔》《失巾帕》《双玉鱼》《风雨亭》《银红帕》《燕子诗》《宏碧缘》《三门街》《粉妆楼》《七侠五义》《七子十三侠》《绿林义侠》《小五义》《紫金鞭》《飞龙剑》《十二红》《七美图》《八窍珠》《孟丽君》《九龙剑》《白蛇传》《金丝果盘》《珍珠塔》《岳家军》《杨门女将征西夏》《二度梅》《玉屏风》《汉唐》《双节孝》《白牡丹》《忠义堂》《双金钗》《双珠凤》《秦香莲》《银罗衫》《四面貌》《峰山双燕》《见云楼》《黄鹤楼》《凤仪亭》《百忍图》《素蓝记》和《花情会》等。

第五节　群众性文化活动

自清至民国，龙湾艺术有急剧变革与发展。抗战时期，以木刻、漫画、话剧、歌咏各种文艺形式，宣传抗日救亡，掀起文艺活动高潮。中华人民共和国成立初，政府对文化投入逐年增加，建立文化馆，增建影院剧场等文化设施。几濒绝境的戏曲与民间工艺得到扶持，艺术人才脱颖而出。20世纪70年代末，文化艺术复苏。群众性文化活动发展迅猛。

中国书法之乡

龙湾自古以来就有爱书习书的传统，涌现出众多书法名家，如"一代书宗"姜立纲、夏承焘、王荣年等人。2013年3月，龙湾区被中国书协命名为"中国书法之乡"，海滨街道宁村被授予"浙江书法村"称号。2016年6月举行龙湾区首届书法文化艺术节，承办沙孟海第九届全浙书法大展，邱朝剑荣获"沙孟海奖"。龙湾中学的

2014年11月14日，浙江省"中国书法之乡"首届作品联展举行开幕式
（孙作材／摄）

书法特长生班已成为龙湾区校园艺术特色品牌，永兴二小的书法《写字》评段教育方法被省教育部门推广。

农村文化礼堂

2013年启动农村文化礼堂建设，并荣获"2013年度温州市文化礼堂建设工作先进县（市、区）"。至2016年，境内共计建成农村文化礼堂50家，形成"一村一品"的格局。2014年起，各文化礼堂每年举办文化礼堂"民星秀""我们的舞台""我们的节日""我们的村晚""我们的村歌"等系列活动，农村文化礼堂成为村民自娱自乐文化活动的重要场所。

龙湾图书馆

文化设施

2016 年末，全区拥有公共图书馆 1 个，博物馆 1 个，24 小时城市书房 4 个，街道综合文化中心 5 个。公共图书馆图书总藏量（含电子书）40.30 万册，其中区图书馆藏书 30 万册，分馆及社会图书馆 10.39 万册。年末广播节目综合人口覆盖率为 100%，电视节目综合人口覆盖率为 100%，有线电视入户率 100%。

文艺活动

2007 年 10 月 31 日，在区行政中心广场举办第一届龙湾区文化艺术节。12 月 25 日，举行闭幕式。2009 年 8—12 月举办第二届区文化艺术节。9 月 29 日开幕式与"龙湾区庆祝建区 25 周年纪念大会"合并举行。艺术节内容分为以红色经典歌舞为主的演唱活动与龙湾建区 25 周年成就图片展，"新龙湾人才艺表演""双十佳"大奖赛、文联艺术团巡回演出等活动，持续至 12 月 25 日闭幕。此后，每两年举办一次。龙湾区音乐舞蹈节始于 2000 年，每年 8 月举办，举行音乐舞蹈界创作最新成果专场比赛。由各镇（街道）、部门单位组织选手参加。每届参赛歌舞节目 20~30 个，数百人参加，设创作表演奖项。

文艺组织及作品

1984 年，成立龙湾区摄影协会，有会员 75 人。摄影协会有 10 多名会员 70 多件作品在全国性影展中获奖、入选，数百幅作品在各大报刊发表。20 世纪 90 年代，永强片领头成立"瓯海诗词学会"。2001 年，改名为"龙湾区诗词学会"。每年出版《龙湾诗词》一书。2005 年 12 月成立龙湾区音乐工作者协会，有会员 150 人。2008 年，又成立龙湾区音协流行学会和音协器乐学会。区音乐协会在各类大型演出和比赛活动中屡屡获奖。较有名的曲艺艺人有清末季阿银（下垟街乐一村人）、张积孝（下垟街北井头人）；近现代的虞世芳（上京人）、张鹤森（下垟街乐二村人）、王益润（双呆人）、碎姆师（寺前街人）、陈金东（灵昆人）等。20 世纪 50 年代初，尚有鼓词协会会员 41 人、流动艺人 23 人。2005 年，成立龙湾区舞蹈协会。参加省市级各类舞蹈比赛频频获奖。2003 年，舞蹈《看三月》获省舞蹈节金奖。2005 年 8 月，群舞《放飞梦想》在市城市社区舞蹈大赛上获金奖。2006 年 10 月，双人舞《月海》获市音舞节表演一等奖。2008 年，《童年的小渔灯》，获省乡村舞蹈大赛铜奖。《梦境奇遇》获省少儿舞蹈大赛银奖。2016 年舞蹈《暖》获全国"小荷之星"奖。2002 年，成立区美术协会，创办《龙湾美术》刊物。漆画作品《中国元素》入选第十届全国美术作品展，多名会员的作品入选省美术作品展、省教师书画大赛二等奖等。

第二十五章　新闻传媒　史志档案

　　建区后，龙湾以报刊、电视、互联网等新闻传媒，围绕区委、区政府中心工作和重要时间节点，做好各类热点问题、敏感事件舆情监测引导，开展各类正能量传播行动，为龙湾经济社会发展，丰富公众精神文化生活发挥重要作用。并且做好党史征编、志鉴编纂、史志宣教、档案管理与编研，履行"存史、资政、育人"职能，取得较好成效。

第一节　新闻传媒

　　1984 年，建成龙湾区"广播网"。2003 年，成立龙湾区新闻中心。2010 年 8 月 18 日，龙湾区新闻工作者协会成立。

报刊

　　《今日龙湾》　2007 年 6 月 22 日创刊，四开四版，周报，彩色印刷，由中共温州市龙湾区委主管，龙湾区新闻中心主办。

　　2011 年 11 月 8 日，《今日龙湾》数字报开通，拥有读者 30 万人；《今日龙湾》报增扩版面 76 版，每月平均扩版 3 次，全年发行量 13500 份。2013 年，与《温州日报》《温州都市报》《温州晚报》同步发行。2014 年发行量 5.47 万份，为全市"今日系列"区域报发行量最大的纸质媒体。

2015年，启动"赶超发展在龙湾，市民记者看变化"新闻采访活动，编发版面546个，主题新闻占新闻总量60%以上；发行量达5.47万份，居全市县（市、区）首位。2016年，与《温州日报》联办《今日龙湾》，9月中旬正式出版。全年编发版面604个，发稿2760多条，发行量5万余份。

《今日龙湾》网络版

电视

1994年9月28日，龙湾区有线电视台开播。1998年12月25日，龙湾区广播电视记者站成立，为"三台"（温州有线电视台、温州电视台、温州人民广播电台）提供《社区新闻》。2002年9月30日，三区（龙湾、瓯海、鹿城）有线广播电视传输网络划给中广有线信息网络有限公司温州分公司统一管理。1994年4月21日，建立龙湾有线电视台，同年9月28日开播。自办"龙湾新闻""温情驿站"等节目。1998年2月9日，自办节目停播；12月28日，温州有线电视台开播"社区新闻"栏目，其中播放5分钟龙湾新闻。2002年9月30日，电视传输网络划给中广有线信息网络有限公司温州分公司统一管理。

2009年11月6日，由区新闻中心自主采集、自主提炼、自主制作、自主播报的《龙湾新闻联播》开通。2012年，《龙湾新闻联播》从每周一档增加到三档。2014年，《龙湾新闻联播》从每周四档增加到五档，新闻播出量增加2倍；播出《都市新闻》1150条。2015年，《龙湾新闻联播》播出248期，合计播出新闻报道1055篇；《都市新闻》播出新闻报道 1193 条，数量居 3 区首位。2016 年，在每周五档的基础上，推出"五水共治"等系列主题报道，编发专题 136 条，全年播出新闻 1161 条，《都市新闻》播出新闻 1153 条。

互联网新媒体

龙湾新闻网　2008 年 11 月 7 日，龙湾新闻网正式开通，设 40 个栏目。全年编写、转载、更新各类新闻、信息、视频和图片 5000 余篇（幅）。2011 年，龙湾新闻网全面改版提升，开设 5 个频道和 50 多个专栏，点击率从原来 5000 人次提升到 2.5 万人次以上。建成 3 个户外视频，整合各种视频和户外"平安龙湾信息视频"201 个。2013 年，创新龙湾新闻网版面、页面，开设 50 个专栏专题，并探索区、街道、社区三级办网模式，发布上传新闻 26326 条，日均访问量 5 万人次以上。2015 年，改版龙湾新闻网，全年累计发稿超过 4 万篇，网站点击量提升至日均 50 万人次以上，居全市各县（市、区）首位，连续 3 年获省市优秀网站。2016 年，加强"两微两端"平台拓展，微信、微博粉丝量超过 12 万；11 月正式开通龙湾新闻 APP，全面建立媒体与群众直接沟通平台。

2008 年 11 月 7 日，龙湾新闻网正式开通

新闻外宣报道

1984 年 12 月，龙湾区成立报道组，各乡镇广播站值机员为通讯员，

向各新闻单位投稿。1993 年，中共龙湾区委报道组更名为龙湾区新闻信息中心。1998 年 12 月 25 日，龙湾区广播电视台记者站成立。2003 年 12 月，龙湾区新闻机构整合，组成龙湾区新闻中心。

2007 年，区新闻中心拓展新闻宣传渠道，先后被《西部时报》、意大利《欧联时报》采用稿件 90 篇，在省、市级报纸刊发 300 篇，在省、市电视新闻、社区新闻栏目中播出 1100 多条、专题 60 多档，在市广播中心播出稿件 125 篇。2011 年，在中央、省、市报纸刊登重点新闻稿件 60 余篇，在省、市电视台播出电视新闻 500 余条，刊发报纸重大主题专版 18 个、电视专题片 13 个、新闻稿件 200 余条。2014 年，在市级以上主流媒体刊发广电新闻类 1696 条，《温州新闻联播》收播 191 条，《新政聚焦》收播 19 条，《广播新闻联播》收播 344 条，《都市新闻》收播 1150 条，发稿量在全市第一，获省好新闻奖居全市前列。2016 年，全年在市级以上纸质主流媒体上发稿 987 条，其中《浙江日报》180 条，《温州日报》510 条（头版 131 条），发稿总量排名全市第一。播发市级以上电视外宣稿件 796 条，其中央视 17 条，浙江卫视 38 条，《温州新闻联播》362 条，温州广播 398 条，播发总数排名均居全市前茅；向人民网、新华网、浙江在线、温州网等主流网络媒体报送稿件 1000 多条。

第二节　史志工作

1993 年 7 月，中共龙湾区委党史研究室建立，挂靠区委组织部。1995 年 7 月，区委党史研究室独立办公。2005 年 11 月，更名为区委党史区志办公室（简称史志办），内设综合科。2005 年 12 月，成立龙湾区史志编纂委员会办公室，与区委史志办合署办公。2007 年 6 月，成立龙湾区方志馆。2010 年，增设党史科。

党史研究

2007 年，保存龙湾区大事记记录卡档案 37 卷、剪报 8 卷。1994 年 12 月，出版《中共温州市龙湾区党史纪事（1984 — 1993 年）》。1998 年 1 月，获省委党史研究室"浙江省党史部门工作成果优秀奖"。1999 年 12 月，出版《中共温州市龙湾区党史纪事（1994 — 1998 年）》。2005 年 12 月，由中共党史出版社出版《中国共产党温州市龙湾区二十年历史纪事（1984 年 5 月 — 2004 年 12 月）》；收集、撰写 40 多个新时期党史调研课题，2008 年 9 月通过上级验收。2011 年，由龙湾区委组织部、区委史志办合编的《中共龙湾区组织史资料》（第五卷）出版发行。启动并完成《中国共产党龙湾区地方党史第一卷（1949—1978 年）》纲目初稿，并开始原始档案的查档工作。2016 年，召开《中共龙湾历史（1949—1978 年）》征求意见座谈会和专题编写工作推进会，完成党史专题 55 个。启动《中共龙湾历史（1978—2002 年）》编写，拟定《中共龙湾党史（1978—2002 年）》纲目。编辑出版《龙湾区委文件汇编（1984—1992 年）》，收录文件 100 个、39 万字。

党史宣教

2001 年，举办建党 80 周年大型图片展览，党史知识报告会，党史知识竞赛和党史知识专题报告。2004 年，开展区机关部门党史教育，将温州市十五中、龙湾区永强中学、龙湾区职业技术学校等 10 所学校建成龙湾区中共党史教育基地。2006年，中共党史教育基地更名为史志教育基地，并增设龙湾中学为教育基地。2008年7月，龙湾区史志办、区委宣传部和区新闻中心联合开展"改革开放30周年龙湾区十大风云人物、最具影响力的十件大事"评选活动。2009年7月10日，龙湾区历史学会成立，《龙湾史谭》创刊。2009年12月25日，《龙湾60年发展纪实》由方志出版社出版发行，全书350页、38万字、200幅图片。2011年7月6—15日，联合区委组织部、区委宣传部、区档案局在区档案馆一楼大厅举办龙湾区纪念建党90周年大型图片展，展示中国共产党90年的奋斗历程，龙湾及温州经济社会发展取得的巨大成就；8月，龙湾区委史志办创设龙湾地情网（www.lwdqw.gov.cn），为全区干部群众了解龙湾历史文化开辟新途径。

龙湾地情网

2014年，区史志办获评2014年度全市党史信息工作先进单位。2016年6月14日，在永强供电公司"永电之光"展示馆举行龙湾区首个中共党史教育基地授牌仪式，该馆总投资200余万元，展馆分为历史、今日、未来等三部分；10月15日，龙湾区中共党史学会成立。全年结合"两学一做"学习教育，开展"看发展，讲党史，跟党走"活动，动员党员干部到党史教育基地——"永电之光"展示馆参观，弘扬龙湾党史文化。《"三好并举"助推农村文化礼堂》获省地方志系统服务农村文化礼堂"十佳"典型案例。

书刊编纂

1996年9月，编印《龙湾区爱国主义教育基地简介》，1.6万字。该书内容跨越100多年，介绍市、区两级命名的爱国主义教育、革命传统教育、国防教育基地。2002年，编印《龙湾党史图册》，收录图片250多幅，主要反映域区社会主义建设各个时期、各条战线所取得的成果。同时收集一批反映境域早期中共党组织斗争史的珍贵图片和自然景观的精美图片。创办《龙湾党史》刊物，年刊两期。2005年12月，改名《龙湾史志》。2006年，年刊3期。2008年初，《龙湾史志》由原16开改为大32开，不定期（每年2~3期）改为季刊；增设党史纵览、区志编纂、百家论坛、史海拾遗、英名千秋、世纪潮汐、理论纵横与大事纪要等。

2016年，修改和完善《龙湾简志》并形成送审稿。启动《龙湾区人物志》编写工作，完成人物入志标准专家论证，梳理出20条标准，至12月完成200名人物撰写工作。《永强壮歌》由新疆文化出版社出版，全书20万字。全年出版《龙湾史志》4期、《龙湾史谭》2期。

年鉴编纂

自 2005 年起，每年组稿、编辑、出版《龙湾年鉴》。《龙湾年鉴（2008 年）》获第二届中国地方志年鉴奖特等奖、第四届全国年鉴编纂出版质量评比综合奖一等奖。2010 年 11 月 15 日，《龙湾年鉴（2010 年）》被中国地方志指导小组办公室评为全国地方志系统第二届年鉴县区级地方综合年鉴特等奖（全省仅 2 家）。2012 年，《龙湾年鉴（2011 年）》获第六届全国年鉴编校质量一等奖。2016 年，对《龙湾年鉴（2016 年）》框架结构进行适当调整创新，使年鉴框架结构更加科学、合理。《龙湾年鉴（2015 年）》获全国地方优秀成果（年鉴类）县区级综合年鉴一等奖。

2014 年 12 月 30 日，龙湾区举行《龙湾区志》暨《沙城镇志》《坦头村志》首发式　　　　　　（区委史志办供稿）

区志编纂

2005 年 12 月，龙湾区史志编纂委员会成立。2006 年 6 月，《龙湾区志》编辑部成立。同年，《龙湾区志》被列为省"十一五"与市"十一五"期间完成的县（市、区）地方志书。2007 年 6 月，被推荐为全省 14 家、温州唯一一家修志创优工程试点单位；9 月 17 日，试点单位与省地方志编纂委员会签订合同并授牌。2010 年 12 月 16，龙湾区史志办主编、副主任陈建敏被中国地方志指导小组办公室评为全国方志系统先进工作者。2011 年，《龙湾区志》进入初审阶段。6 月 21 日，区委、区政府邀请国家、省、市地方志系统的领导、专家，召开《龙湾区志》初审会议。2014 年 12 月

30 日，《龙湾区志》举行首发式。

第三节　档案工作

1986 年 1 月，龙湾区委办公室档案室成立。1987 年，区级机构改革，档案室作为内设 9 个科室之一。1988 年 6 月，区委（府）办档案室更名为区委（府）办档案科。2000 年 11 月，档案科更名为区档案局，隶属于区委（府）办，同时增挂区档案馆牌子对外称局，对内作为区委（府）办的内设科室。2002 年 2 月，龙湾区档案局（区档案馆）建立。2010 年 6 月，升格为区委、区政府直属正科级事业单位。2012 年，晋升为省一级综合档案馆；并被评为全市档案工作目标考核优秀单位。2013 年，晋升为国家二级综合档案馆。

馆藏档案

1984 年，在区委办公室设档案室。2005 年，创建龙湾档案网站，全面编制档案目录，陆续接受文书档案、会计档案、声像档案、基建档案、图书资料、宣传片、城乡低保、山林权证、工伤鉴定、再生育审批等 4 类民生档案，编制全引目录、案卷目录等检索工具，开通龙湾档案网，初步建成综合智慧型档案数字平台体系。2007 年，馆藏 5 个全宗，3921 卷，其中文书档案 2677 卷、会计档案 1137 卷、声像档案 53 卷、基建档案 54 卷、馆藏资料 1809 册。2008 年建立机读目录数据库 8239 条。2009 年输入机读目录 22370 条。2010 年建立共享数据库。2011 年，检索文件级目录 64642 条，2012 年备份数据 662.5GB，2013 年建成"一平台三数据库"

系统（档案信息综合平台、档案目录数据库、档案全文数据库、多媒体档案数据库）。2014年创成省级规范化档案登记备份中心。2016年，全区馆藏数据库建有文件级目录468799条，全文扫描1945088页，数据量4.81T。

服务与编研

2010年，全年接待档案查阅利用112人次322卷（册）。2012年，建成龙湾历史文化展示厅和档案文化精品陈列室；编研出版《2011龙湾大事记》《龙湾记忆》，其中《龙湾记忆》一书列入省"百项档案编研精品工程"项目。2014年，编辑出版《2013龙湾记忆》。2015年，创成温州市第二个省级中小学档案教育社会实践基地。2016年，区档案局（馆）全面实施辖区内各单位档案信息资源共享工程，开通预约查档、咨询辅导、公休日开馆查询等绿色服务。

第二十六章　风俗　宗教

　　龙湾自古以来受儒家礼教影响颇深，孝父母、友兄弟、序长幼、祀祖先，以维系家庭和宗教秩序为重。社会活动，诸如敬贤尊士、拜师授徒、扶危济困、施善行义、待人接物、睦邻交友及其风俗，与儒家礼教一脉相承。古老东欧民俗遗存，浓郁海洋文化气息，鲜明商贸文化特色，是龙湾历代相沿的风俗习惯，具有地方色彩，带有时代烙印。随着社会发展，风俗也在继承延续中嬗变。

第一节　风　俗

岁时习俗

　　龙湾岁时习俗，淳朴多趣，富有寓意。春季，一元复始，迎春纳福；夏季，防疫祛病，耕海牧渔；秋季，收获季节，喜庆成俗；冬季，农事已了，辞旧迎新。中华人民共和国成立后，新旧交替、中外融合，某些习俗淡化或形式有所变化。

礼仪习俗

　　龙湾人生礼仪习俗丰富多彩，是民俗文化的重要组成部分。礼仪习俗历史悠久，涵盖广泛，有典章制度、伦理观念、道德修养、行为准则。

龙湾婚俗

传统婚俗，仪式繁琐；合婚人神共谋，嫁妆五花八门；生育讲究礼节，寿诞独具特色；丧葬隆重喜庆，夹杂封建迷信。中华人民共和国成立后，社会发展，时代进步，礼仪习俗有所变化。

生产习俗

过往，自然灾害或作物为病虫侵袭，往往无法应对，显得无能为力，只有期盼神灵保佑。这种心理伴随生产活动而形成地方特色的生产习俗，其中做稻福、求雨、打船醮、还高愿等礼仪活动具有浓厚的迷信色彩。中华人民共和国成立后，随着社会生产能力的提高，这些习俗渐见消退或绝迹。

生活习俗

从宋至民国，龙湾区境百姓过着俭朴、守成、清淡、贫苦的生活。

中华人民共和国成立后，人们生活渐有改善。1978年改革开放后，居民收入大幅提高，消费心理渐趋求新、求优、求特。进入21世纪，人们衣、食、住、行的追求档次不断提升，新潮消费层出不穷，时髦生活丰富多彩，衍生出龙湾独特的生活习俗。

民间信仰

信鬼神、乐巫祠是瓯越文化的一个显著特点，此种风气自汉东瓯王时期已然。寻常百姓人家好佛事、信鬼神、爱占卜、讲风水。除供奉灶神、财神、土地神等。还供奉观音、三官大帝和其他诸神。中华人民共和国成立后，信仰鬼神习俗渐敛。1978年改革开放后，佛道振兴，基督新兴，地方神散布村头巷尾，各司其职。据2008年民间社会调查统计，龙湾有各式庙宇、神龛230多座。

汤和神像巡游　　　　　　　（何光德／摄）

道德风尚

自古以来，龙湾区境内涌现出无数道德模范，他们在朴实中现真情，平凡中见伟大的道德风尚，虽无声，却滋润人心，承接传统美德，弘扬中华文化，富有时代特征，彰显地方特色，是提升社会公德、职业道德和家庭美德，开展道德建设，推动经济社会发展的力量源泉。

第二节 宗 教

宗教管理

2006年，做好宗教活动场所登记证换发工作，全区表彰"规范化管理先进团体"1个，"规范化管理宗教活动场所"38个。2008年，全区依法登记在册的宗教活动场所有239处，其中佛教90处、道教89处、天主教12处、基督教48处。建有道教协会、佛教协会、基督教三自爱国运动委员会和天主教爱国会等区级宗教团体组织。龙湾民众中约有信徒10万人，占全区总人口的三分之一，虔诚信徒较少，偶尔到庙（观）上香人员众多。2011年，全年上报宗教活动场所拆扩建4起，非通常宗教活动审批9起，对宗教活动场所管理组调整备案28起。开展不稳定因素地毯式排查，查处非法宗教活动7起。表彰先进宗教团体、"和谐寺观教堂"达标场所42处，全区69处"和谐寺观教堂"创建场所通过省级考核达标验收。引导宗教界参与公益慈善活动，募集善款55.88万元，其中"慈善一日捐"活动21万元。道教协会、基督教"两会"、佛教协会获区"2011年度慈善捐赠先进单位"称号。2016年，依法拆除涉宗违章建筑47处，面积11962.60平方米，民间信仰场所拆改结合30处，依法处置"三超"标志物28处40个；办理宗教行政执法案件5起。调解永中街道天柱寺、乾元寺、紫竹林、永兴街道乾元教寺、海滨街道三王观、状元街道莲华寺等场所矛盾纠纷。在全区宗教场所深化"同心同行·共建和谐"活动，落实"一副科一堂点"，开展消防安全知识进场所、宗教政策进场所等活动，确保重大事故隐患整改率达到100%。开展佛道教专项治理，全面排查全区 42 名佛教教职人员。全区 125 处佛道教场所、59 处道教场所均悬挂二维码标识铜牌，接受社会公众的监督。表彰龙湾区道教协会等先进集体 74 个和释如法等先进个人 66 位。

佛教

龙湾大罗山中有 36 庵堂、72 寺院。古刹名寺有仙岩的圣寿禅寺、伏虎寺、休凉寺，茶山的五美园（实际寺）、香山寺、宝严寺，瑶溪的国安寺、龙岗寺，永中的乾元寺、天柱寺等，闻名江南，故有"大罗山佛国"

国安寺千佛塔

之称。2008 年，龙湾区登记在册的佛教活动场所 90 处。2011 年，登记在册的佛教活动场所有 88 处。2016 年，登记在册的佛教活动场所有 66 处。

道教

传统的民间信仰神如妈祖娘娘、杨府大神、陈府大神、广济候王等，仍为民众广泛信奉，并与道教交融。状元茅竹桥公园有太阴宫，奉陈十四娘娘；永中街道三都有天仙宫，奉庐氏圣母娘娘；永中街道石浦村陡门北侧有忠烈观，奉郑使候王；永中街道白水郑宅村天柱寺有杨府庙，奉杨府大神；沙城街道八甲村有太阴宫，奉陈十四娘娘；沙城街道七一村有沙城观，奉关公；海滨街道沙中村有太阴宫，奉陈十四娘娘等。神庙改为宫观，融入道教管理范围。2008 年，全区登记在册的道教场所有 89 所，多数为 20 世纪 90 年代后由神庙改宫观而成。2011 年，全区登记在册的道教场所有 90 所。2016 年，全区登记在册的道教场所有 59 所。

天主教

龙湾区天主教爱国会会址设永中沧河天主堂。2008 年，全区登记在册的天主教宗教活动场所有：沧河天主堂（永中街道沧河村，是温州地区除城区周宅祠巷天主堂外最大的教堂），三甲天主堂（天河街道三甲天凤村），八甲天主堂（沙城街道八甲村），状元天主堂（状元街道横街东路），坦头天主堂（永中街道坦头村），后郑天主堂（永中街道联谊村路头），永兴天主堂（永兴街道八村），灵昆天主堂（灵昆街道海思村），宁村天主堂（海滨街道江一村），金岙天主堂（瑶溪街道金岙村），二都天主堂（永中街道城南村），五溪天主堂（永兴街道五溪村）等 12 所。2011 年，全区登记在册的天主教场所有 12 所。2016 年，全区登记在册的天主教场所有 9 所。

基督教

2008 年，全区登记在册的天主教宗教活动场所有：永中街道的永中基督教堂、联丰基督教堂、寺后基督教堂，海城街道的埭头基督教堂，状元街道的状元堂基督教堂、大岙基督教堂、御岙基督教堂，瑶溪街道的河滨基督教堂、白楼下永恩基督教堂，蒲州街道的蒲州基督教堂、屿田基督教堂、上江基督教堂，海滨街道的宁村基督教堂、蟾钟基督教堂，沙城街道的四甲基督教堂、五甲基督教堂，天河街道的中和基督教堂、三甲基督教堂，永兴街道的永兴基督教堂、王相基督教堂、五溪基督教堂，灵昆街道的灵昆基督教堂等 49 处。2011 年，登记在册的基督教宗教活动场所有 49 处。2016 年，登记在册的基督教宗教活动场所有 49 处。

第二十七章　人　物

　　龙湾境域自古地灵人杰，尤其境内永嘉场明代科名绵延，出现人才鼎盛现象。明清共有举人60人，其中举文进士25人、武状元1人，人文众盛为温州之最。在辛亥革命、抗日战争、解放战争、社会主义建设历史时期，又涌现一批人物，其中有政治家、实业家、军事家、科学家，以及学者、烈士等，为优秀代表。本章为人物传记，古代选自《温州府志》《永嘉县志》旧志立传人物，近现代选录对政治、经济、科学、文化和社会发展做出贡献并产生重要影响的人物。

第一节　古　代

宋

　　诸葛说（1124 — 1174），字梦叟，永嘉县蒲州（今龙湾区蒲州街道）人。少从舅父张辉学，弱冠入太学。宋绍兴三十年（1160）进士。授严州司户，调黄岩尉，俱以忧未赴任。名其园曰艮园，室曰僎室，以其学行于家。州县有恤政，悉咨之而后行。与永嘉张淳、瑞安陈傅良交好，常论学至深夜。晚年，授福建长乐主簿，卒于官。著有《艮园易说》《论语说》。传入旧志儒林。

林武，字景文，永嘉县华盖乡四都黄石山下（今龙湾区瑶溪街道黄石村）人。少勤敏力学，博通经史。朱熹讲学于武夷山，徒步往从之，受《中庸·衣锦》之旨，归匾其室名为"尚絅"，且辑所闻为《语录》。后以特奏名授河池县尉，秩满，广漕交辟不就。父年老，跬步不离。及卒，哀毁骨立。岁歉，出私财赈济，远迩赖之。子缵孙，宋理宗间登武进士，知柳州军州事。传入旧志儒林。

卢祖皋（约 1173 — 1225），字申之，一字次夔，号蒲江居士，永嘉县蒲州（今龙湾区蒲州街道）人。幼从舅父楼钥学。宋庆元五年（1199）进士，初任淮南西路池州教授，调两浙西路吴江主簿。嘉定十一年（1218）因文才卓著，内召临安，主管刑、工部架阁文字。历校书郎、著作郎兼权司封郎官、将作少监、权直学士院暂代学士职务，为皇帝起草诏书及文书。工乐府，字字可入律吕，浙人皆唱之。著有《蒲江词》。传入旧志文苑。

赵建大（1175—1235），字嗣勋，永嘉县六都新建（今龙湾区状元街道）人。宋嘉定四年（1211）状元，授签书昭庆军节度判官厅公事，历秘书省正字，出知嘉兴府，官至工部尚书。为官甘居清平。曾于其乡建桥便民通行，后人名之"状元桥"，地以桥名，一直沿用。

元

季完泽（1333 — 1366），字坦之，号伯善，永嘉县华盖乡二都北桥（今龙湾区永兴街道永乐村）人。善书蒙古文字。元至正十六年（1356）武举人，因善战为平江路管军镇抚。至正二十六年（1366），张士诚攻歙县昱岭关，行省至正从征。完泽勇于讨贼，凡再战关下皆胜。后兵败被擒，其妻弟金德同时被擒。皆反缚于大树之上，士兵持刀胁之投降。金德犹豫不决，完泽呼曰："金舅，男子汉即死不可从贼。"德曰："此言是。"两人大骂，张士诚怒，将二人剖腹而死。《元史》有传。

明

王瓒（1462－1524），字思献，号瓯滨，永嘉县华盖乡二都李浦（今龙湾区永中街道殿前村）人。明弘治九年（1496）进士（榜眼），授翰林院编修，奉旨纂修《大明会典》《通鉴》《对类》《泰陵实录》等。自翰林侍讲升南京国子监祭酒，改北监祭酒，终官礼部侍郎。为官三十年，历事三朝，两监祭酒，四典春科，门人数千。卒赠尚书，谥文定。有《正教编》《瓯滨集》《温州府志》。传入旧志名臣。

王澈（1473－1551），字子明，号东厓，永嘉县华盖乡二都英桥（今龙湾区永中街道新城村）人。明正德八年（1513）举人，授礼部司务，历迁兵部武库司郎中。时母舅张璁秉钧乃退，然敛抑阴扶善类，缙绅至今称之。以亲老归省，擢福建布政使司左参议，遂告休致。性宽和庄重，与人诚意恳至，望之知为长者。创宗祠，修谱牒，著族约，凡乡邻有急难及地方利病所宜兴革者，辄以身肩之。嘉靖二十四年（1545）饥荒，减价出售粮食，且施粥两个月，日来食者千余人。著有《英桥王氏族约》。传入旧志宦绩。

张璁（1475—1539），字秉用，号罗峰，世宗赐名孚敬，赐字茂恭。永嘉县华盖乡三都普门（今龙湾区永中街道普门村）人。明正德十六年（1521）进士，以议大礼授南京刑部主事，升翰林学士。嘉靖六年，升礼部尚书兼文渊阁大学士，入阁办事。寻加少傅兼太子太傅、吏部尚书、谨身殿大学士。嘉靖八年（1529）为内阁首辅。《明史》称其"刚明果敢，不避嫌怨，既遇主，亦时进谠言""清勋戚庄田，罢天下镇守、内臣先后殆尽，皆其力也。持身特廉，痛恶赃史，一时苞苴路绝，海内称治"。卒赠太师，谥文忠。有《礼记章句》《罗山奏疏》《谕对录》《罗山文集》等。《明史》有传。

王激（1476—1537），字子扬，号鹤山，永嘉县华盖乡二都英桥里（今龙湾区永中街道新城村）人，激弟。明嘉靖二年（1523）进士，初授吉水知县，不恃文法，民自从令。擢吏部文选司主事，迁考功郎中。嘉靖十一年（1532）任南京通政使司右通政，改国子祭酒兼经筵讲官。以亲老请求辞官归养。生平风致魁岸，过于操洁。与阳明高弟徐曰仁、朱守忠、蔡希颜、高汝白、应邦升等相友善切磋，项乔、张纯是其门生。诗文操笔立就，为艺林推崇。著有《文江集》《王鹤山集》。传入旧志宦绩。

项乔（1493—1552），字迁之，号瓯东，永嘉县华盖乡二都七甲（今龙湾区沙城街道七五村）人。迁居鹿城九曲巷，自号九曲山人。明嘉靖八年（1529年）进士，授南京工部主事，调兵部武选主事。以失觉诈宝，谪福宁同知，擢守抚州，迁宝应，调庐州府，皆有善政。寻坐通判赵迎刻书诽谤罢官，起补河间知府。复因王联误奏善类，下兵马司狱。久之得白，升湖广按察副使。终广东参政，卒于官。为人浑朴明断，以圣人为师，见善如不及。湛甘泉、吕泾野皆称许，一时推为名士。历官二十余年，洁己爱民，兴利除害，所至多善政。平居未尝一日废书，研穷理奥，不主一家。著有《瓯东私录》《瓯东政录》《瓯东文录》。传入旧志名臣。

张纯（1498—1566），字伯贞，号沧江，永嘉县华盖乡三都普门（今龙湾区永中街道普门村）人，张璁从子。明嘉靖七年（1528）举人，授江西抚州府东乡知县，廉洁自持，多惠政。升太仆寺丞，迁南京刑部员外郎，忤严嵩，迁山东运使司同知，寻升江西南康府知府，置田养士，修白鹿洞，世称治平第一。著有《存愚录》等。传入旧志宦绩。

王健（1502—1550），字伟纯，号鹤泉，永嘉县华盖乡二都李浦（今龙湾区永中街道殿前村）人，瓒次子。明嘉靖十七年（1538）进士。授刑部主事，改礼部知制敕，擢祠祭、仪制二司郎中。嘉靖二十四年（1545）升南京光禄寺少卿，卒于官。生平操履清谨，诗文典则雅驯，尚论者称其为"金玉君子"。著有《应制录》《鹤泉集》。传入旧志文苑。

王诤（1508—1581），字子孝，号竹岩，永嘉县膺符乡五都丁家岙（今龙湾区状元街道山西岙村）人。幼随父王鍊任，入竹山县籍。明嘉靖二十九年（1550）进士，授溧阳县令，为政严明。升山东道御史，巡盐河东，刚直不阿，以"冰蘗"名其堂。时严嵩私党鄢懋卿总巡天下盐政，尽刮民财以媚上，欲加赋河东，王诤抗争而罢，士民德之。寻按察云南，时黔国公沐朝弼肆毒一方，按法绳其家属，沐惧，贿赂黄金三百两，拒不受，并上疏直陈其事，嘉靖怒夺朝弼官俸。寻刷卷南畿，升大理寺少卿，晋佥都御史，巡抚贵州。隆庆四年（1570）广西宣慰司安国亨反，王诤请发兵诛国亨，反为所败，遂上书自劾，下旨回籍听调。归筑精舍于永嘉南郭外，日与故人觞咏其中，粝食布衣，徜徉山水，见者不知为贵人。亲故贫乏者，随力捐济，勉后进力学，所与游者，如沐春风。著有《滇南奏疏》《刑名奏议》《大学衍义通略》。传入旧志宦绩。

王叔果（1516—1588），字育德，号西华，永嘉县华盖乡二都英桥（今龙湾区永中街道新城村）人，澈长子。嘉靖二十九年（1550）进士，任兵部职方员外郎武选郎中，出为湖广参议，擢广东按察司副使，遂引疾归，时年未五十。叔果于嘉靖三十七年（1558）回乡扫墓，遇倭寇猖獗，与弟叔杲建成永昌堡。致仕居乡重修永嘉县学，捐资重建陈大埭、黄石浦海塘、第二桥水闸。又设义塾、置义冢，为乡人请减渔税等。著有《半山藏稿》。传入旧志儒林。

王德（1517—1558），字汝修，号东华，永嘉县华盖乡二都英桥里（今龙湾区永中街道新城村）人。明嘉靖十七年（1538）进士。授东昌府推官，颇有声誉。丁父忧，嘉靖二十五年（1546）起复补大名府推官，署滑县事，立生祠。升户科给事中，以风节自持，上疏请简任辅臣，为当路所忌。出为广东按察使司佥事，备兵岭南。后与抚台议事不合，谢病回乡。时永嘉场倭寇猖獗，王德捐资助族叔王沛集义兵抵御。嘉靖三十七年（1558）四月初六，王沛遇害于梅岭。二十日王德阵亡于金岙。赠太仆寺少卿，世荫锦衣百户，于郡城康乐坊立愍忠祠。《明史》忠义有传。长子如珪，字景瑞，号任斋，又号肖华，嘉靖四十三年（1564）举人，官溧阳知县。次子如壁，字景完，号仰华，以父抗倭死难，荫锦衣卫副千户，累官锦衣卫指挥。

王叔杲（1517—1600），字阳德，号旸谷，永嘉县华盖乡二都英桥（今龙湾区永中街道新城村）人，叔果弟。明嘉靖三十七年（1558）与兄叔果共筑永昌堡。嘉靖四十一年（1562）进士，授常州府靖江县知县，调知常熟。历兵部车驾清吏司主事、职方司员外郎、武选司郎中。隆庆四年（1570）出守大名府。万历元年（1573）晋升湖广按察使司副使，整饬苏、松、常、镇兵备。自嘉靖四十二年（1563）至万历五年（1577）任内外官十五年，政绩卓著，地方为立生祠。居乡重建温州府学、瑞安县儒学、东瓯王庙、王谢祠、江心寺山门、东塔、澄鲜阁，及白鹿书院、镇宁楼、东瓯王庙诸名胜。综其一生，在乡里则为贤哲，仕宦海则为循吏，居山林则为高士，处文坛则为宿将。著有《玉介园存稿》《家礼要节》《三吴水利考》等。传入旧志宦绩。

张逊业（1525—1560），字有功，号瓯江，永嘉县华盖乡三都普门（今龙湾区永中街道普门村）人，张璁次子。以父荫授中书舍人，寻晋尚宝司司丞。奉命册封荆王，廪外秋毫无染。明嘉靖二十九年（1550）虏犯京师，诏求文武材，众人推举逊业。时相严嵩父子专政，怨恨逊业护视谏臣杨继盛、沈炼，谪两淮运判。益励清操，醉卒坐法，倾橐代其赎。迁南京光禄寺署丞、顺天府通判，转太仆寺丞。大梁值旱，为民祷雨辄应。时给事吴时来忤严嵩，逮狱造问，逊业时时过问，严嵩疑为党，思计陷害。而逊业卒，年三十六。以子汝纪贵，累赠中宪大夫、龙安知府，两祀郡邑乡贤祠。工词翰，善行草书。著有《鸣玉集》《使郢集》《瓯江集》。传入旧志介节。

叶承遇（1533—1589），字思章，号仰山，永嘉县华盖乡二都英桥（今龙湾区永中街道新城村）人。明万历五年（1577）进士，初授福建兴化府莆田知县。任职六年，政尚宽大，筑堤障海，均官民田，民为树碑创祠。擢为云南道监察御史，有声台中。忤权贵出为江西按察司佥事。未逾年，时相岁私者抚闽，诬论其治莆田均田事，遂引疾归。万历十六年（1588）补江西督学政，引疾不赴。著有《筮仕录》。

王良心（1537—1579），字性德，号存吾，永嘉县华盖乡二都阜财坊（今龙湾区永兴街道萼芳村）人。明隆庆五年（1571）进士，授广州府增城知县。在任六年，修学建城，建养济院、雁塔，建义仓482所，贮谷万余石以赈贫救灾。邑大治。万历五年（1577）擢南京兵科给事中，疏请崇大孝、修德业及申饬边臣以严武备等二十余事，皆激愤时政，不避权贵。居二年卒于官。传入旧志宦绩。

王光蕴（1540—1606），字季宣，号玉洞，永嘉县华盖乡二都英桥（今龙湾区永中街道新城村）人，叔果长子。学重躬行，以朱文公、薛文清为宗。明嘉靖四十年（1561）举人，授宁都知县。平屈死罪冤狱，还民清白，惩治刁顽，邑士民尽欢服；岁旱，严粮商谷物出境，保证一县安全渡荒年。远近传贤名。嘉靖二十二年（1594）迁宁国府同知，摄知府，复摄广德守，政尚宽平。改衡府长史，引疾归。回乡居郡城东山之麓墨池。编有《温州府志》《永嘉县志》《江心志》《宁都县志》《东嘉王氏家录》。著有《太玉洞斋近草》。传入旧志介节。

王继明（1544—1608），字用晦，号省庵，又号慎斋，永嘉县华盖乡二都英桥（今龙湾区永中街道新城村）人。明万历二年（1574）进士，初授当涂知县，兴利除弊，奸党敛迹，县境宴然。后以不媚事于张居正，降级调赣州府经略，连署瑞金、宁都、安远三邑。久之，补乐安知县。擢南京兵部郎中，历知镇江、襄阳、太平三郡。秩满离职，将所余俸金二百余两，悉数散给贫苦之家。致己家粟米无石斛之储，屋室不蔽风雨。万历二十八年（1600）擢四川按察副使，多善政。夔州吏民以宋王十朋曾官于此，合祀"二王祠"。万历三十年（1602）升四川按察使。著有《仕学斋遗稿》《偶然稿》《知非稿》。传入旧志宦绩。

王光经（1570—1627），字景济，号雨金，改号黄石，永嘉县华盖乡二都英桥（今龙湾区永中街道新城村）人。明万历三十五年（1607）进士（二甲第一），授礼部主事，册封淮府转刑部郎中。泰昌元年（1620）恤刑山西，豁疑狱胥二百三人。天启三年（1623）擢陕西布政使司右参政，分守关西。力罢开采，以息矿盗；捐俸禄十百八十金以助大工。重修裴晋公、韩昌黎公祠，重建颉经阁。天启六年（1626）迁广东按察司副使，次年卒于任。身后清贫如洗，幸得同僚之助才得归葬。著有《黄石藏稿》《献晋录》《丙寅纪事》。传入旧志宦绩。

王维玮（1574—1653），字邦佐，号龙友，永嘉县华盖乡二都英桥（今龙湾区永中街道新城村）人。明万历四十七年（1619）进士，初令江西南城县。南城为益王封邸，维玮抚御得宜，益王宗人亦自敛抑，不敢犯法。天启三年（1623）入京，以不附魏党，仅授兵部主事。转员外郎，出督江右学政，文风丕变。历荆南道，缮兵治饷，堵御流寇。擢江西左布政使，入觐回闻吉袁告陷，星驰调设兵饷应援，事平，会推巡抚，以积劳引疾归。明亡，隐居山中，噤口不言一事。传入旧志宦绩。

张天麟（1586—1639），字季昭，号平符，永嘉县华盖乡三都普门（今龙湾区永中街道普门村）人。负文名，精书翰。明天启二年（1622）进士（二甲第一），授礼部主事，晋郎中，提督四夷馆。丰仪硕望，岳立朝班。外出提学广东，称得人。转福建右参政，平李魁奇、刘香诸盗。制铜铁大炮，分布闽、浙沿海要害。天启八年（1635）转湖广左参政，辖宝庆道。为政敦大体，去烦苛，重学校，善政累累，人甚德之。天启十二年（1639）擢都察院右副都御史，巡抚云南。卒于赴任途中之平越。为人清端宏毅，所居先世旧庐，仅蔽风雨。与余姚施邦曜、海盐吴麟征有"浙中三君子"

之称。隆武二年（1646）赠封兵部右侍郎。著有《宦游纪事》《国朝通纪》《删补纲目》《古今史纂》《纲目大全》等。传入旧志宦绩。

清

王锡琯（1609—1687），字玉叔，永嘉县华盖乡二都英桥（今龙湾区永中街道新城村）人，维夔三子。清顺治九年（1652）进士，初授漳州司李，改镇江司李。康熙十年（1671）任溧阳知县，处事公正，释冤狱，发粟赈饥，百姓安宁。并修纂《溧阳县志》。升礼部主客清吏司主事。刚明果断，不避嫌怨，痛恶脏吏，清正廉洁，深得百姓敬仰。性至孝，事父维夔，问安视膳，曲尽子道。著有《王玉叔诗选》《江山闲草》《白石山房稿》。传入旧志孝友。

张元彪（1700—1749），字肇炳，号虎文，又号浙斋，永嘉县华盖乡三都普门（今龙湾区永中街道普门村）人。清雍正七年（1729）拔贡，廷试一等，授广东雷州府海康知县。在任九年，开办义学，垦拓荒地，减除苛捐杂税，创立养老堂，捐修桥闸，政绩显著，民颂为"南合神父"。后以亲老乞归，出境之日，当地百姓相送数十里，并在陆公泉旁树德政碑，以示纪念。工古文辞，又善草书。著有《家鉴》《松涛阁诗集》等。传入旧志宦绩。

项国楠（1771—1849），字先植，又字仙植，号慎江，永嘉县华盖乡二都七甲四社（今龙湾区沙城街道七三村）人。清乾隆五十九年（1794）举人。初充闽藩库大使，檄署延平，以卓异荐，历摄郡篆。为政多善举，誉为"项菩萨"。嘉庆二十五年（1820）丁父忧，服阙补广西归顺州。自桂梧至归顺，多隙地，山寇关九勋劫掠行旅。国楠条上十事，不报，遂引疾归。家居二十余年，以寿终。著有《项孝廉遗诗》。传入旧志宦绩。

张振夔（1798—1866年），字庆安，号磬庵，别号介翁、介轩，永嘉县华盖乡二都高原（今龙湾区永兴街道祠南村）人。清嘉庆二十三年（1818）举人。与青田端木国瑚、定海黄式三、镇海姚燮、太平戚学标等相互切磋学问。初任常山县学训导，继镇海县学教谕。道光二十年（1840）英军入侵定海，振夔上书《战守策》，令监发军食。寻移督两江，英人再陷定海，弃官归乡。中晚年掌教温州东山书院、台州宗文书院、乐清梅溪书院。同治五年（1866）病逝于梅溪书院。生平关心家乡公益，议团练，议盐笑，议水利义仓。筑天马至黄石二十里海塘，又捐资建内河陡门水闸。所编《乐清县志》十六卷，所著《介轩诗抄》十卷、《文抄》八卷、《外集》二。传入旧志文苑。

第二节　近现代

王毓英（1852—1924），字学训，一字华槐，号俊卿，别署大罗山人、罗东愤俗子，晚号隽屓，再号继述堂主人，永嘉县华盖乡一都三甲（今龙湾区天河街道三星村）人。清光绪二十九年（1903），创办公益学堂，筹办浙江第十师范学堂。民国三年（1914），为永嘉县第一平民习艺所所长。民国八年（1919），任温属公立图书馆（今温州市图书馆）首任馆长。著有《继述堂文抄》等。

王毓英

王鸿年（1870—1946），字世玙，号鲁璠，永嘉县华盖乡一都三甲（今龙湾区天河街道西前村）人。清光绪二十四年（1897）考入东京帝国大学法科。毕业后历任外交领域多项职务，驻日本横滨总领事。"七七事变"后，闭户八年，拒为敌伪工作。著有《国际公法总纲》《宪法法理要义》《国际中立法则提纲》《战时现行国际法规》《局外中立国法案》等。

王鸿年

王绍志（1878—1960），字景甫，今龙湾区永中街道新城村人。清光绪三十年（1904），考取公费留学日本早稻田大学师范部博物科。光绪三十四年（1908）起任温州初级完全师范学堂学生监督、教员、校长，培养出如夏承焘、潘廷洸、陈修人等。家藏书颇富，且精于校勘整理。曾与黄群、刘绍宽、刘景晨一起编纂《敬乡楼丛书》，对校勘王叔杲《玉介园存稿》下力尤多。中华人民共和国成立后，被聘为浙江省文史馆馆员。1956年秋，永嘉县文教局接国务院文委办发给王绍志"奉贤敬儒"慰问信。

王绍志

王廷一（1881—1946），字学清，号乐卿，永嘉县华盖乡一都一甲（今龙湾区天河街道司南村）人。民国初年，考取官立法政专门学校，历任法院系统多项职务直至福建厦门高等法院第一分院院长，被民众誉为"王青天"。民国三十五年（1946）去世后，厦门民众在厦门市山公园为其立碑，永久纪念。

王廷一

王统（1884—1957），字竞飞，号晴川，今龙湾区永中街道城北村人。清光绪二十八年（1902），自费东渡日本学军事。光绪三十一年（1905）为孙中山日语传译。民国五年（1916），被孙中山委任为中华革命党海军总司令。民国六年（1917），为中华民国军政府海军参谋。脱卸军装后，在上海先后任职招商局、航政局，大学。1955年归故里，协助筹建民革温州支部。著有《王统诗集》。

王统

王业（1886—1978），字宙仙，今龙湾区永中街道城北村人。民国六年（1917）毕业于日本东京农业大学。历任农业系统多项职务直至浙江农业改进所技正、英士大学教授等职。中华人民共和国成立后，被聘为浙江及上海文史馆馆员。著有《浙南民间药用植物图说》。

王超凡（1887—1945），名人骧，以字行，永嘉县永强七甲二社（今龙湾区沙城街道七三村）人。民国二年（1913）接办《东瓯日报》，因反对袁世凯称帝，事败东渡日本就读于东京明治大学。民国八年（1919）与同学木干斋、李子奇创办温属女子师范讲习所。民国十一年（1922），《瓯海公报》《东瓯日报》合并为《温州大公报》，任编辑室主任。历任浙江省执行委员兼商人部部长、永康县县长、诸暨县县长、衢县县长、浙西行署参议、浙江省抗敌自卫总司令部高级参议等职。民国三十二年（1943）7月，日军登陆温州，在温州组织抗敌后援会、抗战自卫队。

王晓梅（1896—1968），又名瘦梅，今龙湾区永中街道城南村人。浙江省第十师范学校毕业。民国七年（1918）起，连续任温中附小教师、主任18年。民国二十九年（1940），协助叶希禹、希黎、希贤兄弟创办私立三希小学，并任校长 16 年。1949 年至 1957 年，被选举为温州市各界代表会议代表。著有《应用图案讲话》《有趣的图画》等，主编《教育周刊》《初等教育》《老百姓》等刊物，发表论文等文章 80 多篇，创作剧本及鼓词、道情、花鼓等曲艺节目 40 多种。

王晓梅

张景飞（1898—1977），原名肇鸎，今龙湾区永兴街道祠南村人。浙江省立医药专科学校毕业。民国二十年（1931）筹建温州第一所公立医疗机构永嘉县立医院，并任主任。民国三十一年（1942）任省立第一传染病院首任院长。抗战胜利后，出任瓯海医院（今温州医科大学附属第一医院）院长，并创办瓯海医院医事职业学校。民国三十六年（1947），创办温州首份医药卫生刊物《瓯海医刊》。中华人民共和国成立后，历任温州市卫生局副局长，市政协一至三届常委，省政协四届委员，市四、五届人大代表，农工民主党市委会一至三届主任

张景飞

委员，市医学会第一届会长，中华医学会温州分会第一届理事长等，民间有"天医星"之美誉。

张肇骞（1900—1972），号冠超，龙湾区永兴街道祠南村人。为龙湾区域第一位中国科学院院士。民国十五年（1926）毕业于东南大学生物系。民国二十一年（1932）赴英国皇家植物园和爱丁堡植物园留学。历任浙江大学、广西农学院、北平大学、清华大学教授及中

张肇骞

正大学生物系主任。中华人民共和国成立后，历任中国科学院植物研究所和华南植物研究所一级研究员、副所长、代所长。1955 年，当选为中国科学院生物学学部委员（即中国科学院院士）。一生发现新种 75 个，新变种 7 个，新改名的植物 13 个。翻译出版达尔文《攀援植物的运动和习性》，著有《海南菊科志》等，参与编纂《中国主要植物图说》《河北植物志》《海南植物志》等。

夏承焘

夏承焘（1900—1986），字瞿禅，晚号瞿髯，龙湾区状元街道石坦村人。民国九年（1920）考入南京高等师范学校。历任多所中学、大学教员、讲师、副教授、教授。中华人民共和国成立后，任浙江师范学院、杭州大学教授。并任第四届全国政协委员、中国科学院文学研究所特约研究员、中国科学院浙江省语言文学研究室主任、浙江省政协常委、中国作家协会理事、作协浙江省分会副主席、《词学》主编等。曾师事林鹍翔，和梅冷生、陈仲陶等发起组织文学团体"慎社"。一生潜心研究词体、词乐、词律和词史，取得卓著成就。先后出版《夏承焘词集》《天风阁词集》《天风阁诗集》和《瞿髯论词绝句》以及《唐宋词人年谱》《唐宋词论丛》《姜白石词编年校笺》《白石诗词集》《龙川词校笺》《词源注》《月轮山词论集》《唐宋词欣赏》等。

王人驹（1901—1951），号昂千，龙湾区沙城街道七三村人。上海大夏大学（今华东师范大学）毕业。历任永嘉县、海宁县教育局局长、浙江省第十学区辅导员，玉环县政府秘书、宁海县政府主任秘书、永嘉县临时参议会副议长。抗战胜利后，回乡筹办超凡农业中学，首创温州私立农校，以教促耕，兼任新城小学（今永昌一小）校长。中华人民共和国成立后，任温州永东路小学校长。著有《地方教育辅导经验谈》《宁夏省初等教育调查记》。

王人驹

　　王国松（1902—1983），字劲夫，龙湾区永中街道新城村人。民国十九年（1930）公费考入美国康奈尔大学研究院，获电机工程硕士和哲学博士学位。受聘浙江大学电机系副教授、教授、工学院院长兼电机系主任。中华人民共和国成立后，被任命为浙江大学副校长、代理校长、第二副校长，浙江省科联主席，第一届全国人大代表，浙江省政协委员，浙江省人民政府委员，民盟第二、四届中央委员和民盟浙江省第一届副主任委员以及浙江省电机动力学会第三届理事长等职。国松治

王国松

学严谨，在国内外享有很高的声望，是中国电机工程学界的泰斗。发表有《三刷发电机分析》《分裂导线中静电力和电磁力的作用》等论文。后人编有《怀念王国松先生》文集和《王国松先生诞辰一百周年纪念集》。

　　何鸿烈（1903—1926），字一公，龙湾区永中街道镇北村人。民国十年（1921），就读于北京清华学校，曾任《清华年鉴》总编辑、清华戏剧社社长。常为《晨报》《京报》《清华周刊》撰写剧评、剧本，为北京新闻界、戏剧界瞩目人物。"五卅惨案"后，结集同学演剧筹款接济上海工人罢工，自编《上海惨案》剧本在北京演出。在"三一八"惨案中，右脚

受重伤，半年之后去世，年 24 岁。

潘廷洸（1904—1992），龙湾区永兴街道永民村人。民国十一年（1922）考入金陵大学（今南京大学）。民国十九年（1930），留学美国加州大学，获硕士学位。民国三十一年（1942）被评为全国第一批数学教授。民国三十三年（1944）编撰《解析几何学》，为大学数学教本。民国三十五年（1946），再赴美国加州大学，获加州大学数学博士学位，并留校任教。1953 年，受聘俄克拉荷马州立大学数学系教授并任校长 20 多年。退休后受任名誉校长。

张淼（1908—1987），号亦苗，龙湾区永中街道镇南村人。民国十四年（1925），考取北京大学预科。民国十七年（1928），自费留学法国，获经济学硕士。回国后，历任国民政府主计处专员、中央政治学院教授、财政部委员、浙江省税务局局长、浙闽税务局局长、南京地政研究所导师兼代所长等职。抗战期间，在温州倡办私立建国高级商业职业学校（简称高商，今温州七中），被推为董事长。1950 年后，任上海商业学院教授、副院长，上海财政学院、山东财经学院教授等。1986 年 5 月，被聘为温州大学教授和温大基金委员会委员。

张淼

邵度（1910—1970），龙湾区瑶溪街道永胜村人。14 岁进温州还吾照相馆，后成为浙南风光摄影开拓者之一，被誉为"田园诗人"式摄影家。《丰收》《斜阳城廓》2 幅作品入选民国 24 年（1935 年）万国摄影展览会。《轻舟晓发瓯江上》获 1957 年全国摄影比赛

邵度

三等奖，《温州晓色》入选 1962 年全国第六届摄影展并出国展出，《瓯江》《北投温泉》入选大型摄影画册《江山如此多娇》。1985 年，遗作在温州、杭州展出。

王思本

王思本（1911—2011），又名弘汉，龙湾区沙城街道七三村人。抗战时期，创办抗日刊物《游击》，并任浙江省抗敌总司令部第四支队政治部主任。抗战胜利后，先后任奉化县党部书记长、浙江省党部组织科长、玉环县县长等职。1949 年 5 月，以国民党陆军第 200 师政治部主任身份，代表师长叶芳两度与浙南游击纵队代表进行和平解放谈判，为和平起义解放温州做出贡献。中华人民共和国成立后，历任温州市军事管制委员会委员，温州市人民委员会、市人民政府委员，市政协委员、常委、副主席，市民革副主委、主委，民革浙江省委常委、顾问、温州市人民代表大会第一、二、三届代表、政协浙江省委员会第四、五届委员等。2010 年出版《百岁人生》。

程溯洛

程溯洛（1913—1992），号孟津，龙湾区永中街道新联村人。民国二十四年（1935）以后，相继就读东吴大学法律系、上海光华大学历史系、昆明西南联大历史系。民国三十年（1941）考入北京大学文科研究所史学组。中华人民共和国成立后，历任中国科学院考古研究所、中央民族学院研究部（后改为民族研究所）讲师、副教授和教授。1958 年 5 月，与冯家升、穆广文合著《维吾尔族史料简编》是中国维吾尔族史研究开山之作，已译成多种外文。

1978 年后，撰写《维吾尔族简史》《唐宋回鹘史论集》等专著，编写《大百科全书》《民族简史》《中国历史大辞典》等，发表论文 20 多篇。

张鸣谦（1923—1986），龙湾区永兴街道祠南村人。江西兽医专科学校毕业。历任台湾大学农学院、浙江水产学校、武汉大学农学院、华中农学院、四川大学农学院、四川农业大学助教、讲师、副教授。1958 年，在国内首先发现羔羊"白肌病"。参加编写《中国大百科全书》《家畜内科学》（全国统编教材）《家畜中毒学》《中国家畜内科学》《高级兽医师教材》《兔病》《农业辞书》等。翻译日本柴内大典的著作《农畜内科学》《兽医临床诊断学》等。

张鸣谦

陈沙兵（1920—1979），原名素屏，龙湾区永中街道上京村人。自幼酷爱美术，20 岁时与杨涵一起创建永嘉战时木刻通讯社，编辑出版《木刻通讯》半月刊，有作品被收入《抗战八年木刻选集》。民国三十五年（1946）就读上海美专时加入中国共产党，在党组织遭破坏后，转移至浙南游击区，在中共浙南特委宣传部主编《浙南周报》画刊，与战友共同创作《三大纪律八项注意》木刻集。中华人民共和国成立后，任温州地委宣传部第一科副科长、艺术科科长。1952 年，调北京人民美术出版社任创作室副主任。先后创作《欢迎解放军》《投票的日子》等画册、《月桂的故事》等连环画，其中《女民兵造像》被中国军事历史博物馆收藏。

陈沙兵

于蒔（1924—1991），原名王国良，曾用名王千时，
龙湾区天河街道筑成村人。民国三十七年（1948），进
入华北联合大学政治班学习，参加晋察冀边区平山新华
总社二部（陕北新华广播电台）工作。1950年后，历
任中央广播事业局中央新闻组副组长、对苏广播组组长、
莫斯科广播台华语广播部定稿人、中央广播事业局西班
牙语、葡萄牙语组长、中国国际广播电台国际新闻部国

于蒔

际专稿组组长、评论组组长，国内新闻部编辑和中国国际广播电台总编室
副主任等职。1985年，参与《当代中国丛书》新闻卷撰稿工作。

赵尔春（1941—1964），临安县紫水乡中塘村人。
1960年9月，应征入伍，为海军部队雷达修理兵，后
调载波兵、电话守机员。1963年12月27日傍晚，温
州市区东门上岸街发生火灾。当时赵尔春正在温州军
分区看电影，听闻火情后立即与战友冲出电影院前往
救火。两次冲进火海，一边救火、一边抢收财物。当
第三次冲进火海，屋顶砖瓦椽梁倒塌，被压成重伤，
1964年1月3日去世。海军37622部队追记一等功，

赵尔春

海军东海舰队追认其为"雷锋式五好战士"。3月23日，国防部颁布命
令追认其为"爱民模范"，命名其生前所在班为"赵尔春班"，海军政治
部追认"模范共青团员"。1974年，驻防龙湾区的海军37622部队利用
原营房，建赵尔春烈士陈列馆。1985年4月5日，赵尔春烈士塑像在温
州市鹿城区海坦山坪落成。1998年《温州市志》有传。

附　录

表 13　龙湾建区以后获得的国家级、省级集体荣誉简表

时　间	荣　誉	授 予 单 位
1990 年 8 月 13 日	浙江省水利建设先进县（区）	浙江省人民政府
1991 年 4 月	浙江省粮食生产先进县（区）	浙江省人民政府
1995 年 4 月	1994 年度浙江省抗台救灾先进集体	浙江省人民政府
1996 年 1 月 15 日	浙江省首批小康县（市）	中共浙江省委、浙江省人民政府
1997 年 4 月	全国基础教育先进县（区）	中华人民共和国教育部
1998 年 11 月 30 日	全国平原绿化先进单位	中华人民共和国林业部
1999 年 11 月	全国科技工作先进县（市）	中华人民共和国科技部
2000 年 2 月 21 日	浙江省教育强县（市）	中共浙江省委、浙江省人民政府
2001 年 10 月 25 日	浙江省千里海塘建设先进集体	中共浙江省委、浙江省人民政府
2002 年 9 月 19 日	中国制笔之都	中国轻工业联合会、中国制笔协会
2002 年 10 月	中国合成革之都	中国轻工业联合会、中国塑料加工工业协会
2003 年 5 月	中国杨梅之乡	中国优质农产品开发服务协会
2004 年 3 月 1 日	中国不锈钢无缝管材生产基地	中国特钢企业协会不锈钢分会

续表：

时　间	荣　誉	授予单位
2005 年 1 月 31 日	浙江省国防教育基地	浙江省人民政府
2005 年 9 月 15 日	中国文蛤之乡	中国地区开发促进会
2005 年 9 月	浙江南拳之乡	浙江省体育局
2005 年 12 月	第二次获"中国合成革之都"	中国轻工业联合会、中国塑料加工工业协会
2006 年 7 月 28 日	中国阀门城	中国通用机械工业协会
2006 年 12 月 8 日	中国鞋都女鞋基地	中国皮革协会
2007 年 11 月 21 日	第三批全国科普示范县（市）	国家科学技术协会
2008 年 1 月 7 日	全国科技进步考核先进区	中华人民共和国科技部
2008 年 2 月	中国食品制药机械产业基地	中国机械工业企业管理协会
2008 年 3 月 31 日	浙江省平安区	中共浙江省委、浙江省人民政府
2008 年 4 月 7 日	第三批浙江省科技强县（市）	中共浙江省委、浙江省人民政府
2008 年 12 月 29 日	全国第一批"平安农机"示范县	中华人民共和国农业部
2009 年 12 月 15 日	浙江省金融创新示范区	浙江省人民政府
2010 年 4 月 25 日	中国金融生态区	中国金融网、中国金融研究院
2010 年 12 月 27 日	第三次获"中国合成革之都"	中国轻工业联合会、中国塑料加工工业协会
2011 年 3 月 31 日	浙江省平安区	中共浙江省委、浙江省人民政府
2011 年 6 月 8 日	晋升为"国家火炬计划龙湾阀门特色产业基地"	中华人民共和国科技部火炬高新技术产业开发中心
2011 年 11 月 14 日	第二批浙江省村级财务规范化县（市、区）	浙江省人民政府
2011 年 11 月 21 日	全国县（市）科技进步考核先进县（市）	中华人民共和国科技部

续表：

时　间	荣　誉	授 予 单 位
2011 年 12 月 8 日	浙江省"千村示范、万村整治"工作良好单位	浙江省人民政府
2012 年 1 月 10 日	浙江省文明城区	浙江省人民政府
2012 年 2 月 16 日	浙江省村级财务规范化县（市、区）	浙江省人民政府
2012 年 5 月 29 日	浙江省农村指导员工作先进区（市、县）	浙江省人民政府
2012 年 8 月 26 日	浙江省创建法治县（市、区）工作先进单位	浙江省人民政府
2013 年 3 月 21 日	中国书法之乡	中国书法协会
2013 年 3 月 29 日	浙江省平安区	浙江省人民政府
2013 年 6 月 28 日	全国义务教育发展基本均衡县（市、区）	中华人民共和国教育部
2013 年 10 月 30 日	浙江省灭蚊先进城区和灭蝇先进城区	浙江省人民政府
2013 年 10 月	浙江省知识产权强县工程示范区	浙江省人民政府
2013 年 11 月 7 日	浙江省文化先进区	浙江省人民政府
2014 年 1 月 7 日	浙江省第二批创新型试点城市（县、区）	浙江省人民政府
2014 年 3 月 31 日	浙江省平安区	浙江省人民政府
2014 年 7 月 31 日	浙江省双拥模范区称号	浙江省人民政府
2014 年 8 月	浙江省第二批现代农业综合区	浙江省人民政府
2014 年 12 月 4 日	浙江省红十字工作示范区	浙江省人民政府
2014 年 12 月 25 日	第二批全国农村集体三资管理示范县（市、区）	中华人民共和国农业部
2015 年 1 月 5 日	第五批浙江省示范文明城市（县城、城区）	浙江省人民政府
2016 年 2 月 29 日	浙江省"五水共治"工作优秀县（市、区）大禹鼎	浙江省人民政府

图书在版编目（ＣＩＰ）数据

龙湾简志 / 温州市龙湾区地方志研究室编 . –– 北京：
中国民族文化出版社有限公司 , 2023.9
ISBN 978-7-5122-1760-7

Ⅰ . ①龙… Ⅱ . ①温… Ⅲ . ①龙湾区－地方志 Ⅳ .
① K295.54

中国国家版本馆 CIP 数据核字 (2023) 第 174191 号

龙湾简志
LONGWAN JIANZHI

作 者	温州市龙湾区地方志研究室
责任编辑	张　宇
责任校对	李文学
出 版 者	中国民族文化出版社　地址：北京市东城区和平里北街 14 号 邮编：100013　联系电话：010-84250639 64211754（传真）
印 装	温州北大方印务有限公司
开 本	787mm×1092mm 1/16
印 张	24.5
字 数	275 千字
版 次	2023 年 11 月第 1 版第 1 次印刷
定 价	100.00 元